智能传播系列教程

虚拟仿真媒体
理论、技术、开发与应用

王昊 著

实时三维图形可视化创作工具
iArtist教程

VIRTUAL
SIMULATION
MEDIA

上海交通大学出版社
SHANGHAI JIAO TONG UNIVERSITY PRESS

内容提要

近年来,随着新媒体、融媒体、游戏电竞、文娱展览、数字医疗等行业的蓬勃发展,内容智能生产、信息交互、大数据可视化、信息三维可视化、在线实时包装、VR/AR 制作等应用爆发式地增长,虚拟仿真技术在媒体行业得到越来越广泛的应用。

本书聚焦虚拟仿真媒体技术,用 5 章的篇幅来介绍相关理论、技术、开发与应用。第 1 章为虚拟仿真媒体技术概述,第 2 章为初识 iArtist,第 3 章为 iArtist 基础,第 4 章为 iArtist 进阶,第 5 章为 iArtist 应用示例。

本书可作为新媒体设计、图形图像处理、数据可视化、VR/AR 制作等课程的教材使用,也可供对相关内容感兴趣的从业者参考。

图书在版编目(CIP)数据

虚拟仿真媒体理论、技术、开发与应用/王昊著
. —上海:上海交通大学出版社,2021.9 (2022.8重印)
ISBN 978 - 7 - 313 - 22544 - 3

Ⅰ.①虚⋯　Ⅱ.①王⋯　Ⅲ.①计算机仿真-应用-传播媒介-研究　Ⅳ.①G206.2 - 39

中国版本图书馆 CIP 数据核字(2021)第 110449 号

虚拟仿真媒体理论、技术、开发与应用
XUNIFANGZHEN MEITI LILUN、JISHU、KAIFA YU YINGYONG

著　　者:王　昊
出版发行:上海交通大学出版社　　　　　　地　　址:上海市番禺路 951 号
邮政编码:200030　　　　　　　　　　　　电　　话:021 - 64071208
印　　制:江苏凤凰数码印务有限公司　　　经　　销:全国新华书店
开　　本:787mm×1092mm　1/16　　　　　印　　张:20.25
字　　数:441 千字
版　　次:2021 年 9 月第 1 版　　　　　　印　　次:2022 年 8 月第 2 次印刷
书　　号:ISBN 978 - 7 - 313 - 22544 - 3
定　　价:78.00 元

Preface

序

随着数字信息时代的到来,云计算、大数据、人工智能、虚拟现实等新一代信息技术加速迭代创新,推动数字内容的创意智能化升级、生产自动化转型、平台全媒体化融合、网络泛在化传播、视听高清化呈现、产业生态化演进进程。

在此背景下,计算机图形图像技术,尤其是三维图形图像技术已经成为影视动画特效、动画影片、计算机游戏、虚拟现实、虚拟仿真及三维信息可视化等领域的基础技术。传媒、教育、工业互联网、电商新零售以及文化娱乐等领域的数字化战略转型升级都亟须通过深度结合三维图形图像技术,构建能够与现实空间交互的三维虚拟场景,以形成深度沉浸、高度仿真、实时可调整的人景互动独特模式,从而为行业发展与转型提供场景式实践体验平台,培养应用型综合人才,延伸各领域的数字生命周期。

但在实际实时制作与应用过程中,数字内容创作者一方面需要可以对场景建立或数据表达进行实时渲染、修改、调整的可视化创作工具;另一方面也缺乏更加便捷、高效、低门槛、易操作的计算机创意叙事方法和手段。为了解决上述问题,艾迪普科技公司依托完全自主研发的三维图形图像实时渲染、跟踪、识别、处理核心算法技术,推出了适用于传媒、教育、军事、医疗、工业互联网及能源互联网等领域的数字内容创作工具——iArtist实时三维可视化创作工具。

作为一款实时图形图像创作工具,iArtist可以提供数字内容智能生产、三维信息可视化、大数据可视化、虚拟仿真、信息交互、在线实时包装等应用服务。通过结合数字孪生、5G通信、虚拟现实/增强现实、全媒体交互、数字创意仿真、工艺仿真、云化仿真等技术,iArtist能够满足融媒体发展多样化需求,实现教育行业实践教学新目标,延伸工业企业数字生命周期,构造"科技赋能电商新零售"新模式,实现多元文化娱乐业态的广泛联动与深度融合。

本书在空间场景、视觉技术、艺术呈现的交流和碰撞中,基于技术与艺术结合形式,将iArtist各项功能娓娓道来。作为一款应用于数字内容智能化创意生产领域的软件,作者以此抛砖引玉,愿能为数字内容生产者提供更便捷的创作工具与更广阔的交流发展空间,真正走上依托数字信息技术实现艺术价值的创作道路。

中国工程院院士　丁文华

Contents

目 录

第 1 章 **虚拟仿真媒体技术概述** ·································001

  1.1 计算机图形技术 ···································003

  1.2 图形图像基础知识 ·······························005

  1.3 实时交互技术与应用 ·····························007

  1.4 IDPRE 三维图形实时引擎技术与制作工具 ···········009

第 2 章 **初识 iArtist** ·····································011

  2.1 iArtist 概述 ···································013

  2.2 iArtist 工作界面概括 ····························015

第 3 章 **iArtist 基础** ·····································021

  3.1 图形资源分类 ···································023

  3.2 功能菜单 ·······································025

  3.3 工具条 ···030

  3.4 应用工具栏 ·····································031

  3.5 渲染窗口 ·······································115

  3.6 属性显示窗 ·····································117

  3.7 历史记录 ·······································118

  3.8 物件树 ···119

  3.9 动画调节窗 ·····································121

  3.10 资源管理窗 ····································125

  3.11 素材列表及快捷链接 ····························128

  3.12 CG SaaS 数字图形资产云平台 ···················132

  3.13 案例 ···148

第 4 章　iArtist 进阶 ··· 213

4.1　进阶视觉艺术效果制作 ·· 215

4.2　进阶质感效果制作 ·· 217

4.3　进阶动画效果制作 ·· 221

4.4　进阶虚拟现实制作 ·· 223

4.5　进阶数据/信息可视化制作 ·· 225

4.6　进阶数据连接 ·· 237

4.7　进阶交互制作 ·· 238

4.8　进阶输出配置 ·· 265

4.9　进阶脚本技巧 ·· 272

4.10　案例 ··· 275

4.11　章后总结 ··· 299

第 5 章　iArtist 应用示例 ··· 301

5.1　虚拟空间应用 ·· 303

5.2　数据可视化应用 ·· 307

5.3　交互可视化应用 ·· 312

第 1 章

虚拟仿真媒体技术概述

课程概述

本章内容：

- 计算机图形技术概念

- 图形图像基础知识

- 实时交互技术与应用

- IDPRE 三维图形实时引擎技术与制作工具

本章学习时长约为 4 小时。

虚拟仿真是指利用计算机制作、多媒体呈现等手段,模拟真实世界的场景或物体,为用户创造出可听、可见、可触的虚拟世界的技术。

近年来,随着新媒体、融媒体、游戏电竞、文娱展览、数字医疗等行业的蓬勃发展,内容智能生产、信息交互、大数据可视化、信息三维可视化、在线实时包装、VR/AR 制作等应用爆发式地增长,虚拟仿真技术在媒体行业得到越来越广泛的应用。

实现虚拟仿真在技术上有两个主要的路径,一是运用计算机图形技术,通过编写计算机程序来计算、处理和显示图形图像。二是使用已开发的图形和图像处理工具,通过艺术加工的途径来制作需要的图形图像。前者需要掌握相当的计算机图形图像方面的专业知识,对使用者来说门槛较高;后者是普通人经过不长时间的学习,掌握软件使用方法后,也可以入门进行操作,因而能够实现大面积的普及。

下面我们对相关理论和技术进行详细介绍。

1.1 计算机图形技术

1.1.1 计算机图形学

计算机图形学(Computer Graphics,CG)是一种使用数学算法将二维或三维图形转化为计算机显示器的栅格形式的科学。简单地说,计算机图形学主要研究的内容就是如何在计算机中表示图形,以及利用计算机进行图形的计算、处理和显示的相关原理与算法。

计算机图形学的核心目标在于创建有效的视觉交流。在科学领域,图形学可以将科学成果通过可视化的方式展示给公众;在娱乐领域,如在 PC 游戏、手机游戏、3D 电影与电影特效中,计算机图形学发挥着越来越重要的作用;在创意或艺术创作、商业广告、产品设计等行业,图形学也起着重要的作用。

视觉交流可以分解为三个基本任务:表示、交互、绘制,即如何在计算机中"交互"地"表示""绘制"出丰富多彩的主、客观世界。这里的"表示"是如何将主、客观世界放到计算机中去——二维、三维对象的表示与建模;而"绘制"又称"渲染"是指如何将计算机中的对象用一种直观形象的图形图像方式表现出来——二维、三维对象的绘制;"交互"是指通过计算机输入、输出设备,以有效的方式实现"表示"与"绘制"的技术。

1.1.2 计算机图形技术框架

围绕计算机图形学的核心目标,三个基本任务组成了相应的计算机图形技术框架。

"表示"是计算机图形学的"数据层",是物体或对象在计算机中的各种几何表示;"绘制"是计算机图形学的"视图层",指将图形学的数据显示、展现出来。"表示"是建模、输入,"绘制"是显示、输出。"交互"是计算机图形学的"控制层",它负责完成有效的对象输入与输出任务,解决与用户的交互问题。

计算机图形学的主要研究对象是点、线、面、体、场的数学构造方法与图形显示及其随时间变化的情况。具体可以分为以下几方面的内容:

(1) 描述复杂物体图形的方法与数学算法。二三维景物的表示是计算机图形显示的前提和基础,包括曲线、曲面的造型技术,实体造型技术,以及纹理、云彩、波浪等自然景物的造型和模拟;三维场景的显示包括光栅图形生成算法、线框图形以及真实感图形的理论和算法。

(2) 物体图形描述数据的输入。

(3) 几何和图形数据的存储,包括数据压缩和解压。

(4) 物体图形数据的运算处理,包括基于图像和图形的混合绘制技术、自然景物仿真、图形用户接口、虚拟现实、动画技术和可视化技术等。

(5) 物体图形数据的输出显示,包括图形硬件和图形交互技术等。

(6) 实时动画和多媒体技术,研究实现高速动画的各种硬/软件方法、开发工具、动画语言以及多媒体技术。

(7) 制定与图形应用软件有关的技术标准。

1.1.3　计算机图形技术的应用(三维制作技术)

随着计算机图形学不断发展,它的应用范围也日趋广泛。目前计算机图形学的主要应用领域如下。

1) 计算机辅助设计与制造(CAD/CAM)

这是计算机图形学最广泛、最重要的应用领域。它使工程设计的方法发生了巨大的改变,利用交互式计算机图形生成技术进行土建工程、机械结构和产品设计正在迅速取代绘图板加工字尺的传统手工设计方法,担负起繁重的日常制图任务以及总体方案的优化和细节设计工作。事实上,一个复杂的大规模或超大规模集成电路板图根本不可能手工设计和绘制,用计算机图形系统不仅能设计和画图,而且可以在较短的时间内完成,将结果直接送至后续工艺进行加工处理。

2) 计算机辅助教学(CAI)

在这个领域中,图形是一个重要的表达手段,它可以使教学过程形象、直观、生动,激发学生的学习兴趣,极大提高教学效果。随着计算机的不断普及,计算机辅助教学系统已深入家庭。

3) 计算机动画

传统的动画片都是手工绘制的,由于动画放映一秒钟需要24幅画面,故手工绘制的工作量相当大。而通过计算机制作动画,只需生成几幅称作"关键帧"的画面,然后由计算机对两幅关键帧进行插值生成若干"中间帧",连续播放时两个关键帧便可有机地结合起来。这样可以大大节省时间,提高动画制作的效率。

4）管理和办公自动化

计算机图形学在管理和办公自动化领域中应用最多的是绘制各种图形,如统计数据的二维和三维图形、饼图、折线图、直方图等,还可绘制工作进程图、生产调度图、库存图等。所有这些图形均以简明形式呈现出数据的模型和趋势,加快了决策的制定和执行。

5）国土信息和自然资源显示与绘制

国土信息和自然资源系统将过去分散的表册、照片、图纸等资料整理成统一的数据库,记录全国的土地和重力测量数据、高山和平原地形、河流和湖泊水系、道路桥梁、城镇乡村、农田林地植被、国界和地区界以及地名等。利用这些存储的信息不仅可以绘制平面地图,而且可以生成三维地形地貌图,为高层次的国土整治预测和决策、综合治理和资源开发研究提供科学依据。

6）科学计算可视化

在信息时代,大量数据需要处理。科学计算可视化是利用计算机图形学方法将科学计算的中间或最后结果以及通过测量得到的数据以图形形式直观地表示出来。科学计算可视化广泛应用于气象、地震、天体物理、分子生物学、医学等诸多领域。

7）计算机游戏

计算机游戏目前已成为促进计算机图形学研究特别是图形硬件发展的一大动力源泉。计算机图形学为计算机游戏开发提供了技术支持,如三维引擎的创建。建模和渲染这两大图形学主要问题在游戏开发中的地位十分重要。

8）虚拟现实

虚拟现实技术的应用非常广泛,可以应用于军事、医学、教育和娱乐等领域。虚拟现实是指人们通过戴上具有立体感觉的眼镜、头盔或数据手套,通过视觉、听觉、嗅觉、触觉以及形体或手势,整个融进计算机所创造的虚拟氛围中,从而取得身临其境的体验,例如走进分子结构的微观世界里猎奇,在新设计的建筑大厦图形里漫游等。这些已成为近年计算机图形学的研究和应用热点之一。

1.2　图形图像基础知识

1.2.1　图形与图像的概念

在计算机科学中,图形和图像这两个概念是有区别的。

图形(Graph)是指由外部轮廓线条构成的矢量图,即用计算机绘制的画面,如直线、圆、矩形、任意曲线和图表等。图形用一组指令集合来描述图形的内容,如描述构成该图的各种图元位置、维数、形状等,描述对象可任意缩放不会失真。可以通过专门软件将描述图形的指令转换成屏幕上的形状和颜色。图形主要用于描述轮廓不太复杂、色彩不太丰富的对象,如几何图形、工程图纸、CAD、3D造型软件等。通常用图形处理软件编辑产生矢量图形,可对矢量图形及图元独立进行移动、缩放、旋转和扭曲等变换。主要参数是描述图元位置、维数和形状的指令和参数。

图像(image)则是指由扫描仪、摄像机等输入设备捕捉的实际场景画面或以数字化形式存储的任意画面。图像是由一些排列的像素组成的,用数字任意描述像素点、强度和颜色。描述信息文件存储量较大,所描述对象在缩放过程中会损失细节或产生锯齿。将图像以一定的分辨率分辨以后将每个点的信息以数字化方式呈现,可直接快速在屏幕上显示。图像主要用于表现含有大量细节和明暗变化、场景复杂、轮廓色彩丰富的对象,如照片、绘图等。通过图像处理软件可以进行复杂的图像处理以得到更清晰的图像或产生特殊效果。

1.2.2　图形与图像的关系

计算机图形与图像虽然有很大的区别,但它们之间存在一定联系,在特定条件下也可以实现转化,一种转化是对象文件格式之间的软转化,另外一种是对象和输入、输出设备之间的硬转化。

计算机图形和图像的软转化是指通过改变图形与图像的文件格式,从而实现图形和图像的互相转化。有很多用户都认为计算机图形和图像相互之间是可以随便转换的,实际上计算机图形与图像软转化的条件非常受限制,而且很多图形和图像之间的软转化是不可逆的。图形和图像之间转化的次数越多,计算机丢失的信息就可能越多。比如说在计算机默认的情况下,用 CorelDRAW 制作的文件,文件格式为 cdr 矢量图,表现为图形信息,而当保存文件时将格式选择为 jpg、bmp 或者其他的位图格式时,这个文件将表现为图像信息。

计算机图形和图像的硬转化是通过不同的硬件对图形和图像进行输入、输出从而让图形和图像之间进行互相转化。通常情况下,同一种图纸对象可以实现两种形式的转化,即可以作为计算机图形进行处理,也可以视为图像进行处理。在实际操作过程中,可以根据被处理对象的性质以及要达到的处理效果进行适当的判断,看哪种处理方式更为适合,效果更好。比如将手绘的图纸作为处理对象,在将其输入计算机之前,它还不能看作是图形或者图像,但是当笔者用扫描仪将这张手绘的图纸输入 PhotoShop 中时,它显示的是点位图,这时图纸就是图像信息。而当笔者将其输入 AutoCAD 中时,它就显示为矢量图,从而也就成了图形信息。这就是计算机图形与图像的硬转化过程。

1.2.3　图形处理工具

常用的图形处理工具有 AI、AutoCAD、CorelDRAW 等。

AI 是 Adobe 系列的矢量图形处理工具,功能强大,主要应用于印刷出版、海报书籍排版、专业插画、多媒体图像制作和互联网页面制作等,也可以为线稿提供较高的精度和控制,适合任何小型设计到大型的复杂项目,可以与 PhotoShop 配合使用。

AutoCAD 作为一款自动计算机辅助设计软件,可以用于绘制二维制图和基本三维设计,通过它无须懂得编程即可自动制图。可以用于土木建筑、装饰装潢、工业制图、工程制图、电子工业、服装加工等多个领域。

CorelDRAW 既有矢量的支持,又有对图像的美化功能,适合制作 Logo、宣传画印刷品等。这个图形工具给设计师提供了矢量动画、页面设计、网站制作、位图编辑和网页动画等多种功能。

1.2.4　图像处理工具

PhotoShop 主要处理以像素构成的数字图像,使用其众多的编修与绘图工具,可以有效地进行图片编辑工作。PhotoShop 有很多功能,在图像、图形、文字、视频、出版等各方面都有涉及。

从功能上看,该软件可分为图像编辑、图像合成、校色调色及特效制作等。

图像编辑是图像处理的基础,可以对图像做各种变换,如放大、缩小、旋转、倾斜、镜像、透视等,也可以进行复制,去除斑点,修补、修饰图像的残损等。

图像合成则是将几幅图像通过图层操作、工具应用合成完整的、传达明确意义的图像,这是美术设计的必经之路,该软件提供的绘图工具让外来图像与创意很好地融合。

校色调色可方便快捷地对图像的颜色进行明暗、色偏的调整和校正,也可以在不同颜色间进行切换以满足图像在不同领域的应用,如网页设计、印刷、多媒体等。

特效制作在该软件中主要由滤镜、通道及工具综合应用完成。包括图像的特效创意和特效字的制作,如油画、浮雕、石膏画、素描等常用的传统美术技巧都可借由该软件特效完成。

1.3　实时交互技术与应用

1.3.1　非实时图形渲染技术

非实时图形渲染又称为离线渲染,是指计算机根据预先定义好的光线、轨迹渲染图片,渲染完成后再将图片连续播放,实现动画效果。这种方式的典型代表有 3D Max 和 Maya,其主要优点是渲染时可以不考虑时间对渲染效果的影响,缺点是渲染画面播放时用户不能实时控制物体和场景。

非实时渲染的典型应用是影视动画,用于电影、广告等预先设计好的模式演示。每一帧都是预先绘制好的,即设计师设置帧的绘制顺序并选择要观看的场景。每一帧甚至可以花数小时进行渲染,重点是美学和视觉效果,主要是"展示美",在渲染过程中可以为了视觉的美感将模型的细节做得非常丰富,将贴图纹理做到以假乱真的效果,并辅以灯光设置,最后渲染时还可以使用高级渲染器。

1.3.2 实时图形渲染技术

实时图形渲染是指计算机边计算边将画面输出显示,这种方式的典型代表有 Vega Prime 和 Virtools。实时渲染的优点是可以实时操控,可以实现三维游戏、军事仿真、灾难模拟等,缺点是受系统负荷能力限制,必要时会牺牲画面质量,如模型的精度、光影的应用、贴图的分辨率等,以满足实时系统的要求。

实时渲染的典型应用是三维游戏,用于无预定脚本的视景仿真。实时渲染对实时性要求严格,因为用户改变方向、穿越场景、改变视点时,都要重新渲染画面。在视景仿真中,每帧通常要在 1/30 s 内绘制完成。实时渲染的重点是交互性和实时性,其模型通常具有较少的细节,以提高绘制速度并减少用户输入和应用程序做出相应反应的滞后时间。

实时渲染的目标如下:

(1) 使操作者具有强烈的沉浸感。

(2) 尽可能真实地模拟现实世界的尺寸、法则、限制等。

(3) 必须达到 30～60 帧每秒的速度,以免太慢有断续感或太快浪费系统资源。

(4) 合理地组织多边形模型,既有足够的面反映必需的细节,又不太精细而增加系统负担。

(5) 优化模型的层次结构,设置模型控制、真实世界物理限制等必要信息。

1.3.3 数字交互技术与应用

数字交互是为满足群体即时、互动沟通与现场决策等需求而开发的一体化智能技术,它能通过高清大屏幕的集中显示、便捷的触摸操作、直观的屏幕手写标注、海量图像的快速处理、远程多方数据共享以及人性化的操作模式等核心功能,为用户提供一个划时代的辅助交流技术,满足群体即时互动沟通和现场决策等需求。无论是站在面前还是远在天边,都可以形象化地表达各自的观点,令会议、展示、部署与演练等变得更轻松。集合了显示、手写屏幕等众多功能于一体,操作时不需要专用笔,就可以智能识别手指书写操作。随着移动互联网、网络新媒体和虚拟现实等媒体交互技术的飞速发展,媒体产品的形态、传播渠道、媒体内容创意、交互体验方式和个性化产品设计需求日益提升。良好的产品体验、耳目一新的视觉传达和简单友好的交互方式是媒体产品生存的王道,交互设计时如何提高数字媒体产品的用户黏度和交互方式是设计师在创意设计时需要认真考虑的。

　　数字交互技术,为用户提供直观、便捷的信息显示和交互环境,能显著提高会议、培训、多媒体展示、模拟演练、远程会商的工作效率,可广泛应用于教育、培训室、会议室、展览、演示厅等多样化场所,还可与消防、交警、军队等行业的应急指挥、远程部署、应急联动、电子沙盘、预案演练、远程协同等业务流程紧密结合,形成针对行业具体业务需求的个性化解决方案。可广泛应用于政府职能部门、公共事业单位、能源系统、通信领域、金融系统、广电系统、军事领域、教育领域等,有普遍的适用性。在消防领域,它是预案演练与火灾调查的综合平台;在交通领域,它是业务培训与事故鉴定的分析平台;在军事领域,它是地图作业和沙盘演练的指挥平台;在医疗行业,它是病例分析远程协作的平台;在教学领域,它是远程授课和模拟实物的讲解平台,它还可以将大量生动形象的图片及视频文件带进课堂,有力地论证教师所表述的内容,使学生更容易理解教师所讲的知识,增强课堂中的交互性,给教师更多自由发挥的空间。同时,它还可以应用在政府机关或大型企业的会议中。通过使用人员对点评功能的使用,更加直观地对会议内容进行阐述和说明,并且可利用数字交互技术支持多路视频输入的功能,来体现会议连线的效果。系统将图文视频点评与触摸显示单元完美结合,使用人员能够及时以简便快捷的触摸单击选择,对各种文刊、课件、网络等图文视频信息进行表述。

1.4　IDPRE 三维图形实时引擎技术与制作工具

1.4.1　IDPRE 三维图形实时引擎

　　随着信息技术的发展,计算机图形学在各个行业得到了普及与深入应用。目前,计算机图形学已经进入三维时代,三维图形在我们生活中无处不在。如三维信息可视化、数字孪生虚拟现实、虚拟仿真等技术已经成为近年来计算机图形学的热门话题,而这些技术的核心基础正是三维图形图像技术。

　　IDPRE(三维图形实时引擎)是艾迪普公司经过十余年的潜心研发,具有完全自主知识产权的三维图形技术(三维图形图像渲染引擎),该技术处于国际领先水平,是具有一定规模的综合算法软件系统,它包含了软件工程、操作系统、图形学、内存管理、着色语言、GPU 硬件接口和多线程管理网络连接等多方面的技术,可以实现内容实时生成、内容实时渲染、多线程处理等实际应用。它利用了自主研发的排序算法、建模算法,而且具有实时数据处理和实时视频处理能力,是国内少有的能够处理图文、视频、音频、VR,并能够输出超高清的各种通用、专用格式的三维图形图像的算法软件,它还包含了摄像机运动跟踪反算算法,通过结合外部跟踪数据,能够实现三维图形图像反算跟踪,最终完成多区域、多策略化的自动跟踪。结合软件工程、操作系统、图形学、内存管理、着色语言、GPU 硬件接口和多线程管理等多方面的技术,配合面部识别技术、运动物体捕捉技术,可实现三维图形图像的重建识别,通过与图像传感器、镜头配合,决定最终的成像质量与色彩风格,实现三维图形图像实时渲染。

1.4.2 iArtist 实时三维可视化制作工具

iArtist 三维图形创作工具基于三维图形图像实时引擎技术,以其易用的人机交互界面和丰富的效果特技支持,让创意创作者在使用该工具的时候,能够快速生产出高质量的创意产品,无须长时间等待渲染,真正实现"所见即所得,所改即所得"的实时性。凭借强大的实时渲染能力让用户创作更高品质的图形图像产品。

iArtist 无须创作者掌握复杂的创作和代码编写的能力即可迅速上手使用,让创作者通过简单的操作即可创作出高质量的作品,突破了传统的创作工具专业限制。除了操作简单以外,数字内容在创作过程中的实时可视化也是 iArtist 的重要特点之一。创作者在使用 iArtist 创作的过程中,用户只需将工具箱中的单个物件效果和各种特效(如材质、光效、纹理、动画特效等)以拖动的方式拖到渲染窗口,无须等待渲染,就可以直接观看到该物件效果所对应的三维呈现效果。另一特点它拥有强大的图文处理能力,支持字效、特殊字效以及二维场景的三维效果一键实时生成。例如,一张二维图片直接导入 iArtist,即可一键生成三维模型;同时,还可以直接在此基础上进行细节调整和修改,实现"所见即所得,所改即所得"的实时性,大大节约了创作者的时间成本。作为一款实时三维图形图像创作工具,iArtist 还拥有丰富的数据接口及数据处理能力。文本、Excel 表单、XML 等都可以实现实时导入与关联。对导入的各种类型数据都可以通过 iArtist 内置的三维数据可视化创作物件,快速地创建柱图、饼图、环形图、股票图、雷达图等多种可视化模型;支持实时数据更新及效果呈现;并且支持 web 端及 HDML 实时一键导入,可以实时、快捷地接入网页、HDML 信号流等,实现视觉包装与制作的实时化。

iArtist 作为一款实时图形图像创作工具,可以广泛应用于电视在线实时包装、虚拟现实和增强现实应用、三维信息可视化、数字教育、数字医疗、数字展览、展示以及全息影像可视化艺术创作等。采用全中文人机界面,拥有自由的定制操作,符合国际的开放体系,为创客提供开放的开发平台。多维可视窗口,多种参量设置,兼具各种视频格式文件的输出。具有丰富的数据接口,可以智能化组合物件生成。同时软件内置 CGSaaS 数字图形资产云平台,软件与平台资源实现联动,直接在 iArtist 的编辑界面中,对云平台上 330 多个分类下的超万套模型资源进行一键调用,节约了创作者的时间成本。

iArtist 三维图形创作工具的研发,意在让所有创作者不再受困于工具的限制,在创作的过程中提高创作效率,能够快速生产出高质量的创意产品。在数字媒体时代,实时性决定了信息的真正价值,iArtist 三维图形创作工具真正地实现了从非实时到实时的能力颠覆。

第 2 章

初识 iArtist

课程概述

本章内容：

- 三维图形可视化的概念
- 三维图形可视化的发展
- 三维图形可视化的分类
- 实时三维图形可视化的应用领域

本章学习时长约为 8 小时。

2.1　iArtist 概述

2.1.1　技术特点与应用

iArtist 是在三维实时渲染引擎的基础上开发的实时图形图像制作工具。iArtist 主要依赖于渲染引擎 IDPRE 及实时图像处理引擎 IDPPE 技术，是现今新一代快捷和高效的实时真三维/多角度包装设计及制作应用平台。

IDPRE(IDP Render Engine)是三维图形图像实时渲染引擎，也是核心引擎。它利用自主研发的排序算法、建模算法等综合实时算法，结合软件工程、操作系统、图形学、内存管理、着色语言、GPU 硬件接口和多线程管理等多方面的技术，实现三维图形图像实时渲染。

IDPRE 不仅具有优化的排序算法、建模算法，而且具有实时数据处理和实时视频处理能力，是当前少数可以实时处理文字、视频，并能够输出超高清的各种通用、专用格式的三维图形图像的算法软件。同时，IDPRE 与公司自主研发的视频编码算法、色域转换算法及特有的图像去交织算法，配合面部识别技术、运动物体捕捉技术以及摄像机运动跟踪反算算法等，共同构成了艾迪普核心图形图像渲染、跟踪、识别、处理四大引擎。

IDPPE(IDP Processing Engine)是三维图形图像实时处理引擎，利用视频编码算法、色域转换算法及特有的图像去交织算法，实现三维图形图像解析处理。IDPPE 的作用是把一些东西依附在模型表面，其核心是一个实时图像处理引擎。它不处理模型，只处理模型表面的二维图形图像的纹理。所有三维动画渲染软件关键的概念都是虚拟摄像机，或者说虚拟视点。根据真实视点的参数，通过算法的连接，当真实摄像机移动时，使得软件里面的虚拟视点会跟着摄像机移动。在此基础上使虚拟演播室进入公众视野。IDPTE 是虚拟视点的跟踪算法。

IDPTE(IDP Tracking Engine)是三维图形图像跟踪引擎，利用摄像机运动跟踪反算算法，结合外部跟踪数据，实现三维图形图像反算跟踪。三维动画渲染软件的概念重点在于虚拟摄像机，或者说虚拟视点。根据真实视点的参数，通过算法的连接，使得当真实摄像机移动时，软件里面的虚拟视点会跟着摄像机移动。在此基础上使虚拟演播室进入公众视野。

IDPIRE(IDP Image Recognition Engine)是实时三维图形图像识别引擎，利用自主研发的面部识别技术和运动物体捕捉技术，实现三维图形图像的重建识别。

因此，iArtist 的核心概念就是实时可视化。用无时间差的技术把各种不同的海量资料进行收集、拆解、分析，重组出吸引受众人群又容易让大众明白及理解资讯内容的各种可视化表达形态。此外，在播放中还可以对这个画面里的所有组成部分进行干预和控制，即实时可控化。实时可视化和实时可控化的技术特点决定了它可以应用在绝大部分媒体领域，

iArtist 还可与艾迪普其他产品结合,构成不同的系统平台,实现实时三维在线包装、点评触控、大屏播控、虚拟演播等多种不同功能的应用。

2.1.2 组成与工作流程

iArtist 三维图形创作平台,以 iStudio、iTouch、iSet、iClip 等为辅助。它的工作流程是:首先新建素材 *. clp 素材,其次添加物件,以及物件编辑材质和贴图,再次给物件创建丰富动画,设置引出项和关联对象,然后保存素材。下图为 iArtist 工作流程。

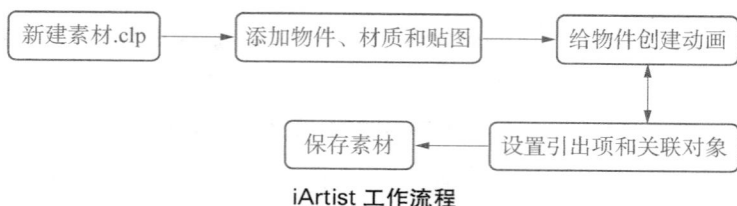

新建素材.clp → 添加物件、材质和贴图 → 给物件创建动画

保存素材 ← 设置引出项和关联对象

iArtist 工作流程

2.1.3 工具安装说明

安装之前请先确认硬件环境、软件环境的完整。为保证用户的使用,安装环境有以下要求:确保 IE 浏览器版本为 IE11 或以上版本、网络 80 端口为开放状态。

软件运行建议配置:

酷睿四核 i5 - 6500 或以上处理器

16 GB 内存

1 TB 7200 转硬盘

GTX - 960 系列 4 GB 独立显存图形显示卡或以上

1 920×1 080 分辨率显示器

Windows10 系统

2.1.4 安装前提

为保证 iArtist 软件的正常运行,安装 iArtist 前需要先安装软件运行所需的环境文件。设备如果已经安装并正常使用 iArtist,再次安装或更新软件版本时无须安装环境文件。如果更换设备则须重新安装环境文件。

2.1.5 安装流程

(1) 登录数字图形资产云平台(http://cgsaas. ideapool. tv),单击软件下载—iArtist。

(2) 下载并安装软件运行所需的环境文件(跳过此步骤会导致软件无法开启使用)。

(3) 下载软件(可选择版本)。

(4) 安装软件。

（5）选择本地资源中心目录（如果需 iClip 调用 iArtist 资源素材，需保证软件安装的资源中心在相同路径下才可以相互调用资源）。

（6）选择安装位置。

（7）安装完成后双击启动软件（弹出登录窗口）。

（8）需要登录云平台账号，登录后软件开启（如果没有云平台账号，软件将无法开启）。

注 安装运行环境与软件时，需关掉杀毒软件，以保证安装环境与软件可正常使用。

2.2　iArtist 工作界面概括

iArtist 软件界面采用模块化设计（创作编辑系统工作平台工作界面），渲染区域与主菜单栏等不同功能区域划分排列，使工作界面清晰明确且便于识别。为了更方便地使用软件，用户在使用时只需要根据常用软件的工作界面习惯对界面进行拖动调整，调整为自己所需的常用界面即可。

2.2.1　操作界面组成

iArtist 的默认工作界面由【功能菜单】、【工具条】、【内置物件模块】、【内置特效模块】、【节点连接模块】、【物件树】、【素材信息】、【工作渲染显示区】、【物件空间参数区】、【时码线及图文/素材资源页】、【物件属性、输出属性及历史记录页】、【素材列表、快捷链接及节点编辑页】、【CG SaaS 登录】几部分组成。

2.2.2　自定义界面

在默认工作界面的基础上，可以通过拖动区域面板来自定义工作界面，组合成自己常用的工作模式。也可以将面板拖出使其浮动在应用程序窗口之上的新窗口内。在调整某一面板时，其他面板将自动调整大小以适应窗口整体尺寸。

拖动功能面板选项进行位置移动，所选中的面板在移动时，不同的界面区域会有相应的位置摆放提示窗口，可根据需要进行选择。如果将面板拖动到另一工作区域中间，它会被添加到该区域组。对工作界面的位置调整，会使其他界面区域的尺寸产生相应的大小变化。

如要将界面还原成默认工作界面，可在【功能菜单】中单击【自定义】，并选择【界面重置】，在弹出的选项框中选择【是】，重启程序即可还原成如【iArtist 默认操作界面】图所示界面。

2.2.3　功能菜单

【功能菜单】位于 iArtist 顶端，集中列出【文件】、【编辑】、【视图】、【数据管理】、【编辑器】、【工具】、【自定义】、【帮助】功能，便于对素材进行常规操作。

iArtist 默认操作界面

iArtist 功能菜单

2.2.4　工具条

【工具条】位于 iArtist【标题功能栏】下方，包括【背面剔除】、【轴心对齐】、【脚本】、【填充模式】、【显示背面】、【禁止 Z 序】、【三角排序】、【层背景】、【启用法线平滑】、【输出控制】、【绑定组】、【Z-Buffer】、【灯光】、【SD 安全线】、【HD 安全线】、【参考线】、【网格】、【摄像机信息】、【十字交叉线】、【显示帧率】、【摄像机管理】、【自身坐标】、【只显示选中物件】、【透明通道】、【显示运动轨迹】、【显示路径轨迹】等使用功能，适用于 iArtist ® V3 系统内所有物件。

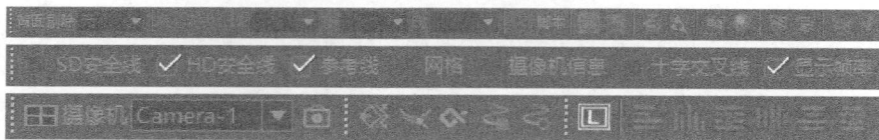

iArtist 工具条

2.2.5　内置物件模块

【内置物件模块】位于 iArtist 最左侧，内含【组物件】、【灯光】、【三维物件】、【二维物件】、【文字】、【数据计算】、【音频】、【GIS】等基础使用物件。

2.2.6　内置特效模块

【内置特效模块】位于 iArtist 左侧中间部分，其中【内置特效模块】内含【排列】、【像素特技】、【几何特技】、【纹理特技】、【字效】、【组特效】、【其他特效】等适用于 iArtist $^®$ V3 系统内的二维/三维以及组物件的特效。

iArtist 内置物件模块　　　　　iArtist 内置特效模块

2.2.7　节点连接模块

　　【节点连接模块】位于 iArtist 左侧下方部分,其中【节点连接模块】内含【触摸控制】、【播放控制】、【逻辑计算】、【数据获取】、【IO 处理】等适用于 iArtistV3 系统内的节点特技。

2.2.8　物件树

　　【物件树】位于 iArtist 左方窗口。物件树就是把含有文字或图形图像的素材,一张张按顺序叠放在一起,组合起来形成画面的最终效果;【物件树】可以将画面上的元素精确定位,添加物件和子物件、移动物件等,此窗口提供了一个有效和有力的方式来管理物件。

2.2.9 物件属性、输出属性及历史记录页

【物件属性、输出属性及历史记录页】位于 iArtist 右方窗口。物件属性、输出属性及历史记录页用于显示 iArtist 制作过程中所包含的各种素材及其各项参数等,包括【物件属性窗】、【特效属性窗】、【输出属性窗】、【纹理属性窗】、【材质属性窗】、【空间属性窗】和【历史记录页】。

2.2.10 素材信息

【素材信息】位于 iArtist【工作渲染显示区】的上方,是素材制作过程中,元素与软件在计算机运算中占用情况的显示窗口,同时也显示资源状态及实时渲染效率状态。

2.2.11 工作渲染显示区

【工作渲染显示区】位于 iArtist 的上方正中,是素材可视化的编辑窗口,设计者通过该窗口看到图形编辑后的效果。物件可参照参考线、网格调整位置,利用鼠标选择移动物件位置以及快捷键旋转操作编辑素材内容;同时支持多视图、标尺线吸附功能。

2.2.12 物件空间参数区

【物件空间参数区】位于 iArtist【工作渲染显示区】的下方,设计者通过该窗口看到图形编辑后的样子。物件可参照考线、网络调整位置,利用鼠标选择移动物件位置以及利用快捷键旋转操作编辑素材内容。

2.2.13 时码线及图文/素材资源页

【时码线及图文/素材资源页】位于 iArtist 下方,包括内置物件、内置特效、节点链接模块、常用素材资源等。可结合【工作渲染显示区】的呈现效果来对物件进行效果元素添加、动画制作、动画曲线调节,利用鼠标选择移动物件位置以及利用快捷键旋转操作编辑素材内容。

2.2.14 素材列表、快捷链接及节点编辑页

【素材列表、快捷链接及节点编辑页】位于 iArtist 右下方窗口。素材列表窗显示当前所有已打开素材。【素材列表】右击后出现的菜单包括新建素材、打开素材、保存素材、最近打开素材、合并素材、编辑点评模板等功能项。快捷链接窗可以对已设置快捷链接的属性内容进行切换。【节点编辑页】显示当前素材中节点部分的链接属性内容。

2.2.15 CG SaaS 登录

【CG SaaS 登录】是在 iArtist 内接入 CG SaaS 数字图形资产云平台的页面端口,使用户

可以在软件内浏览与使用 CG SaaS 数字图形资产云平台的资源。CG SaaS 数字图形资产云平台依托拥有完全自主知识产权的图形图像渲染、跟踪、识别、处理四大核心引擎技术,结合云计算及大数据管理技术打造的图形图像资源存储运营平台。该平台文件资源格式主要分为素材资源 PACKAGE7Z 文件、模型资源 MODELEX 文件(素材、模型资源只适用于在 iArtist 中打开)。CG SaaS 上拥有 330 多种资源分类,存储资源和模型上万个。该平台资源主要应用于艾迪普的 iArtist、iClip、iSet、iTouch 软件中,同时 CG SaaS 素材资产也可以应用于艾迪普的其他播出端口软件中,为快节奏的电视台节目、新闻会议、教学等短时间的制作带来方便,使制作师从繁琐的制作中脱离出来,大大提高制作效率,快速制作出画面丰富且符合当前需求的视觉效果,还可上传到 CG SaaS 平台上让更多的创客工作者分享他们的作品。

第 3 章

iArtist 基础

课程概述

本章内容：

- 图形资源分类
- 标题功能栏
- 状态显示栏
- 应用工具栏
- 渲染窗口
- 属性显示窗
- 物件树显示窗
- 动画调节窗
- 资源管理窗
- 素材列表及快速连接
- CG SaaS 数字图形资产云平台
- 交互制作基础
- 案例

本章学习时长约为 24 小时。

3.1　图形资源分类

3.1.1　文字

文字功能位于【工具箱】，用于创建拥有不同内容、字体等属性的文字。在素材中创建文字只需单击【工具箱】，单击选择【文字】，并在弹出的选项卡中选择【文字】，拖动至【工作渲染显示区】。然后在【物件树】中单击选择【文字】物件，在右侧【物件属性】栏中选择【特有属性】对该物件进行文本、字体、背景等其他参数的修改。

3.1.2　图片

iArtist 支持本地图片的导入和使用。使用时在【物件树】的空白部，右击【导入文件】，选择【图片】选项，再选择要编辑的图片，单击【打开】，在【工作渲染显示区】就可以看到要编辑的图片。

当仅需将图片导入当前素材时，单击【功能菜单】中的【工具】，选择【导入文件】—【图片】即可导入本地图片。iArtist 支持的图片格式包括：*.jpg、*.jpeg、*.gif、*.tga、*.png、*.tif、*.bmp、*.dds、*.idpbmp、*.idppng、*.idpjpg、*.idpjpeg、*.idpgif、*.idptif、*.idptga。PSD 格式的图片可以通过【导入文件】—【PSD】选项进行。

按住鼠标左键将【纹理资源】的图片拖动至【工作渲染显示区】，就可以进行下一步编辑。

3.1.3　序列

序列是被排成一列的对象（或事件）。一般来说，动画制作和渲染软件中都可以引用或输出序列，iArtist 中也可以引用或输出序列。同时，iArtist 还可以直接导入其他软件输出的序列。在其他软件中创建并导出的序列和已在 iArtist 中创建并导出的序列都可以作为本地素材再次被 iArtist 打开（打开方式与其他素材基本一致）。

3.1.4　视频

iArtist 可以用于对本地视频的裁剪和编辑。单击【功能菜单】中的【工具】选项，在【导入文件】中选择【视频】选项，即可导入本地视频文件。可导入的视频格式包括：*.avi、*.mpg、*.mov、*.flc、*.fli、*.asf、*.wmn、*.3gp、*.mp4、*.flv。

3.1.5　音频

本地音频的导入方法参见上一节视频导入。iArtist 支持导入和编辑的音频格式包括：

＊.wav、＊.mp3、＊.wma、＊.amr。

3.1.6　流媒体

流媒体是指将一连串的媒体数据压缩后，经过网上分段发送数据，在网上即时传输影音以供观赏的一种技术与过程，实质上是一种按照规定方式打包的媒体文件。

在【纹理】的属性中【纹理类型】的下拉菜单中可以选择【流媒体采集】选项，可将流媒体当作材质赋予物件之上。

3.1.7　材质

材质是材料和质感的结合。在渲染程式中，它是表面各可视属性的结合，内含的可视属性包括物体表面的色彩、纹理、光滑度、透明度、反射率、折射率、发光度等。iArtist 中物件的材质通常用材质球来表示，还有各种纹理辅助表现（材质球＋纹理的复合效果）。

3.1.8　模型

在 iArtist 中，模型主要指用三维软件制作的立体模型。iArtist 可以在【工具箱】中直接选择内置的物件，并改变这些物件的各项参数。也可以导入其他三维软件制作的模型或者来自 CG SaaS 数字图形资产云平台的资源，但其他三维软件建立的模型一般无法更改。

3.1.9　特效

特效指用电脑软件制作出的现实中难以出现的特殊效果。对于 iArtist 而言，特效添加有两种方式，一种是找到【工具箱】，在【内置特效模块】中选择自己所需要的特效类型；另一种是在【时码线】同区域的标签中单击【特效】，在弹出的分类中选择所需的特效形式。

3.1.10　CG SaaS 数字图形资产云平台

CG SaaS 数字图形资产云平台（http://cgsaas.ideapool.tv）是依托 IDPRE 渲染引擎的网络云资源共享平台，也是 iArtist 的强大图形资源库。在该平台上，注册用户可以使用包括整套包装、图文包装、虚拟场景、数据图形、特技效果、天气、地图、财经、新闻、军事、医疗、科技、建筑、交通、体育、图标、工业、电力、文化、日用、自然、人物、三维可视化交互模板等各种图形资源。

在平台网页上下载所需资源后，可在 iArtist 的【素材列表】窗的空白处右击，在弹出的选项框中选择【素材解包】将打包资源解压缩。也可在【动画调节窗】中单击【本地档案】，在【本地物件包】选项卡中解开压缩。

3.2　功　能　菜　单

3.2.1　文件

【文件】是 iArtist 的基础功能,用户可以通过单击【新建文件】按钮或者使用"Ctrl + N"键来新建文件,开始进行图像创意。此外,用户还可以在【文件】的选项卡中打开其他文件、保存文件和将文件另存到所需位置。

【文件】中【保存特定版本】可将当下素材保存为较低的制定版本(一般保存,无法保存为更高版本),【最近打开】按钮可以打开最近打开过的 6 个素材,【退出】按钮可关闭当前操作。

注意　在【退出】之前,请提前保存文件。或者在单击【退出】按钮之后,在弹出的对话框中选择【是】来保存修改后的文件,防止文件丢失。

3.2.2　编辑

【编辑】选项卡中,包含了 4 个部分共计 16 个按钮。基础功能包括撤销、重做、剪切、复制、粘贴。【全局参数设置】按钮用于增加、删除、修改全局参数,全局参数分为整型、浮点、字符串三类。

注意　在【全局参数设置】窗口中,单击【增加】按钮,即可打开【全局参数属性】窗口对全局参数进行命名、选择类型和编辑;若要删除全局参数,须选中该参数,按"Delete"键或者【删除】按钮;若要修改全局参数,可双击参数或者选中后单击【修改】按钮;鼠标选中参数后拖动可以改变及添加内容层次。

【批修改纹理路径】按钮用于素材纹理路径的整体替换,单击按钮打开窗口,选择或输入源路径(纹理文件夹源路径)和新的路径(纹理文件夹目标路径)。确认替换后保存素材,再次打开将显示替换后的图片内容。

注意　使用批修改纹理路径的功能时,替换的最小单位是文件夹。

【纹理资源管理】按钮,主要用于卸载、清理和管理纹理。纹理管理器支持查看纹理路径、宽度、高度、类型以及使用的情况,同时也支持对所使用的纹理进行标准不同的排序以便进行删改。

【输出到纹理】按钮一般与纹理类型中"输出到纹理"配合使用,其效果是将 clp 素材文件作为纹理贴到物件上。单击【输出到纹理】,在弹出的窗口中单击【添加】即可默认添加"Output_01",选中后单击【载入】按钮,可通过浏览本地资源选择本地输出的素材 clp,确定后选择动画段,单击【播放】。然后在【特效】中选择【平面纹理】并用鼠标拖动到【物件树】的物件,在【物件属性】中的【平面纹理】选择【输出到纹理】的纹理类型,并单击【视频路数】选择所需的信号。

注意 默认添加的 Output_01 与输出到纹理的【物件属性】相对应。

【清除无用的物件】按钮用于清除素材中隐藏的无动画物件,目的是帮助节约模板大小。在编辑完所需素材后,单击【清除无用的物件】,在弹出的窗口中单击【是】,即可完成清理。

【X对齐】、【Y对齐】、【Z对齐】,适用于多个物件的排列,全部所选物件将会以最后选取物件的 X 轴、Y 轴、Z 轴为基准对齐。【X 平均分布】、【Y 平均分布】、【Z 平均分布】,全部所选物件将会以平均 X 值、平均 Y 值、平均 Z 值为基准排列。

3.2.3 视图

【视图】选项卡主要用于 iArtist 工作界面的调整。单击【视图】按钮,在弹出的菜单中选择可显示对应窗口,不选择隐藏对应窗口。在整个界面上操作时,单独拖动窗口可以使窗口从操作界面脱出或合并,鼠标也可用于调整每个窗口的宽度和高度,自定义各窗口的位置。

3.2.4 数据管理

【数据管理】选项卡共有三栏,分别是【引出项管理】、【参数连接管理】、【数据连接管理】和【脚本编辑器】。

【引出项管理】主要用于修改引出的物件属性及参数,引出方便播出控制系统更改需要变化的物件参数属性。单击打开【引出项管理】,在弹出的窗口中选择物件以及属性,双击所需的项即可对引出属性进行修改。鼠标双击已引出属性内容可修改名称,单击可替换和删除内容,拖动可改变引出内容的顺序。

注意 在【物件树】中选择灯光,然后在右侧【物件属性】窗口的【灯光参数】中单击各选项卡右侧的小方块,即可进行引出。

【参数连接管理】用于将源物件的属性参数与目标物件的属性参数,通过内部连接、表达式、条件语句三种方式进行关联。单击【参数连接管理】,在弹出的窗口中选择源物件、源物件参数、目标物件、目标物件参数、操作符、操作数,单击连接即可形成连接。如要对已连接内容进行修改,需重新选择以上六项并单击连接。删除参数时,可以用鼠标单选或者用"ctrl"键多选将已连接的内容进行删除。

最基础的参数连接是内部连接。如果我们需要保证一个矩形的宽高一致,则可以在【参数连接管理】窗中选择【内部连接】,将目标物件属性参数设置为"矩形的宽度",源物件属性参数设置为"矩形的高度",然后输入操作符"=",单击【连接】,即可完成简单的内部连接。此时,用鼠标调整矩形的宽度时,矩形的高度会自动改变。

注意 在连接时只可连接参数属性,否则会收到目标或参数不正确的提示。连接的物件名称中不能含有"－",否则表达式会出错。

提示 目标物件参数 = 操作物件参数 + 操作符 + 操作数。

此外,还可以通过表达式和条件语句进行参数连接。表达式和复杂语句连接目前支持复杂的表达式和函数。iArtist 支持的复杂表达式包括:①包含加减乘除在内的四则混合运算;②包含＞、＜、＞＝、＜＝、＝＝、！＝、＆＆、||的逻辑混合运算;③包含()、次方等的运算;④函数参数检测;⑤包含有效空格的运算式;⑥括号及引号的匹配检测;⑦数据类型的自动判断;⑧操作符两端操作数类型检测。

iArtist 支持的函数包括数学函数、类型转换函数和字符串处理函数。其中数学函数主要是 sin、cos、tan、asin、acos、atan、pow、min、max、abs、sqrt、exp、ln、log、radian、angle、not、rbg、condition_select。类型转换函数包括 byte、int、bool、float、int_to_str、str_to_int、bool_to_str、str_to_bool、float_to_str、str_to_float。字符串处理函数包括 str_cat 和 str_cmp。

3.2.5　编辑器

【编辑器】选项卡包含【播出模板编辑】和【点评模板编辑】两个选项。【播出模板编辑】用于对保存到资源平台的素材进行适用于播出控制平台模板的编辑,【点评模板编辑】用于编辑适用于点评系统的模板。播出模板的编辑操作在【播出模板编辑】菜单中的【Tpl Editor】窗口中实现。

3.2.6　工具

【工具】菜单包括【调色板】、【错误查看器】、【输出图像或视频】、【保存当前屏幕为】、【导入文件】、【图像处理】、【UV 图像编辑】、【路径编辑】、【日志查看器】、【素材打包解包】、【资源授权】几个选项。

【调色板】用于调整物件材质、文字及图像的颜色。调色板的基础功能是对选中对象 R、G、B、H、S、L 的调整,同时它也可以通过【预制】按钮保存当前预制并命名的颜色到【预制颜色】窗口,通过【取色】按钮和鼠标吸色来设置新色。

注意 在调色板选取所需颜色后,右击预制颜色块选择"修改"可直接将预制的颜色替换为选取的颜色。

提示 除了从【工具】栏进入【调色板】以外,双击物件材质颜色块或者双击物件特有属性"颜色"均可打开【调色板】窗口。

【错误查看器】窗口用于提示素材缺少相关内容的错误信息,方便用户查看并修改。实际使用过程中,在打开素材缺少相关内容时,可直接单击素材列表中的"!"图标打开【错误查看器】。如要清理错误内容列表,单击【清理】按钮。

【输出图像或视频】可将当前动画输出为序列、视频和图像。打开【输出图像或视频】窗口，在文件类型里选择输出文件类型。然后选择输出路径、输出文件名、动画段及帧数范围、输出类型，最后单击【开始】按钮。

提示 输出的文件类型可以是 MPEG4 编码视频、MPEG2 编码视频、PNG 编码视频带通道、全帧无压缩编码视频带通道、H264 编码视频、TGA 序列图、PNG 序列图；输出类型支持当前尺寸、720 * 576、720 * 486、1 920 * 1 080 和自定义；输出图像序列默认储存到安装路径下 Media\LocalTex\MakeTga。

【保存当前屏幕为】可将当前屏幕保存为 *.tga、*.png、*.bmp、*.jpg、*.dds 格式，并储存到本地路径。在保存中可改变当下尺寸和扩展名，默认储存在软件安装磁盘下的名为"Tempx"的文件夹下（D:\IDPRE\bin\Tempx）。

【导入文件】按钮可直接将本地图片、视频、音频、PSD、AI、网格导入素材库。

【图像处理】主要用于对图片进行灰度化、伪彩色、浮雕等几十种效果处理，同时可以将图片保存入库。单击【图像处理】窗口，单击【打开】从本地导入需要处理的图片，然后双击窗口左侧的命令列表，通过调整相应参数得到所需要的效果。

【UV 图像编辑器】用于制作模型的 UV 图像文件。UV 纹理贴图坐标的简称（它和空间模型的 X、Y、Z 轴是类似的）。它定义了图片上每个点的位置信息。这些点与 3D 模型是相互联系的，以决定表面纹理贴图的位置。就好像虚拟的"创可贴"，UV 就是将图像上每一个点精确对应到模型物体的表面。在点与点之间的间隙位置由软件进行图像光滑插值处理。这就是所谓的 UV 贴图。单击【UV 图像编辑器】设置宽、高及模板类型（支持圆柱体、拉伸体、树、相框、立方体、齿轮等），在相应区域双击或者右击选择【添加图片】，即可开始贴图。贴图完毕后单击"输出"按钮，命名并输出 png 图像文件。

注意 贴图中鼠标右击除了可以【添加图片】，还可以选择【清空图片】、【原始大小】、【填充显示】。

【路径编辑】用于编辑路径，编辑完成的路径可以储存于【本地档案】的【本地路径】里，方便再次使用。单击【路径编辑】窗口，单击【加点】按钮，鼠标单击曲线窗口空白处添加锚点，两锚点间自动以直线相接。单击两锚点之间的线段，可在两锚点之间添加锚点。若要在不影响其他锚点的情况下单独调整锚点，可选中锚点方块后单击【打断】。删除锚点时，可单击【删除】按钮后选中锚点，也可直接单击锚点后按"Delete"键。

【日志查看器】用于查看软件崩溃、错误、警告、命令等错误信息。在窗口中可以按照根模块、模块、时间、等级等查询筛选。

【素材解包打包】可对单个、多个素材中的纹理、动画、引出、连接等所有内容进行打包和解包工作，方便用户使用。单击【素材解包打包】即可打开 IDPPacker 工具。如需打包，单击【素材打包】中的【添加】按钮选择单个或多个素材，随后选择储存路径，单击【压缩】就会出现素材压缩的进度条，至右侧显示"压缩成功"时打包完成。如需解包，单击【素材解包】，选择压缩文件和本地路径,单击【解压】即可解压到所选的本地路径,同时选择【到资源平台】可解压到资源平台。

注意　素材打包时默认的存储路径为当前素材路径,默认的文件名为压缩文件中第一个选中素材的文件名。

3.2.7　自定义

【自定义】菜单提供用户对于系统的偏好设置,共分为六个栏:【系统设置】、【配置导入】、【配置导出】、【文件类型关联】、【自定义工具条】和【界面重置】。

【系统设置】中包括【背景设置】、【热键设置】、【默认目录】、【宽高比设置】、【渲染类型】、【虚拟现实渲染状态】、【自动保存】、【日志配置】、【偏移投影】和【其他】。在【背景设置】中用户可以通过选择框设置是否显示 SD 安全线、HD 安全线、摄像机信息等,也可自定义安全线的位置、背景的类型和颜色、参考线、网格线和地平线等。

【热键设置】方便用户自由设置使用快捷键。

【默认目录】用于默认存储本地的素材和预制。

【宽高比设置】既提供 16∶9、PAL、NTSC、1080 50i、1080 59.94i 的常用宽高比,也提供自定义的宽高比设置,同时还可调整参考分辨率和帧率。

【渲染类型】提供素材的六种渲染类型,包括默认的 RGBA 类型,仅带通道的 A 类型,仅带色彩的 R、G、B 和 RGB 类型,以满足用户不同需求。

【虚拟现实渲染状态】窗口展示渲染的状态,包括【不生效】、【全景渲染】、【分屏幕】、【全景渲染 3D】、【分屏幕 3D】五种。选择需要的状态并单击【应用】即可生效。

【自动保存】窗口用于自动保存选项的设置,可以设置自动保存预览图、保存时回首动画首帧。自动保存素材时,可以选择自动保存素材、加载提示,并能设置自动保存的间隔时间和自动清除,同时也可以设置保存的默认目录。

【日志配置】窗口用于设置日志、输出等级控制和输出模块控制。

【偏移投影】则用于启用和偏移投影设置。

【其他】主要用来设置反射场景渲染间隔、最大历史记录数量和自动显示错误查看器。

【配置导入】用于导入文件扩展名为 uicfg7z 的本地文件。

【配置导出】用于导出【自定义】菜单中系统设置的内容。

【文件类型关联】用于关联 iArtist 特有格式的文件。

【自定义工具条】用以创建用户工具条方便用户操作。

【界面重置】按钮可以在重启软件后生效使当下界面恢复到默认。

3.2.8　帮助

【帮助】菜单中有【使用帮助】和【关于】两项。单击【使用帮助】可以打开最新 iArtist 编辑系统的使用帮助文档,单击【关于】可以显示当前软件的版本号、公司网站等信息。

3.3　工　具　条

3.3.1　物件背面剔除设置

【背面剔除】可以让选定物件背面得到剔除,背面剔除有三个选项:【无】、【顺时针】、【逆时针】。在三维物件建模的过程中,对物件颜色的填充不是同时进行的,而是具有顺序方向的,背面剔除的意义就在于让用户可以更快捷认识三维物件在整个空间中的形态和位置。

顺时针定义的三角形会被渲染,而逆时针定义的会被剔除。

3.3.2　物件轴心对齐设置

【轴心对齐】近似于【文件菜单栏】中【编辑】选项卡的对齐按钮。其中 LR 指左右方向、TB 指上下方向、FB 指前后方向。

3.3.3　脚本启动

选择【脚本】框后,拖动【特效】菜单中【其他特效】内的【脚本】到任意一项【物件树】窗口的物件上,即可添加脚本并打开脚本编辑器进行编辑脚本操作。默认脚本不显示。摄像机及需要使用脚本的物件都需要选择【脚本】。

3.3.4　物件显示模式选项

【物件显示模式】菜单中共有十个图标,分别代表了十种功能。【填充模式】按钮在默认情况下填充实体,单击鼠标可以调整为网格填充。【显示背面】按钮在默认情况下不显示背面,单击后显示出物件背面的形状。【禁止 Z 序】按钮用于解决物件面距离接近零的问题。当面与面的距离很接近的时候产生闪烁,可以通过对组内物件按结构顺序重新计算 Z 轴的前后序。

【三角排序】按钮用于重新计算物件三角面法线方向及前后序,且对于自带模型和导入的其他模型均有效。【层背景】是启用不受虚拟摄像机影响的全屏背景。【启用法线平滑】可以使物体表面的三角面在显示上更加平滑。【输出控制】主要辅助播控系统来方便编辑文字颜色、大小和位置这三个参数。在 iArtist 中做完包含文字的素材后,设置文字的【输出控制】并存储素材,之后就可以直接在模板编辑软件中制作模板并在播出控制软件上播放。

【绑定组】主要是支持组物件的"绑定"功能。【Z-Buffer】的作用是忽略 Z 序,使物件忽略空间顺序,永远显示在最前端。【灯光】通过选择来设置物件的光源,去掉灯光选择会导致物体变暗与黑色屏幕融合。

注意 改变屏幕背景色可以使无光源的物件显现。

3.3.5　渲染窗显示选项

【SD 安全线】选择会在素材渲染窗中出现安全框，SD 意为"Standard Definition"，即安全线外区域在标清状态下将无法显示；【HD 安全线】选择会在素材渲染窗中出现另一个安全框，HD 意为"High Definition"，即安全线外区域在高清状态下将无法显示。【参考线】和【网格】选择后都会在渲染窗中出现线条，可在【标题功能栏】—【自定义】—【系统设置】中进行位置修改。【摄像机信息】选择后会在渲染窗中出现摄像机信息。在所有的三维软件中，都存在虚拟摄像机作为视点，渲染窗中的 position、pan、till、twist、fov 就是虚拟摄像机现在的位置。

提示 在【物件树】栏中直接单击摄像机图标也可以看到当前的摄像机信息。

【十字交叉线】选择后会在渲染窗正中出现十字线，将窗口平均分割成四块矩形以方便定位。【显示帧率】选择后则会在素材渲染窗上方出现一条半透明的黑色长条，具体帧率数据呈白色。数据主要反映的是画面的运算情况，包括 GPU、显卡的 GPU、闪存的总容量和现在所占用的资源，其中 FPS 即为当下的帧率。

注意 以中国的标清来说，电视的标准是一秒钟 25 帧，每一帧再分为上场和下场，又称为奇场和偶场。中国标清一秒钟是 25 帧 50 场，FPS 数值就会在 50 波动。如要适应部分地区 1 秒钟 30 帧 60 场的规则，则需在【自定义】的【系统设置】中对宽高比类型进行修改，将 50i 改变成 59.94i。

3.3.6　摄像机视窗设置

【摄像机】左侧的图标是三视图图标，单击该图标，渲染窗会自动分成四块，分别展示当下视图、左视图、前视图和顶视图。【摄像机】栏则提供当前摄像机的选择和信息。【摄像机管理】图标单击后可弹出当下所有摄像机的总数及基本信息，单击窗口的【增加】按钮可以增加新的摄像机。

【自身坐标】按钮用于在【素材渲染窗】中物体显示自身坐标；【只显示选中物件】按钮用于在【素材渲染窗】中只显示选中物件；【透明通道】用于整个场景的通道显示；【显示运动轨迹】可以在【素材渲染窗】显示物件的动画运动轨迹；【显示路径轨迹】可以显示物件的路径轨迹。

3.4　应 用 工 具 栏

3.4.1　物件工具

【物件工具】窗口区域位于窗口左侧，提供各种插件，其中拥有立方体、球体、彩色矩形、走马、文字、时钟、网格文件等 34 种物件。物件支持添加纹理、特技等插件。创建 clp 素材后，就可以开始设计图形。【物件】包括组物件、灯光物件、三维物件、二维物件、文字物件、数据计算物件、音频物件、GIS 定位物件。每个物件都可以根据需要修改。

对当前素材所使用灯光和场景进行控制，对物件、纹理的大小、位置和其他的设置进行修改；选择不同物件及特技显示不同内容。

3.4.1.1　组物件

【组物件】位于【工具栏】中【物件工具】的首位。单击【组物件】按钮将出现三个添加项，分别是【组】、【层】、【三维标尺】。

组物件图标

1）组

【组】物件相当于其他编辑软件中的"整理"功能，实际上是一个容器，可以将对象和属性添加到组中。给组物件添加贴图，则组中全部子物件都会贴上该贴图。

组图标

2）层

【层】物件用于区分物件在空间位置上的前后。属于该【层】的物件，无论如何调整自己的位置和 Position Z，都无法改变层与层之间的顺序。

注意　层顺序可以通过层在物件树上的前后顺序来改变。

层图标

3）三维标尺

【三维标尺】物件测量工具，通常用于虚拟场景、虚拟演播室或者虚实结合的场景中的测量，屏幕中三维标尺的刻度与真实刻度一致，使虚拟物件与真实情况相符合。

三维标尺图标

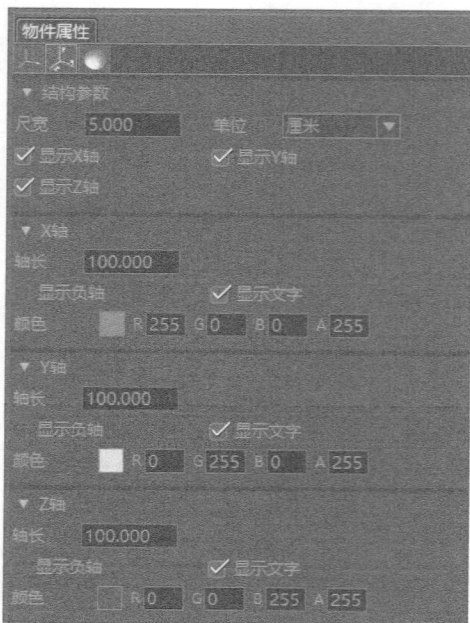

三维标尺物件属性

三维标尺在 iArtist 里所起的作用与实际的刻度尺类似，为创作者提供丈量参考的工具。按照实际尺寸建立模型，作为实际与虚拟的测量标准，按照三维比例再建立其他物件，按照同一比例制作虚拟物件，使之保持比例一致，便于场景变换。渲染视图是透视图，视觉上大小不一样，确认物体的实际大小，测位置和距离。测量工具本身不参与渲染。三维标尺有 X 轴、Y 轴、Z 轴三个方向的刻度标识，其刻度与实际刻度尺单位一致。三维标尺的特有属性包括结构参数、X 轴、Y 轴、Z 轴。

3.4.1.2　灯光物件

【灯光】物件位于【工具栏】中【物件工具】的第二位。新建素材的【物件树】中默认添加一个灯光，用户根据需要可酌情添加或减少灯光。在实际操作中,【灯光】可以作为【组】物件中的子物件,通过让物件选择对应灯光是否照射,可让灯光跟随物件的旋转、平移而变化。同时,也可单独设置每个灯光的位置等属性,对于单一物件而言,最多可对两个灯光的照射产生阴影。

灯光图标

注意　当把素材中默认灯光删除且不添加新的灯光时,渲染窗口会变成黑暗状态。

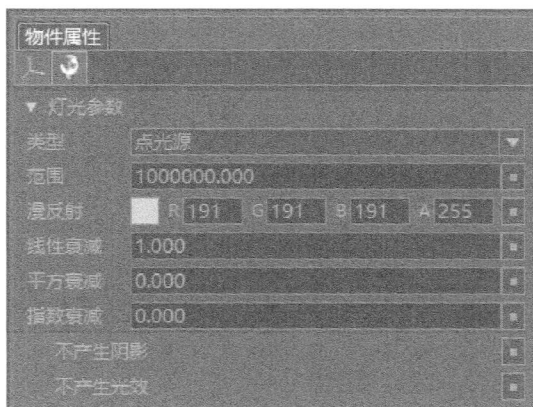

灯光物件属性

3.4.1.3　三维物件

【三维物件】位于【工具栏】中【物件工具】的第三位,主要用于创建不同类别的三维物件。

三维物件图标

1) 立方体

【立方体】物件实质上用于创建长方体,利用该物件可以创建出不同宽、高、厚度及切角的长方体。

提示　iArtist 中【立方体】的切角可以直接达到圆滑的圆角效果。

立方体图标

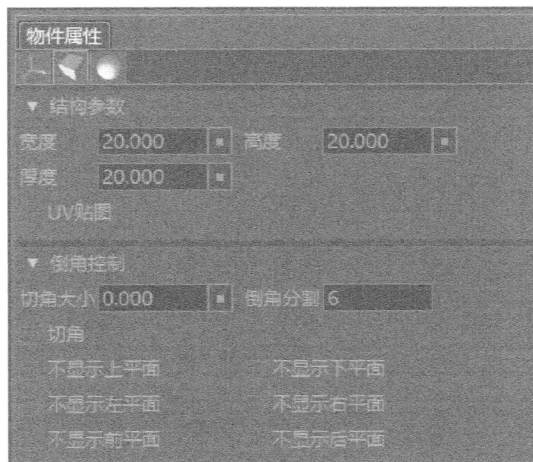

立方体物件属性

2）正二十面体

【正二十面体】物件用于创建正三角二十面体，是一种有 12 个角顶、20 个面及 30 个棱的对称的多面体，其每一个面都是等边三角形。具体设置参见【属性显示窗】。

正二十面体图标

正二十面体物件属性

3）球体

【球体】物件用于创建球体，具体设置参见【属性显示窗】。

球体图标

球体物件属性

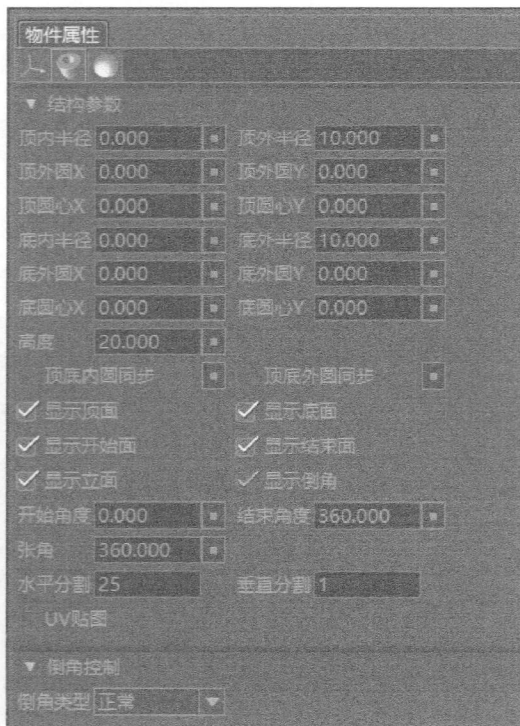

圆柱体物件属性

4）圆柱体

【圆柱体】物件用于创建不同大小、分割面的圆柱体、圆台等模型，具体设置参见【属性显示窗】。

圆柱体图标

5）圆环体

【圆环体】物件用于创建各种类别和大小的圆环体，具体设置参见【属性显示窗】。

圆环体
图标

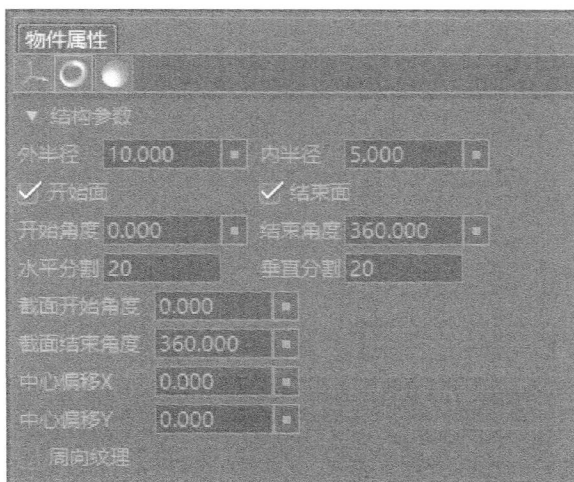

圆环体物件属性

6）相框

【相框】物件用于创建内部挖去与整体等厚度立方体的立方体，减少在立方体上切割的步骤。具体设置参见【属性显示窗】。

相框图标

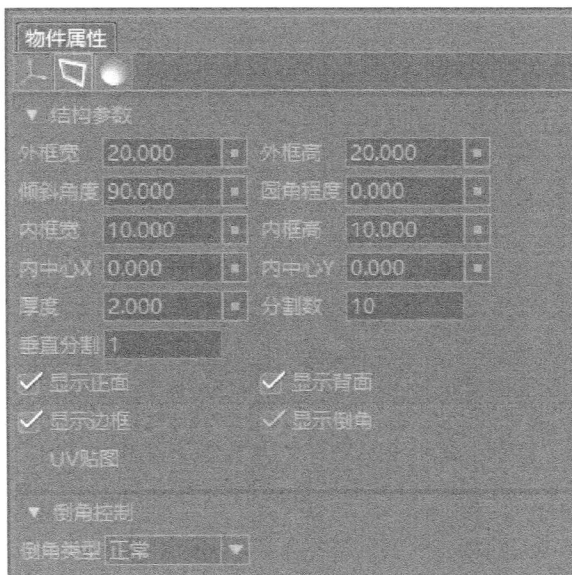

相框物件属性

7）齿轮

【齿轮】物件用于创建不同大小、切角等的齿轮，具体设置参见【属性显示窗】。

齿轮图标

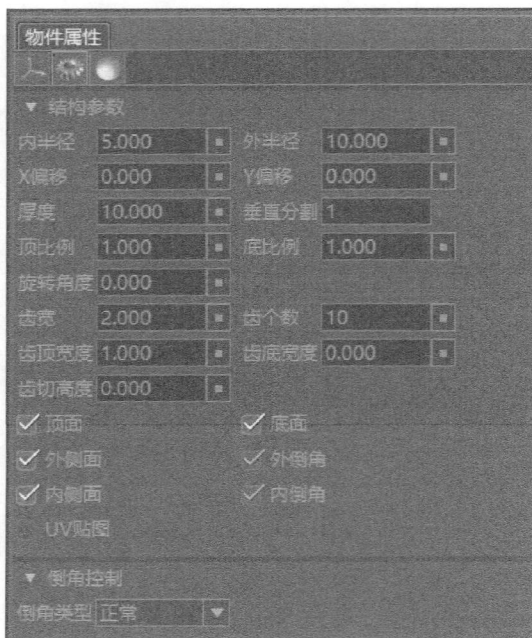

齿轮物件属性

8）弹簧

【弹簧】物件用于创建不同半径和粗细的实体螺旋线，具体设置参见【属性显示窗】。

弹簧图标

弹簧物件属性

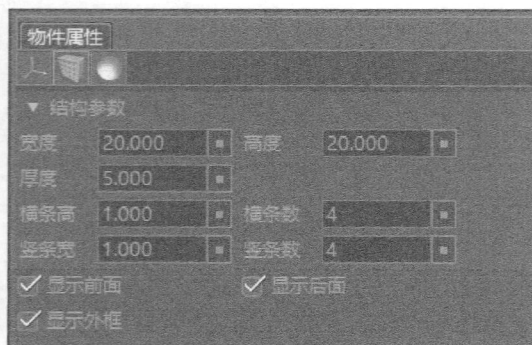

栅格物件属性

9）栅格

【栅格】物件用于创造不同大小和厚度的规律网格，具体设置参见【属性显示窗】。

栅格图标

10）文件卡

【文件卡】物件用于创建不同宽度、高度等属性的文件卡的三维模型,具体设置参见【属性显示窗】。

文件卡图标

11）旋转体

【旋转体】物件用于创建封闭的面绕着它所在的平面内的一条轴旋转一周所围成的几何体。具体设置参见【属性显示窗】。

旋转体图标

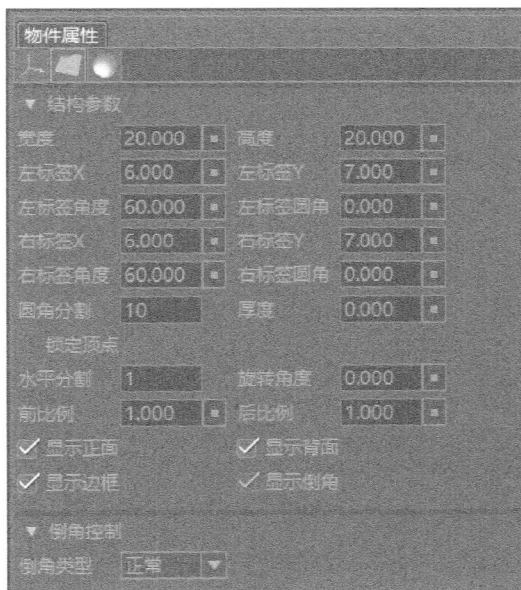

文件卡物件属性

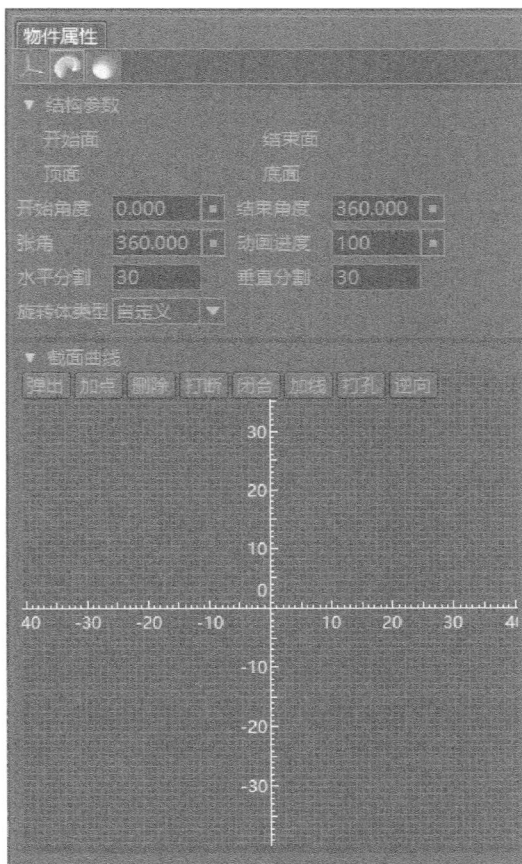

旋转体物件属性

12）拉伸体

【拉伸体】物件用于创建特定曲面的多边体,由一个或多个面按照绘制的路径构成。具体设置参见【属性显示窗】。

拉伸体图标

13）拉伸图形

【拉伸图形】物件用于创建特定的 60 种形状,可以通过调整拉伸厚度、旋转角度、倒角等参数创建出所需模型。创建【拉伸图形】需要在【属性显示窗】中的【物件属性】中进行操作。

拉伸图形图标

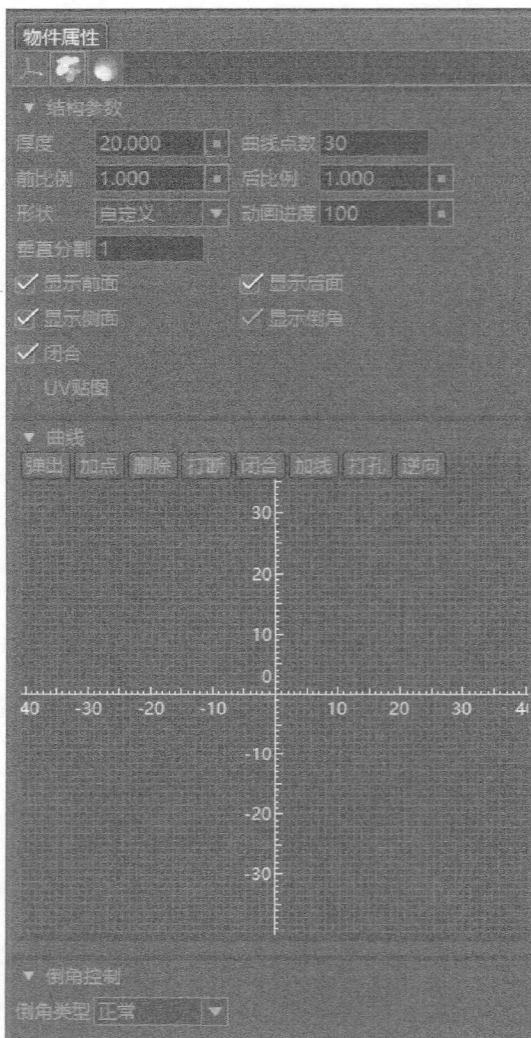

拉伸体物件属性

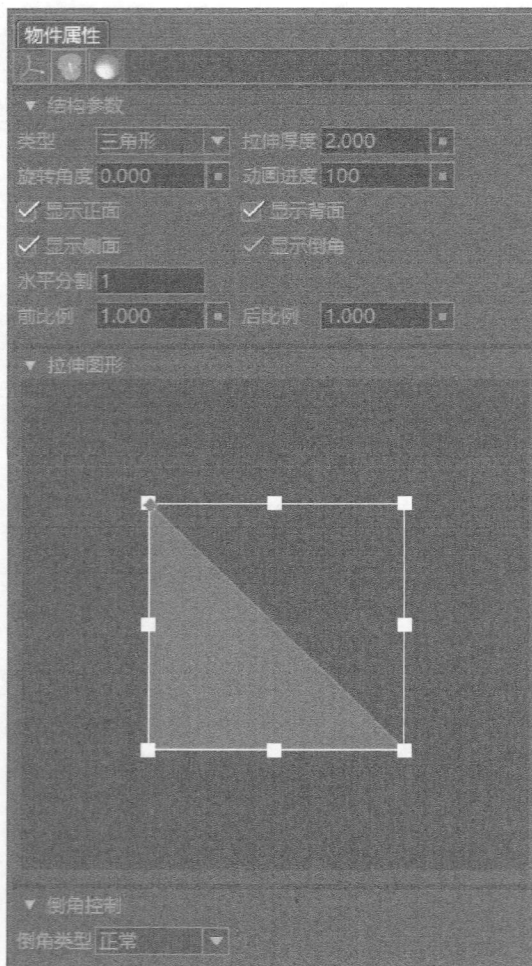

拉伸图形物件属性

14）动画路径

【动画路径】用于创建动态路径、辅助线，可选择箭头、无尾箭头、方片、箭头和方块、圆片，具体参见【动画路径物件属性】。

15）路径体

【路径体】物件用于创建特定形状的模型，同样在【物件属性】中加点创建，具体参见【路径体物件属性】。

16）路径拉伸体

【路径拉伸体】物件用于创建特定形状的多边体模型。通过在【物件属性】中加点绘制截面、路径、纹理等曲线，组合拉伸而成，具体参见【路径拉伸体物件属性】。

动画路径图标

路径体图标

路径拉伸体图标

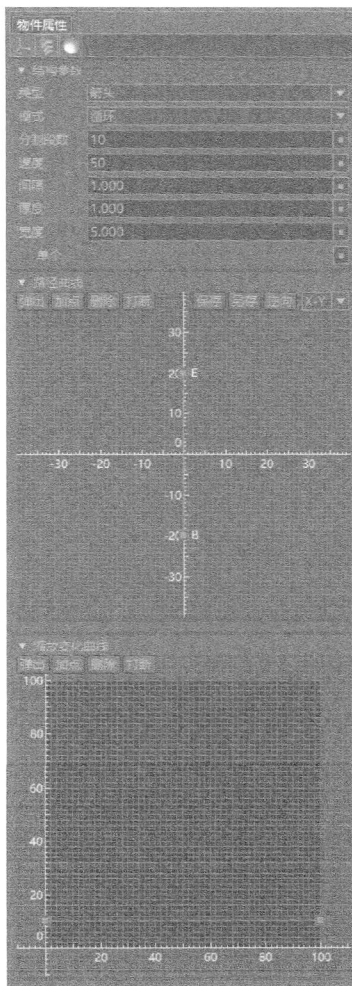

动画路径物件属性　　　　路径体物件属性　　　　路径拉伸体物件属性

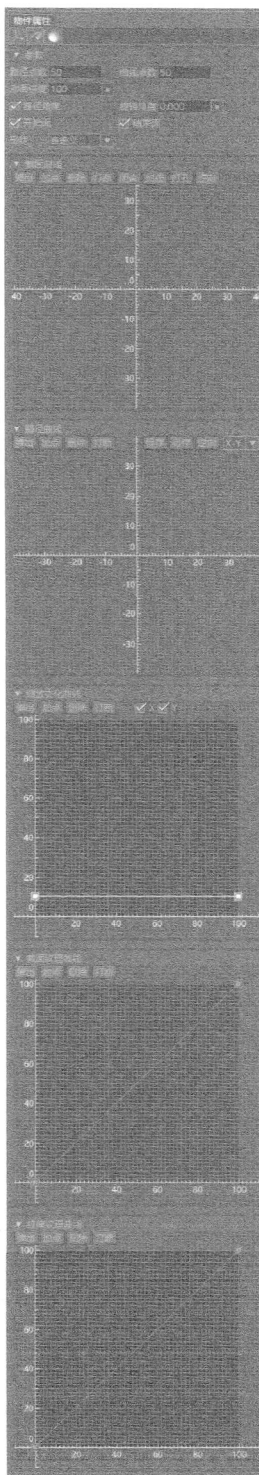

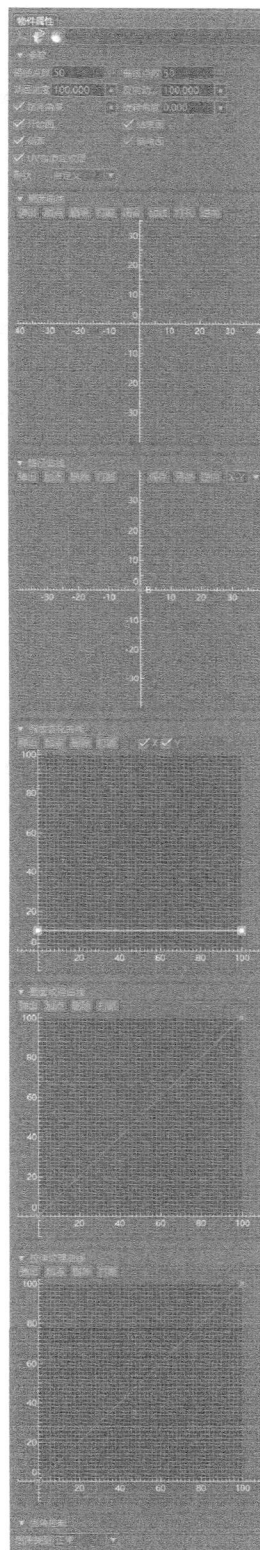

17）箭头

【箭头】物件用于创建不同类型和方向的箭头，在场景中可以用来做指示工具。具体设置参见【属性显示窗】。

箭头图标

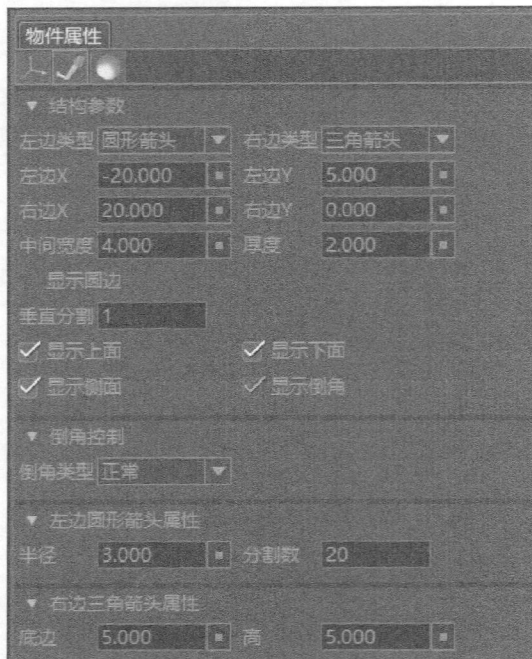

箭头物件属性

18）树木

【树木】物件用于创建树状物件，其中树木的各种参数均可调整。具体设置参见【属性显示窗】。

树木图标

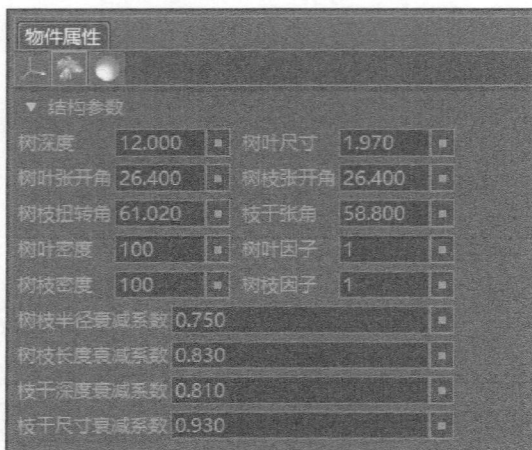

树木物件属性

19) 粒子

【粒子】物件用于创建粒子效果,所谓粒子效果,即模拟现实中的水、火、雾、气等效果,原理是将无数的单个粒子组合使其呈现出固定形态,借由参数来控制其整体或单个的运动,以模拟出现真实的效果。其中基本的物理参数,如重力、阻力、风向等均可调整,具体参见【属性显示窗】。

粒子图标

20) 饼图

【饼图】物件用于创建各种形状的饼图,常与文字连接同用,可直观展示各数据状态。具体设置参见【属性显示窗】。

饼图图标

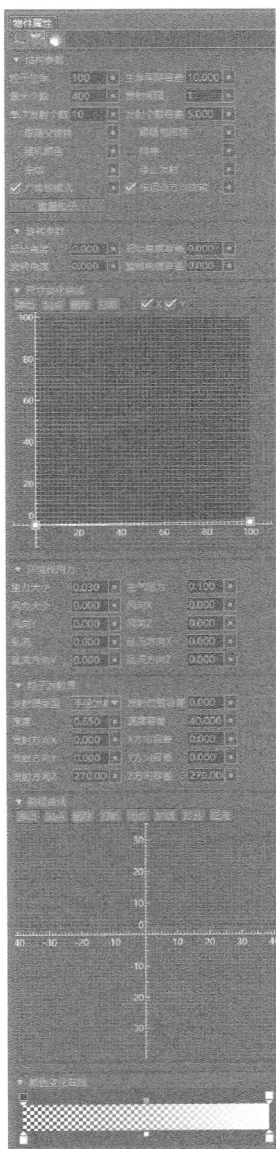

粒子物件属性

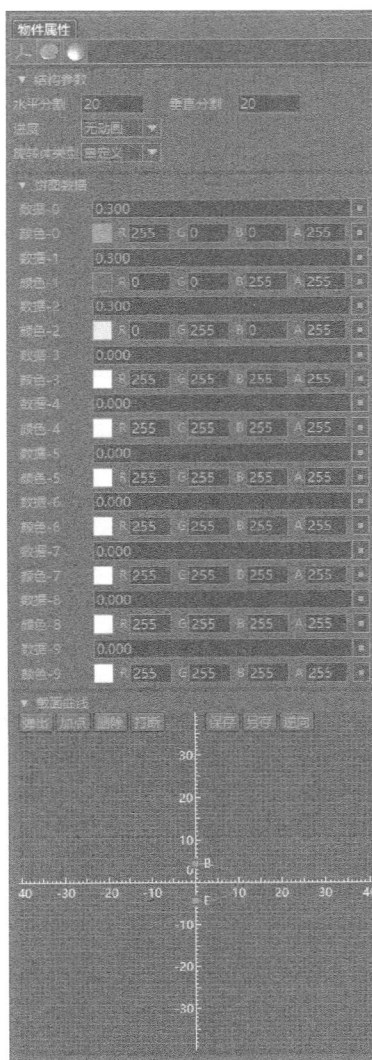

饼图物件属性

21）带字饼图

【带字饼图】物件用于创建带字的饼图，显示文字比【饼图】物件更便捷。具体设置参见【属性显示窗】。

带字饼图

22）柱图

【柱图】物件用于创建各类柱状图，直观展示数据。具体设置参见【属性显示窗】。

柱图图标

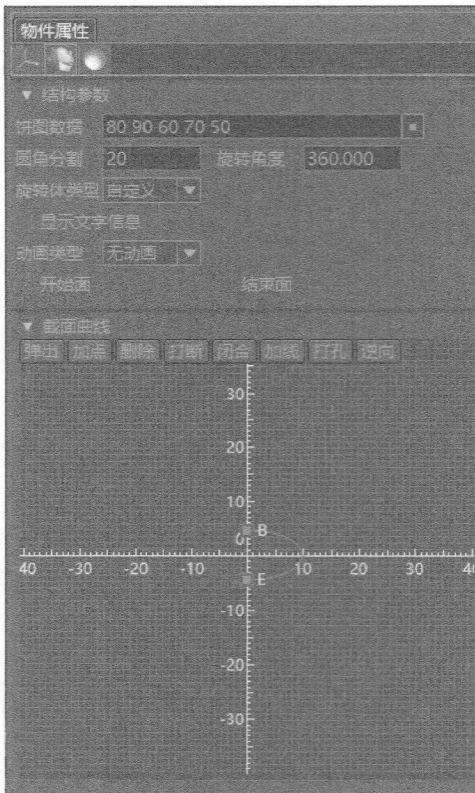

带字饼图物件属性

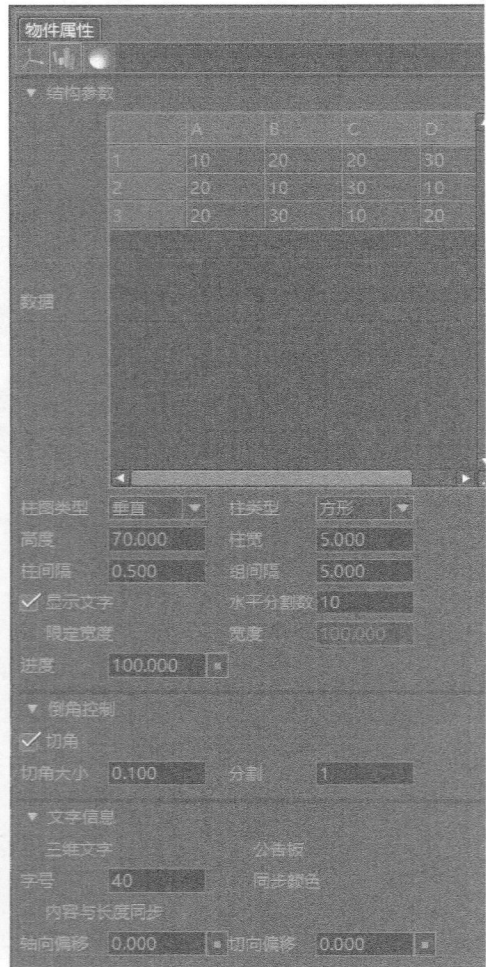

柱图物件属性

23）曲线

【曲线】物件用于创建曲线，显示数据的走向和趋势。具体设置参见【曲线物件属性】。

曲线图标

24）图表

【图表】物件用于创建各种形式的数据图表，具体设置参见【图表物件属性】。

图表图标

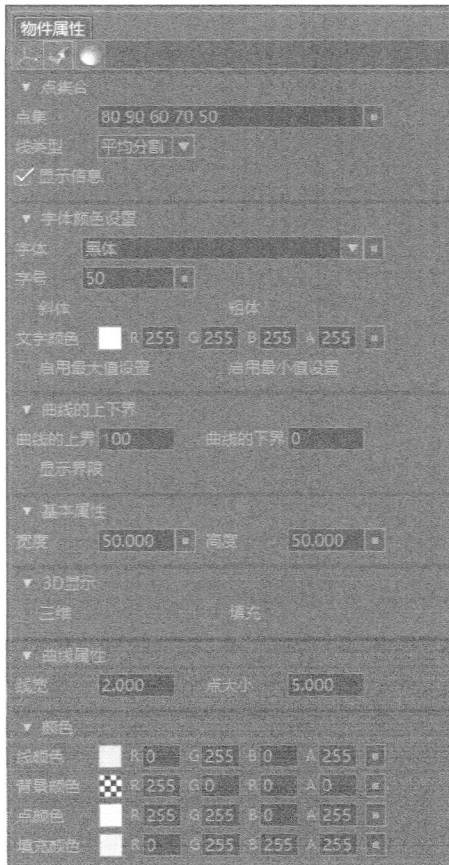

曲线物件属性

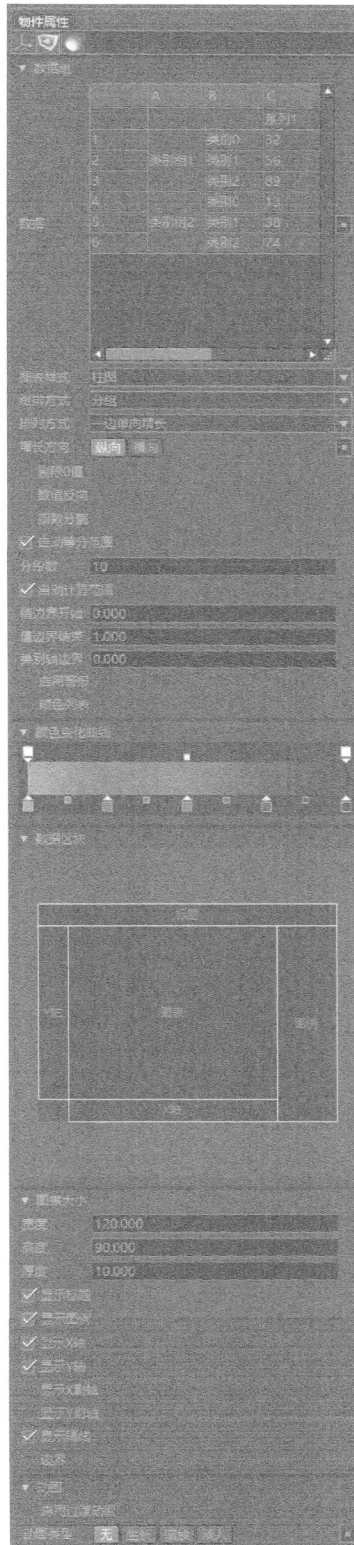

图表物件属性

25）三维时钟

【三维时钟】物件用于创建三维时钟，包括系统时间、倒计时、跑时三种计时类型，具体设置参见【属性显示窗】。

三维时钟图标

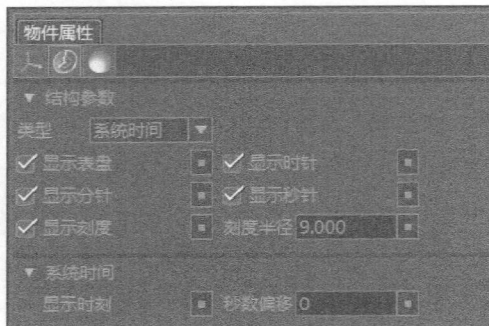

三维时钟物件属性

26）网格模型

【网格模型】物件用于导入＊.x、＊.obj、＊.idpobj、＊.fbx、＊.dae、＊.3ds、＊.idpfbx 格式文件。具体设置参见【属性显示窗】。

网格模型图标

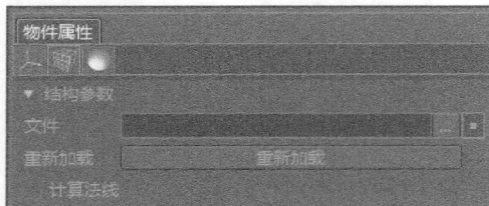

网格模型物件属性

27）轮廓拉伸

【轮廓拉伸】物件用于导入＊.svg、＊.ai 文件，可以让用户利用现有的 AI 路径将原文档制作成三维物件，同时还可以添加 SVG 打孔效果，具体设置参见【轮廓拉伸物件属性】。

轮廓拉伸图标

轮廓拉伸物件属性

3.4.1.4　二维物件

二维物
件图标

【二维物件】位于【工具栏】中【物件工具】的第四个,主要用于创建所需的二维物件。

1) 矩形

矩形图标

【矩形】物件用于创建矩形,可以创建出不同宽、高、色彩和圆角的矩形。具体创建方式及设置参见【属性显示窗】。

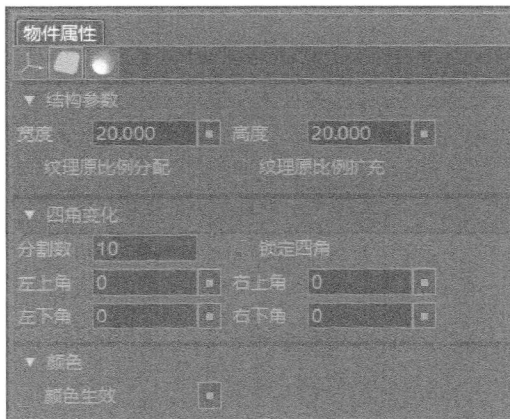

矩形物件属性

2) 圆形

【圆形】物件用于创建不同内外半径、颜色圆盘。具体创建方式及设置参见【属性显示窗】。

圆形图标

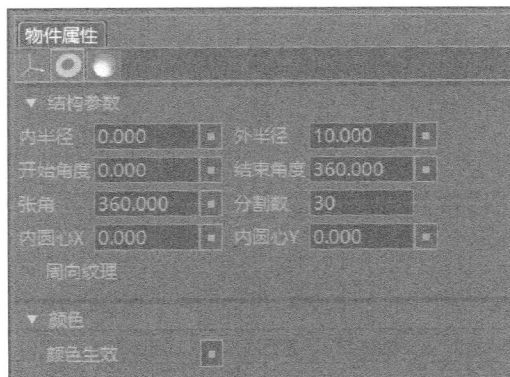

圆形物件属性

3) 多点矩形

多点矩
形图标

【多点矩形】物件用于创建各种不同形状的二维图形。具体创建方式及设置参见【属性显示窗】。

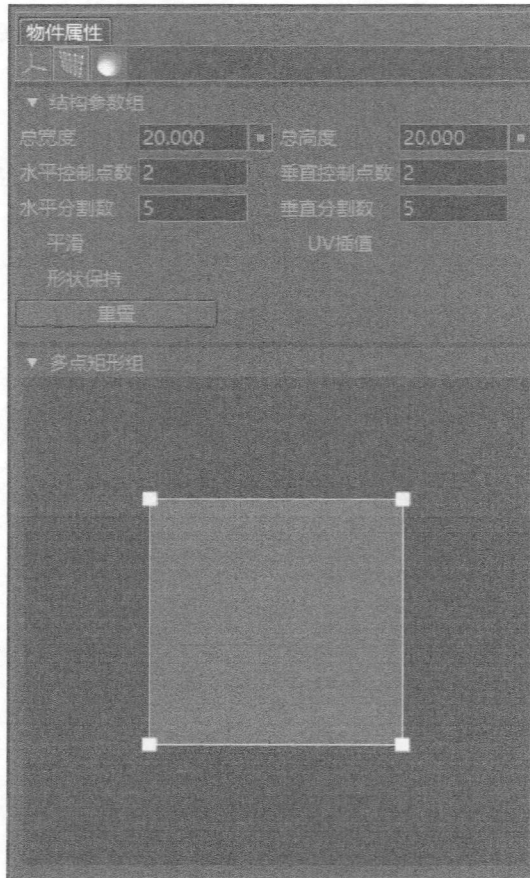

多点矩形物件属性

4) 卷页

【卷页】物件用于创建书页翻卷效果,目前可以用来创建各种角度的卷页和翻页。具体设置参见【属性显示窗】。

卷页图标

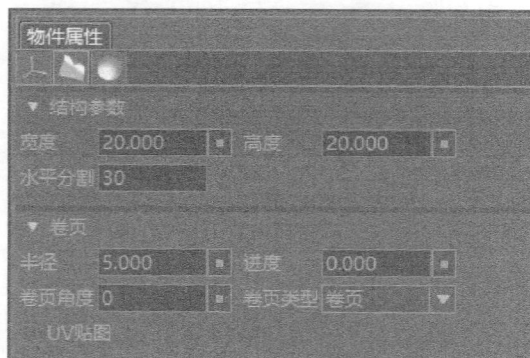

卷页物件属性

5）旗帜

【旗帜】物件用于创建旗帜被风吹拂的效果，通过编辑水平和垂直分割以及贝塞尔曲线来创建不同大小和形态的旗帜。具体设置参见【属性显示窗】。

旗帜图标

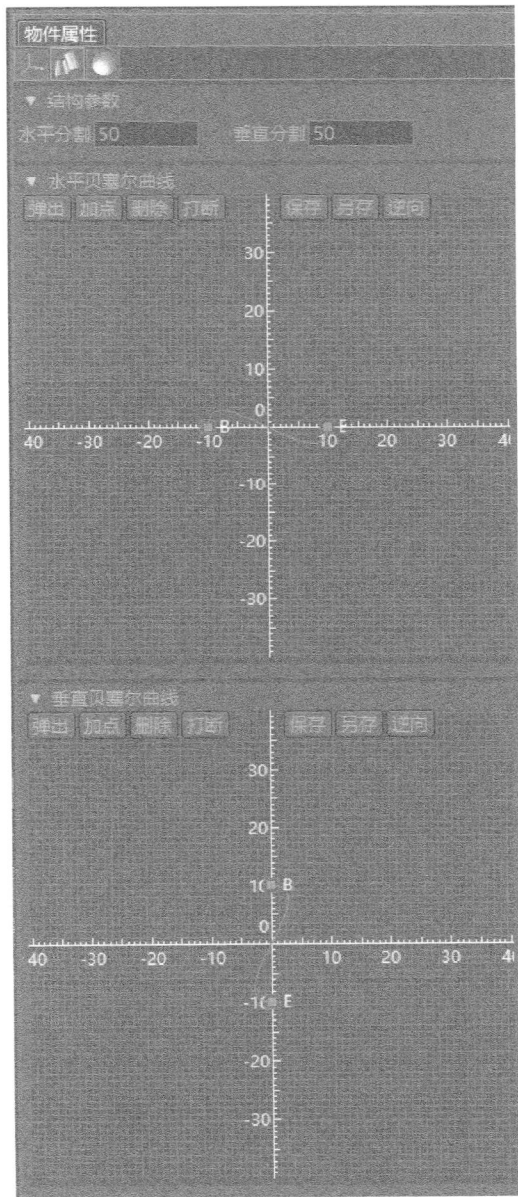

旗帜物件属性

6）布料

【布料】物件用于创建不同效果、材质和起伏的布料。具体设置参见【属性显示窗】。

布料图标

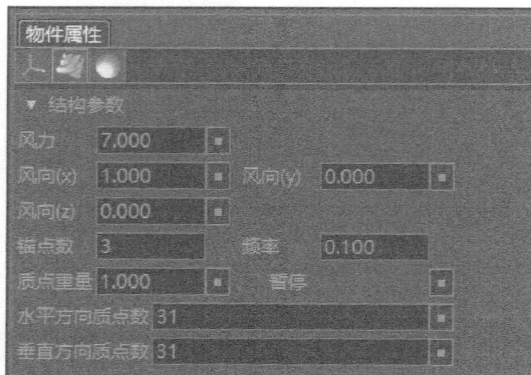

布料物件属性

7）波纹

【波纹】物件用于创建不同的波纹，可以调整波纹的振幅、波长及衰减程度。具体设置参见【属性显示窗】。

波纹图标

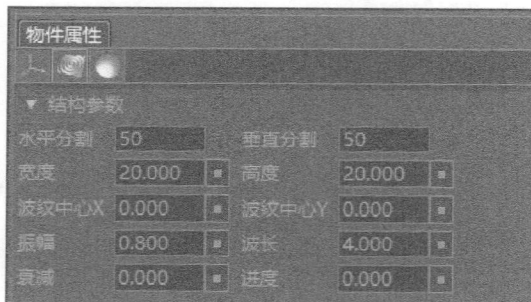

波纹物件属性

8）地形

【地形】物件可根据地理信息创建不同形态的地形，可以调整地形的高度、坡度、起伏等。具体设置参见【属性显示窗】。

地形图标

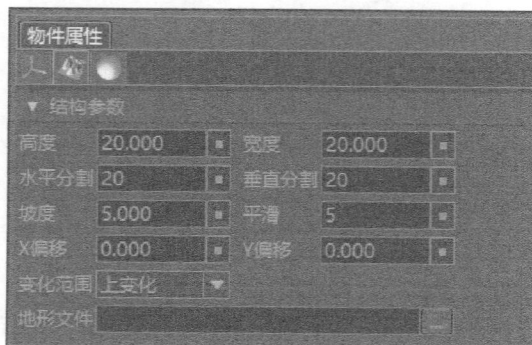

地形物件属性

9）海洋

【海洋】物件用于创建不同动态效果的海洋，可以调整海浪的大小和速度。具
体设置参见【属性显示窗】。

海洋图标

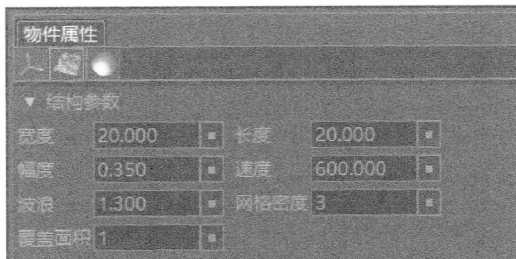

海洋物件属性

10）PSD

【PSD】物件用于导入所需的 PS 文件，在对文件做出细微调整后即可直接使
用。具体导入及调整方式参见【属性显示窗】。

PSD 图标

PSD 物件属性

11）HTML 视图

【HTML 视图】用于创建不同效果的 HTML 视图。

HTML
图标

HTML 物件属性

网址：编辑打开网址。

网页宽度：编辑网页宽度。

网页高度：编辑网页高度。

操控网页：选择可操控网页，不选择不可操控。

3.4.1.5 文字物件

【文字】物件位于【工具栏】中【物件工具】的第 5 位，主要用于创建素材中的文字并对其进行调整以获取所需要的效果。

文字图标

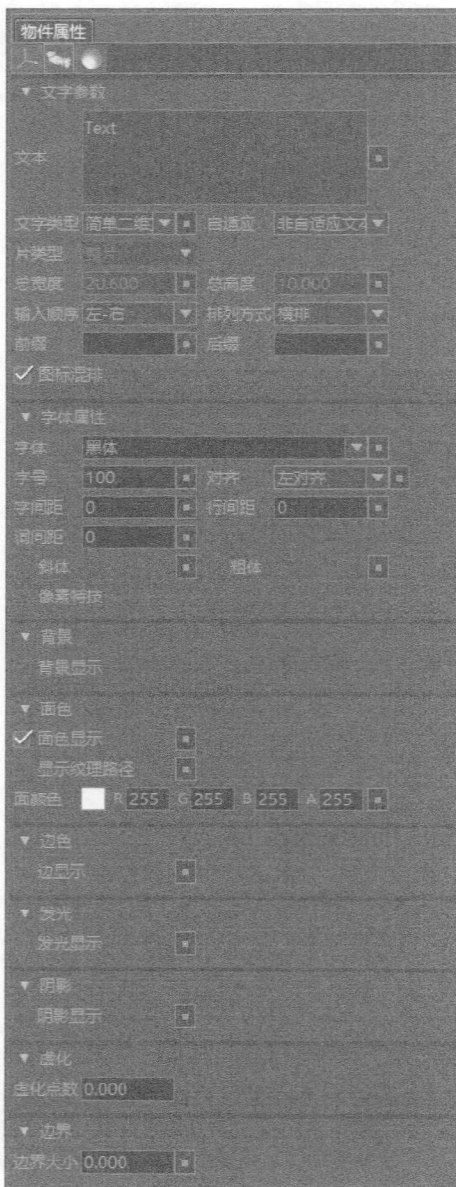

文字物件属性

1）文字

【文字】物件用于创建所需的文字素材，可以改变文字的内容及属性。具体调整及改变方式参见【属性显示窗】。

文字图标

2）走马

【走马】物件用于创建流动文字，在物件中指滚动字幕。字幕滚动的方向、速度、间隔等具体参数的设置，参见【属性显示窗】。

走马图标

3）数字时钟

【数字时钟】物件用于创建不同计时类型的数字时钟，类型包括系统时间、跑时、倒计时和时间差。具体设置参见【属性显示窗】。

数字时钟图标

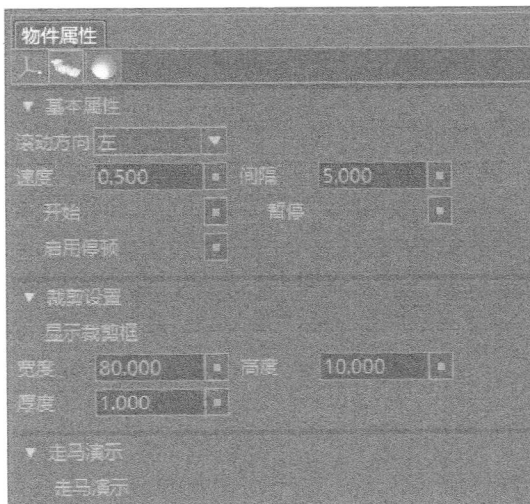

走马物件属性

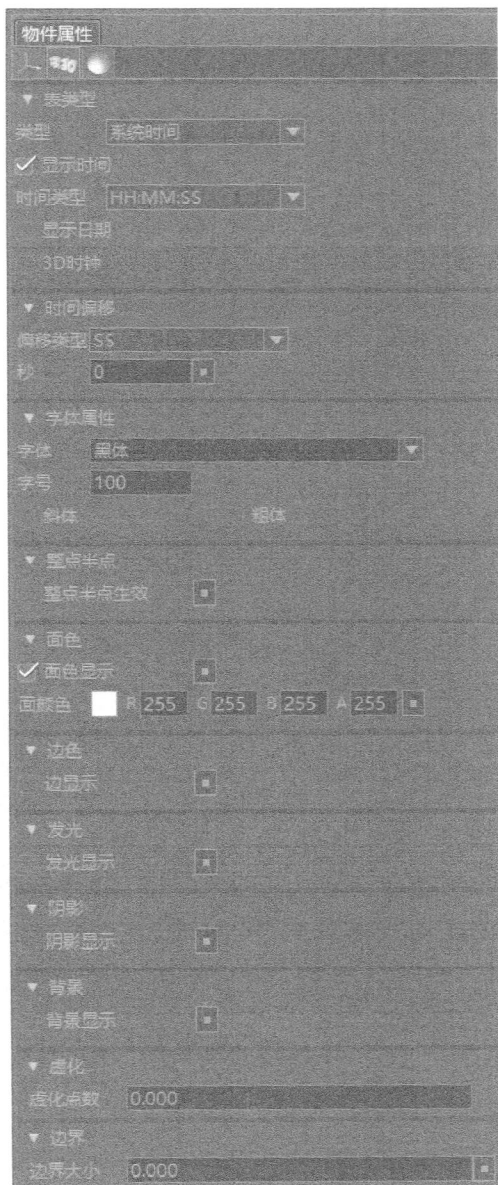

数字时钟物件属性

4）三维日历

【三维日历】物件用于创建不同样式的三维日历，具体设置参见【属性显示窗】。

5）特殊文字

【特殊文字】物件用于创建特殊渲染算法的文字，具体参见【属性显示窗】。

三维日
历图标

特殊文
字图标

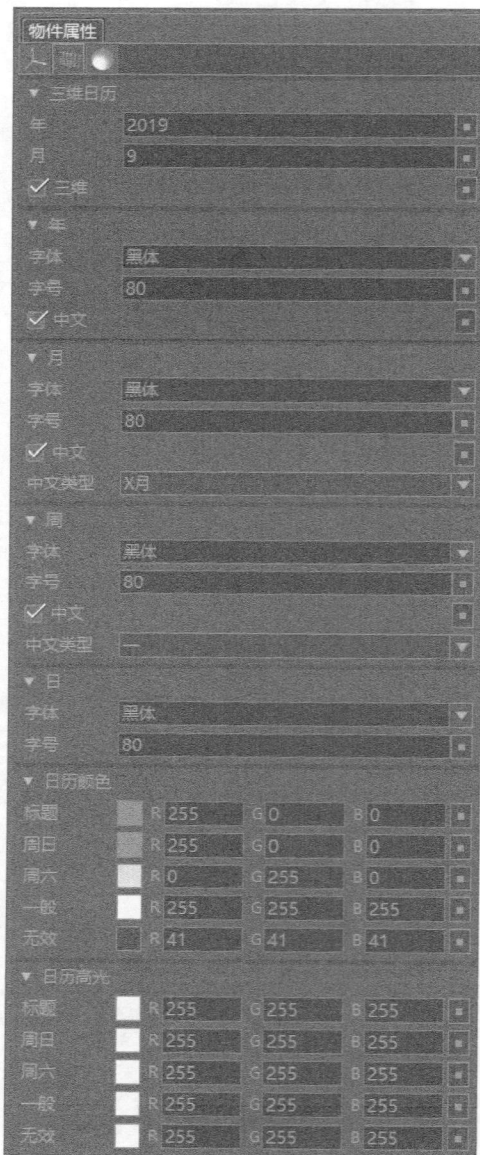

三维日历物件属性

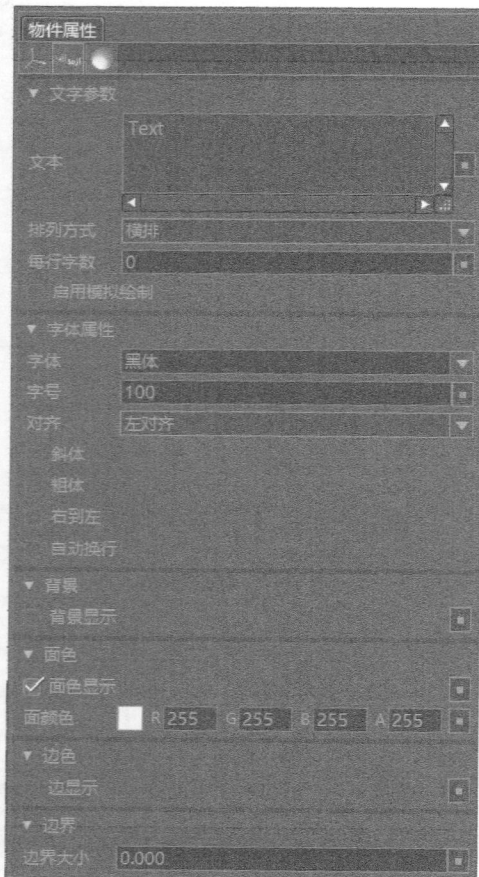

特殊文字物件属性

6）词云

【词云】用于创建拥有不同内容、形状、属性的词频图。

词云图标

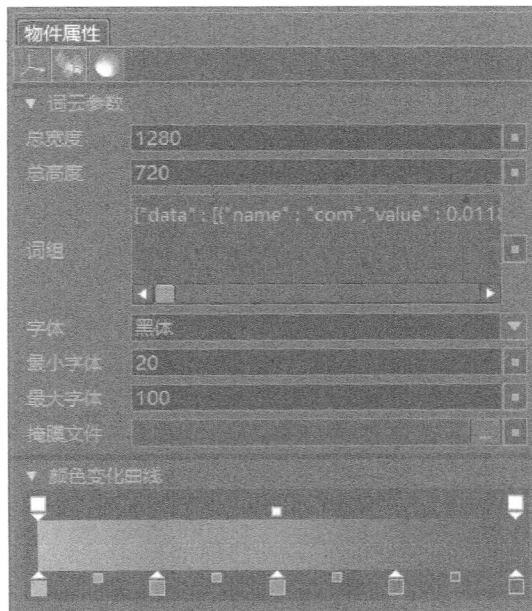

词云物件属性

总宽度：编辑总宽度。

总高度：编辑总高度。

词组：编辑词组数据内容及大小。

字体：编辑字体。

最小字体：编辑最小字体数值。

最大字体：编辑最大字体数值。

掩膜文件：编辑形状文件，必须为黑白图片。

颜色变化曲线：编辑词云颜色，下方为颜色，上方为透明度。

3.4.1.6　数据计算物件

【数据计算】物件位于【工具栏】中【物件工具】的第 6 位，里面只含有【数据范围】物件，通常不单独使用。

【数据范围】物件一般与其他物件通过一些连接使用，用于控制数据的最大最小范围和走向。具体参数的调整参见【属性显示窗】。

数据计算图标

数据范围图标

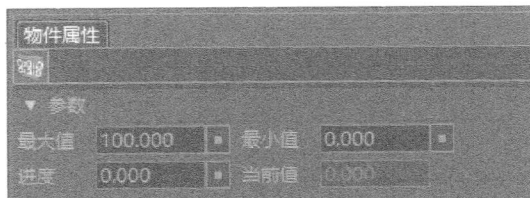

数据范围物件属性

3.4.1.7 音频物件

【音频】物件位于【工具栏】中【物件工具】的第7位,包含【音频】和【文字转语音】两个物件。

1）音频

【音频】物件用于导入音频文件,支持文件的 ＊.wav、＊.mp3、＊.wma、＊.amr 格式,具体设置参见【属性显示窗】。

音频图标

音频图标

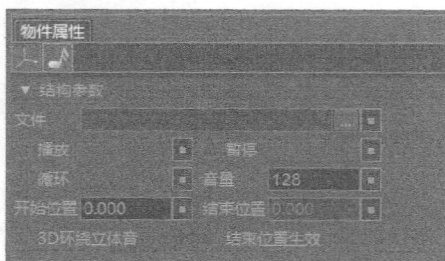

音频物件属性

2）文字转语音

【文字转语音】物件可将输入的文字转化成音频,支持新的语音包,将输入的文字调整为简体中文发音或英语(美)发音。具体设置参见【属性显示窗】。

文字转语音图标

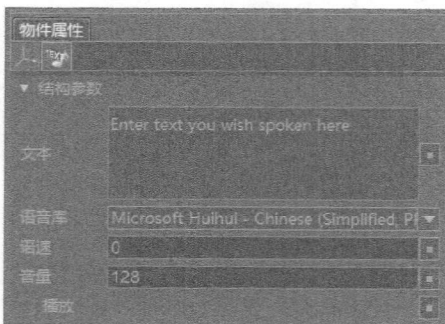

文字转语音物件属性

3.4.1.8 GIS 定位物件

【GIS】物件位于【工具栏】中【物件工具】的末位。GIS 是地理信息系统(Geographic Information System)的简称,它是对于整个或者部分地球表层空间中有关地理分布数据进行采集、储存、管理、运算、分析、显示和描述的技术系统。iArtist 中【GIS】物件可见地理贴图及其他信息以经纬坐标的方式定位且呈现。

GIS 图标

1）GIS 矩形

【GIS 矩形】物件用于创建带经纬范围的矩形,可以在矩形上贴地图,并且在属性中输入该地图的经纬度,即可将地图及 GIS 点以经纬坐标的方式呈现。具体设

GIS 矩形图标

置参见【属性显示窗】。

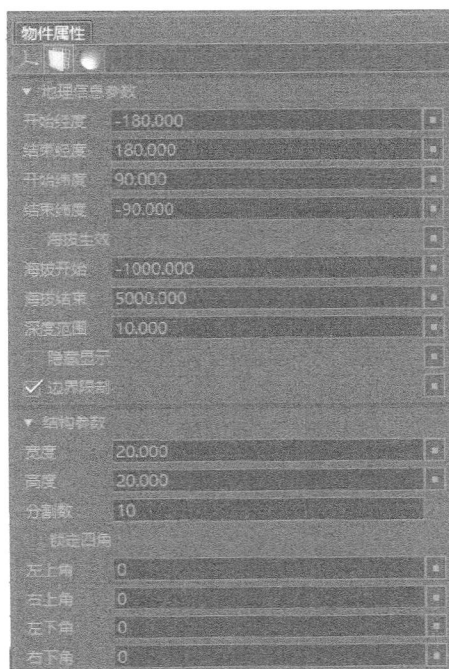

GIS 矩形物件属性

2）GIS 球体

【GIS 球体】物件用于创建带经纬范围的球体,在球体上贴上世界地图后即可成为带精确经纬坐标的地球仪模型,可将信息点在地球模型上定位。具体设置参见【属性显示窗】。

GIS 球
体图标

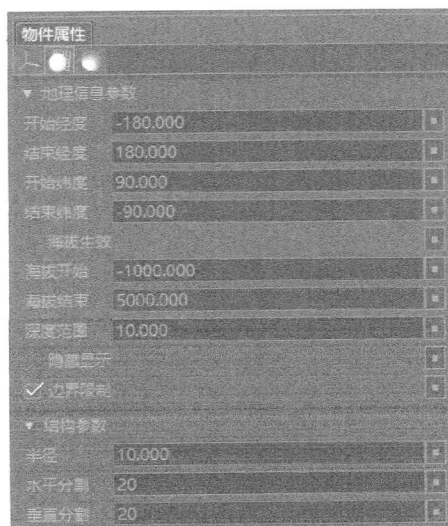

GIS 球体物件属性

3）GIS 圆盘

【GIS 圆盘】物件用于创建带经纬范围的圆形，在圆形上贴上相应经纬度的地图，多用于南北极地图的呈现，将信息点定位在极地图上。具体设置参见【属性显示窗】。

GIS 圆盘图标

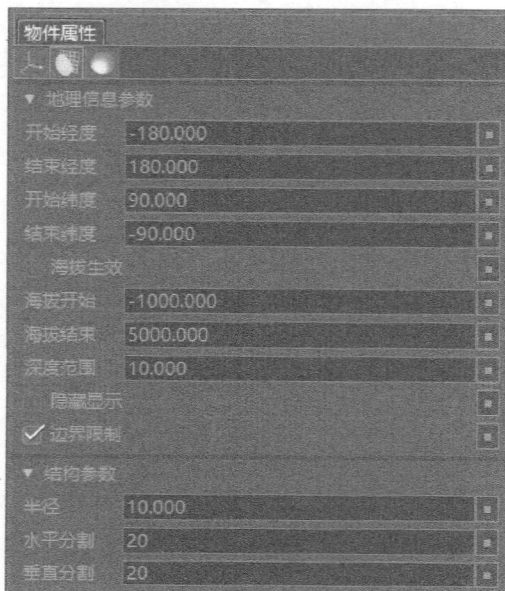

GIS 圆盘物件属性

3.4.2 纹理工具

【纹理】工具位于【工具栏】中【物件工具】的下方，包括平面纹理、通道纹理、反射纹理、凹凸纹理、法线纹理、投影纹理这几种类型。

3.4.2.1 纹理类型

纹理类型包括平面纹理、通道纹理、反射纹理、凹凸纹理、法线纹理和投影纹理。

1）平面纹理

拖动【平面纹理】到【物件树】的物件上并选择图像文件，就可以实现物件贴图。为了得到所需的效果，还需对贴图文件做纹理位置、缩放、叠加等参数修改。

提示 纹理文件类型支持图片、序列、视频文件、实时视频、输出到纹理、流媒体采集。有些贴图自带 alpha 通道，在贴图的时候需要将材质的透明度调为透明。

2）通道纹理

拖动【通道纹理】到【物件树】的物件上并选择图像文件，就可以实现物件透明度的贴图。通道纹理是将图片的黑白信息作为透明度的依据，相对于平面贴图而言，在调整相关参数后，还需挑选源图 R、G、B、A 或者 RGB 作为通道。

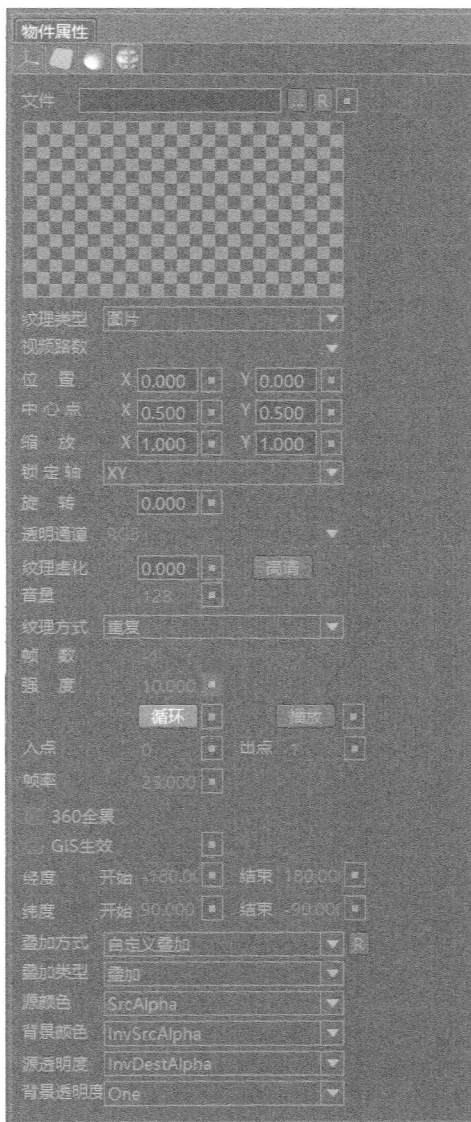

平面纹理物件属性　　　　　　　　　通道纹理物件属性

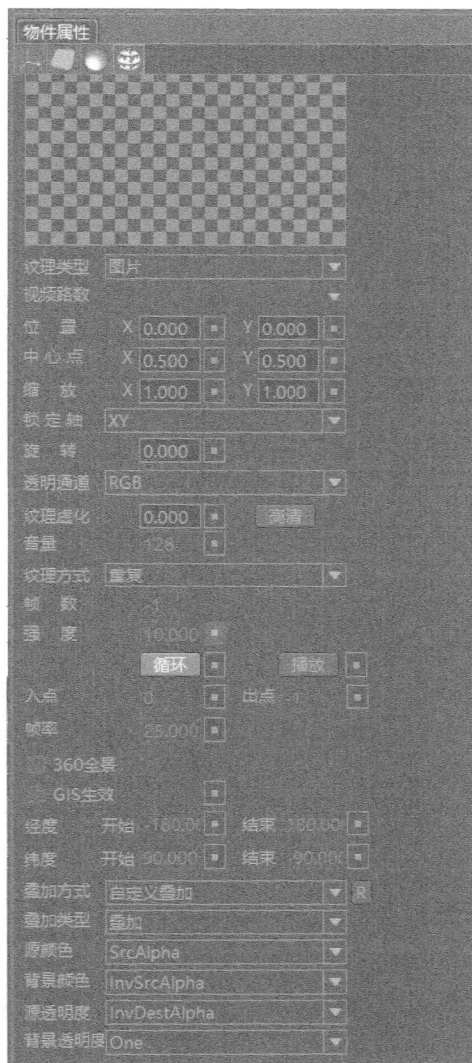

3）反射纹理

拖动【反射纹理】到【物件树】的物件上并选择图像文件，就可以实现物件实时反射的贴图效果。

4）凹凸纹理

拖动【凹凸纹理】到【物件树】的物件可以添加凹凸效果，凹凸贴图是指计算机图形学中在三维环境中通过纹理方法来产生表面凹凸不平的视觉效果。它主要的原理是通过改变表面光照方程的法线，而不是表面的几何法线来模拟凹凸不平的视觉特征，如褶皱、波浪等等。但凹凸纹理仅仅是在视觉上呈现起伏效果，模型面数并不会增加。

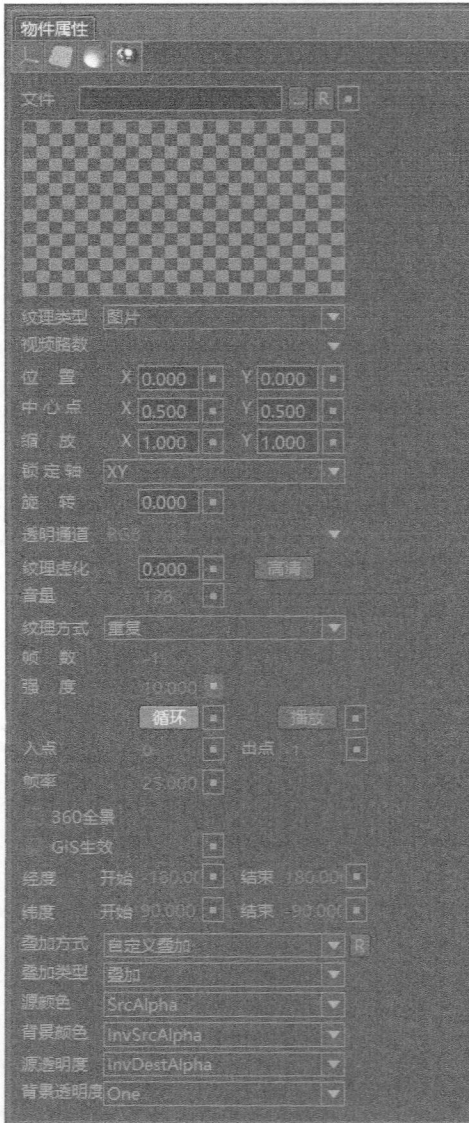
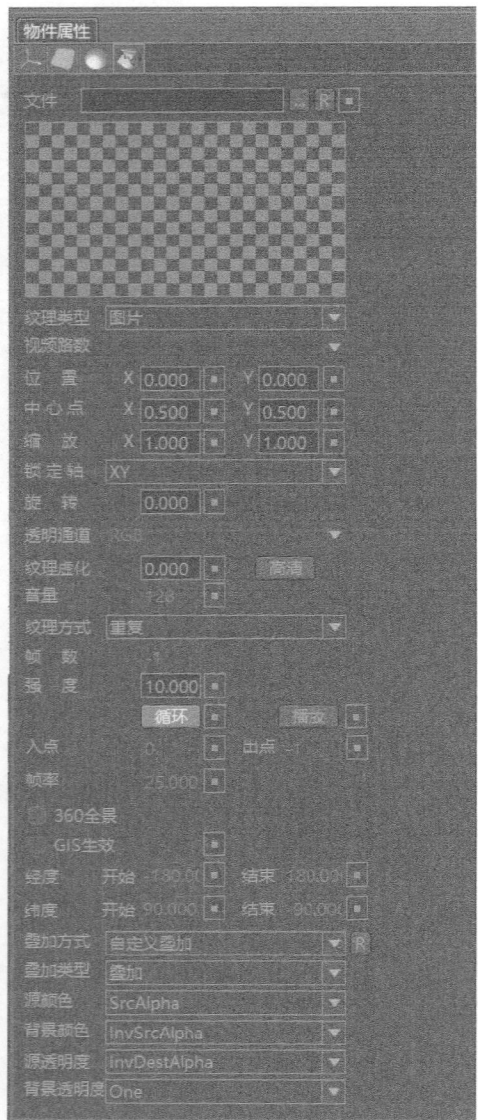

反射纹理物件属性　　　　　　　　　　　凹凸纹理物件属性

5）法线纹理

拖动【法线纹理】到【物件树】的物件可以增强凹凸效果，法线贴图就是在原物体的凹凸表面的每个点上均作法线，通过 RGB 颜色通道来标记法线的方向，可以把它理解成与原凹凸表面平行的另一个不同的表面，但实际上它又只是一个光滑的平面。对于视觉效果而言，它的效率比原有的凹凸表面更高，若在特定位置上应用光源，可以让细节程度较低的表面生成高细节程度的精确光照方向和反射效果。

提示 法线纹理按照源图控制效果，在参数中没有强弱控制。

6）投射纹理

【投射纹理】一般用于多个物件组合，拖动【投射纹理】到组上并选择图像文件实现物件贴图，调整相关参数来实现多个物件共用一张贴图的效果。

注意　投射纹理是单面投影，物件贴图只有前后两面。

提示　【纹理工具】中所有的纹理效果都可以叠加。在【物件树】中右击想要叠加纹理效果的物件，选择所需要添加的纹理效果并在属性中选择图片即可。

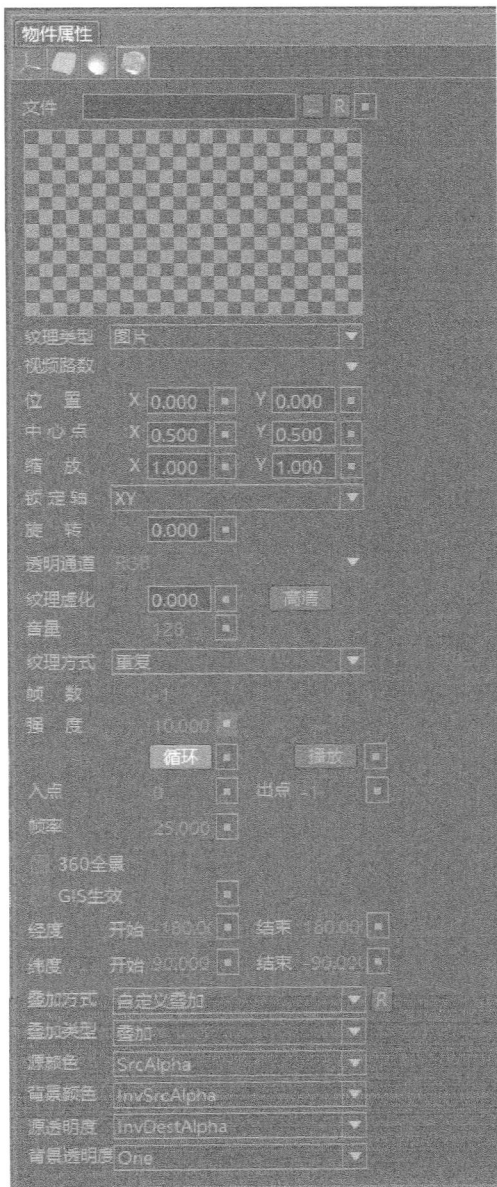

法线纹理物件属性　　　　　　　　　投影纹理物件属性

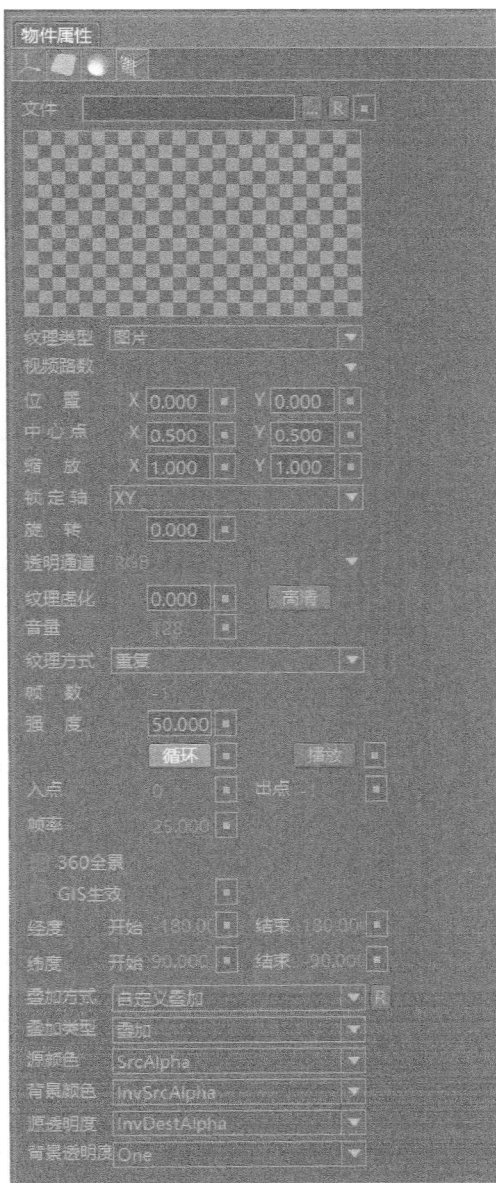

3.4.3 特效工具

【特效工具】位于【工具栏】的中间，有【排列】、【像素特技】、【几何特技】、【纹理特技】、【字效】、【组特效】、【其他特效】几种特效。

3.4.3.1 排列

【排列】就是将物件按照某种特定规则排开，包含矩形排列、旋转排列、扇形排列三种，可使物件呈多种排列方式。在使用中排列方式赋予组，对组下物件生效。

排列图标

1）矩形排列

【矩形排列】可以将多个物件进行可控的阵列。只需将需要排列的物件打组，组物件添加【矩形排列】并调整参数即可。参数调整参见【属性显示窗】。

矩形排列图标

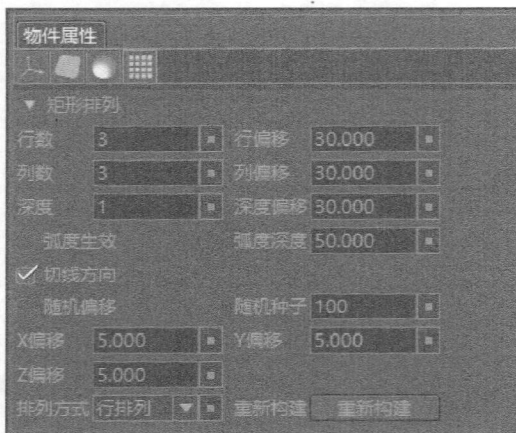

矩形排列物件属性

2）旋转排列

【旋转排列】可以将多个物件排列成圆形。同样将需要排列的物件分组，组物件添加【旋转排列】并调整参数即可。参数调整参见【属性显示窗】。

旋转排列图标

旋转排列物件属性

3）扇形排列

【扇形排列】可以将多个物件排列成扇形，操作步骤与上一小节基本相同。

扇形排列图标

扇形排列物件属性

3.4.3.2 像素特技

【像素特技】包括划像、旋转、生长、飞像、飞光、球光、镜头光晕。物件可以通过添加像素特效来实现特殊效果,具体参数设置参见【属性显示窗】。

注意 像素特效只对二维物件生效,一个物件也只能对应一个像素特效。

像素特技图标

1)划像

【划像】即扫换,指两个画面之间的过渡过程。在过渡中,物件被某种形状的分界线分割。在物件中添加像素特技【划像】,并调整参数就可以得到所需的效果。

划像图标

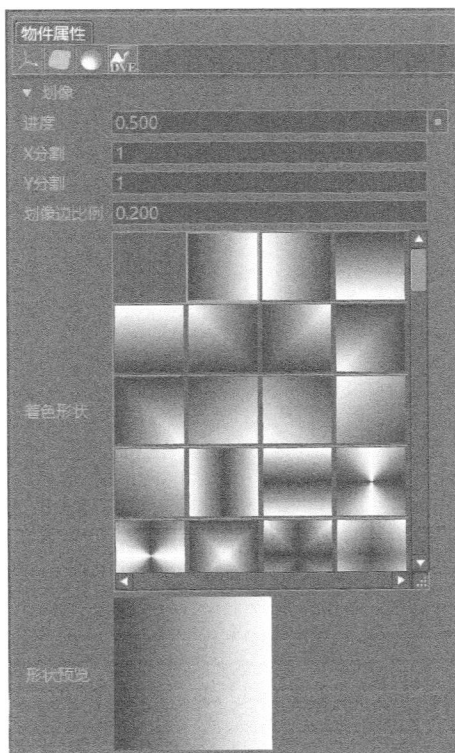

划像物件属性

2）旋转

【旋转】即物件改变角度和大小。在物件树中的物件上添加像素特技【旋转】，调整参数即可。

旋转图标

物件属性

▼ 旋转

进度   0.120

缩放   0.710

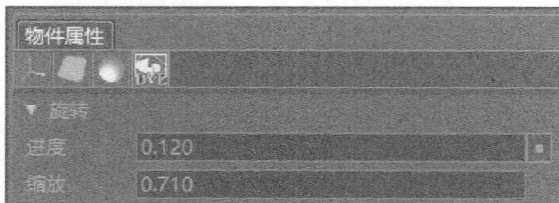

旋转物件属性

3）生长

【生长】即物件从某一方向向另一方向生长和扩张。在物件树中的物件上添加像素特技【生长】，调整进度和类型。

生长图标

物件属性

▼ 生长

进度   1.000

类型   从左到右

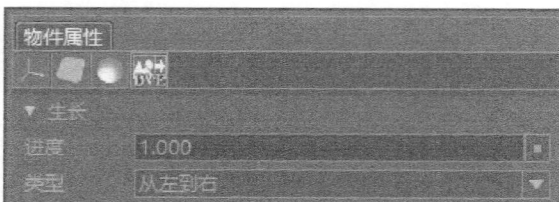

生长物件属性

4）飞像

【飞像】即物件在包裹框中飞入飞出的效果。在物件树中的物件上添加像素特技【飞像】，调整参数。

飞像图标

物件属性

▼ 飞像

进度   0.000

类型   从左到右

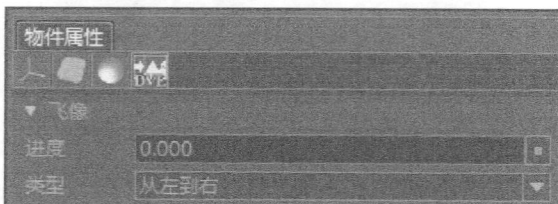

飞像物件属性

5）飞光

【飞光】即物件平面出现带颜色的一束光的特效。在物件树中的物件上添加像素特技【飞光】，调整参数。

飞光图标

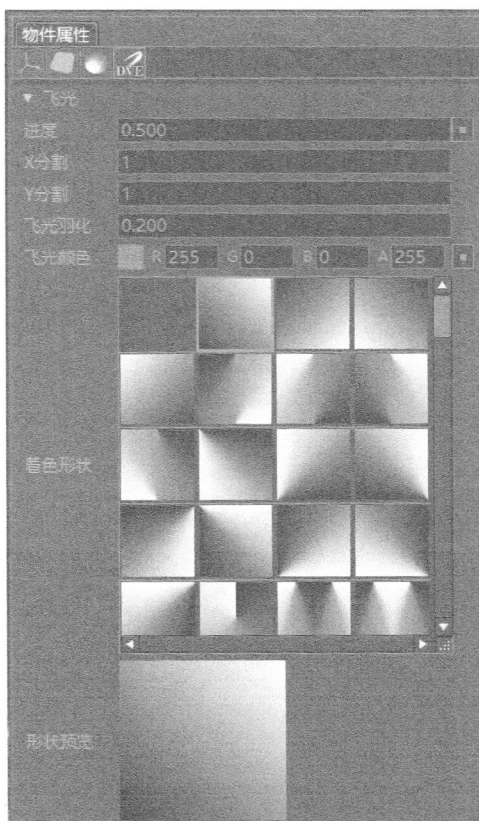

飞光物件属性

6) 球光

【球光】是物件表面出现球形光晕的特效。在物件树中的物件上添加像素特技
【球光】,调整颜色半径等获得所需效果。

球光图标

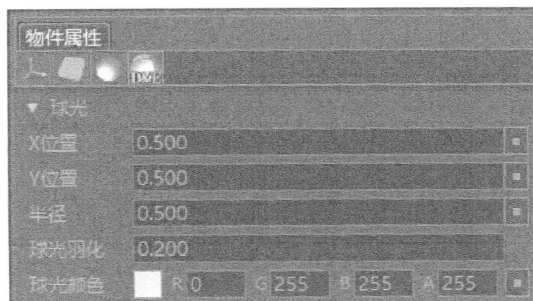

球光物件属性

7) 镜头光晕

【镜头光晕】在物件表面产生光晕,只对像素生效而不对通道产生影响。在物
件树中的物件上添加像素特技【镜头光晕】,调整相应参数。

镜头光
晕图标

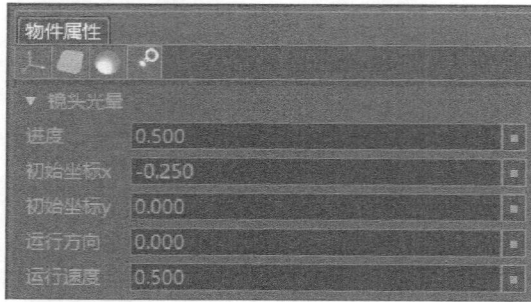

镜头光晕物件属性

3.4.3.3　几何特技

【几何特技】包括物件的分裂和拆分,物件添加几何特效即可达成效果,但仅对软件内的物件生效。同时,几何特效还支持录制动画、引出等功能,具体参数调整参见【属性显示窗】。

几何特技图标

1) 物件分裂

【分裂】指将物件按照结构切分的特效。将【分裂】直接拖动到【物件树】中需要特效的物件上,即可实现物件的分裂效果。

分裂图标

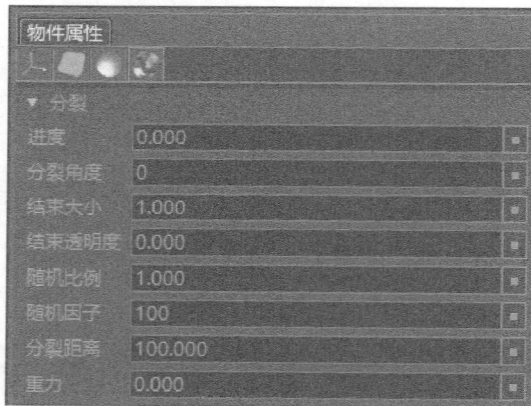

分裂物件属性

2) 物件拆分

【拆分】指将物件按照组成部分拆成多个物件的特效。将【拆分】拖动到【物件树】中需要特效的物件上,即可显示出拆分的成果。

3) 裁剪实体网格

【裁剪实体网格】可以裁剪网格文件,将【拆分】拖动到【物件树】中需要特效的物件上,即可显示出裁剪的成果。

拆分图标

裁剪实体网络图标

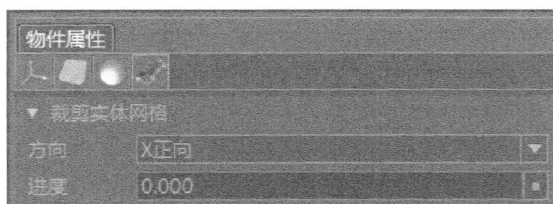

裁剪实体网格物件属性

3.4.3.4　纹理特技

　　【纹理特技】包含放大镜、浮雕、灰度、负片、马赛克、高斯模糊、波纹、卷页、旗帜、镜头光晕、旧视频、老照片、抠像、径向模糊等 14 种特效。纹理效果同样支持录制动画、引出等功能,但仅对贴图有效果。具体参数的调整参见【属性显示窗】。

纹理特技图标

　　1）放大镜

　　【放大镜】特效放于物件上,可以放大视角。但此时物件置于放大镜下的部分并非三维物件的真实凸起,只是一个平面特效。

放大镜图标

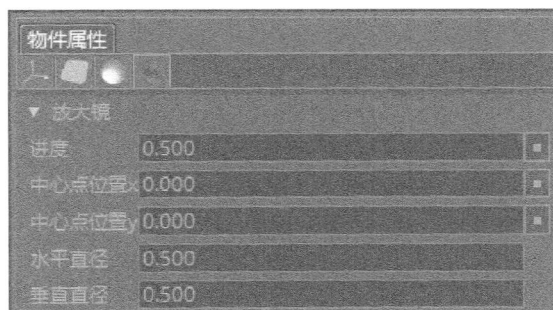

放大镜物件属性

　　2）浮雕

　　【浮雕】特效放于物件上,可以在物件表面生成一个浮雕效果,但并不真正改变物体的凹凸面。

浮雕图标

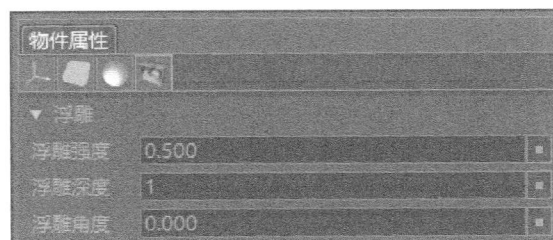

浮雕物件属性

3）灰度

【灰度】是一个灰色纹理特效，用不同饱和度的黑色来显示图像。

灰度图标

灰度物件属性

4）负片

【负片】是将物件表面曝光并显影加工，使其明暗与原始状态相反的特效。

负片图标

负片物件属性

5）马赛克

【马赛克】是将物件表面的色彩细节劣化并打乱色块，使之模糊不清并形成小格子的特效。

**马赛克
图标**

马赛克物件属性

6）高斯模糊

【高斯模糊】也叫高斯平滑，是减少物件表面图像的噪声以及降低细节层次，使物件表面与肉眼之间产生像隔着一块半透明屏幕效果的特效。

**高斯模
糊图标**

高斯模糊物件属性

7）波纹

【波纹】是通过改变物件表面波源、波长、振幅、衰减系数等使之产生波浪状纹理的特效。

波纹图标

波纹物件属性

8）卷页

【卷页】是类似书本翻页的特效。

卷页图标

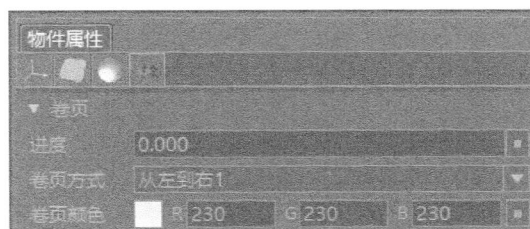
卷页物件属性

9）旗帜

【旗帜】是与【波纹】相似的特效，模仿旗帜在风中飘扬产生的纹理。

旗帜图标

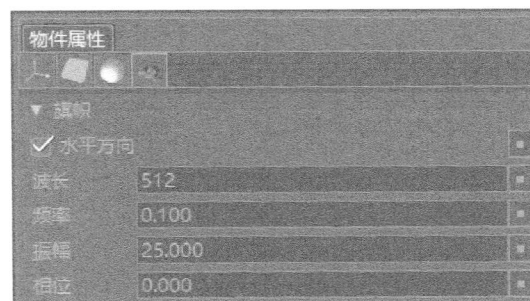
旗帜物件属性

10）镜头光晕

【镜头光晕】是模拟高光照射到相机镜头所产生的折射的特效。

镜头光
晕图标

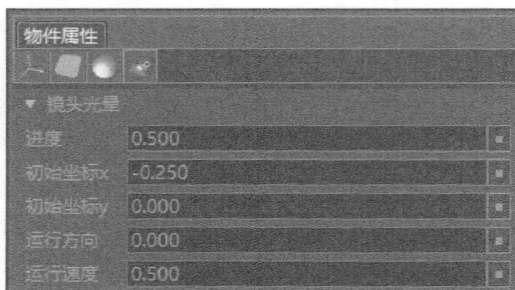

镜头光晕物件属性

11）旧视频

【旧视频】是提升物件噪声频率和大小使之产生老电视噪点效果的特效。

旧视频
图标

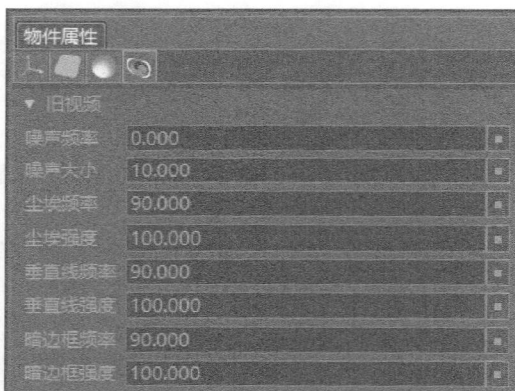

旧视频物件属性

12）老照片

【老照片】是调整物件表面明暗、色调等使之泛黄失真的特效。

老照片
图标

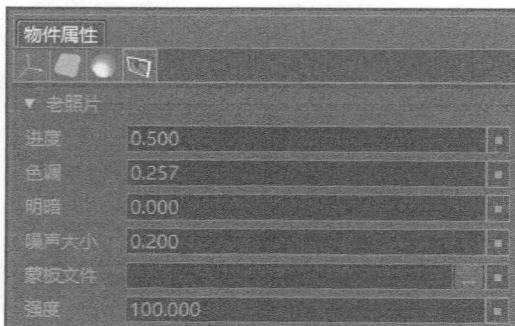

老照片物件属性

13）抠像

【抠像】是在物体表面吸收某一种颜色为透明色，将该种颜色从画面中抠去使
背景通透的特效。

抠像图标

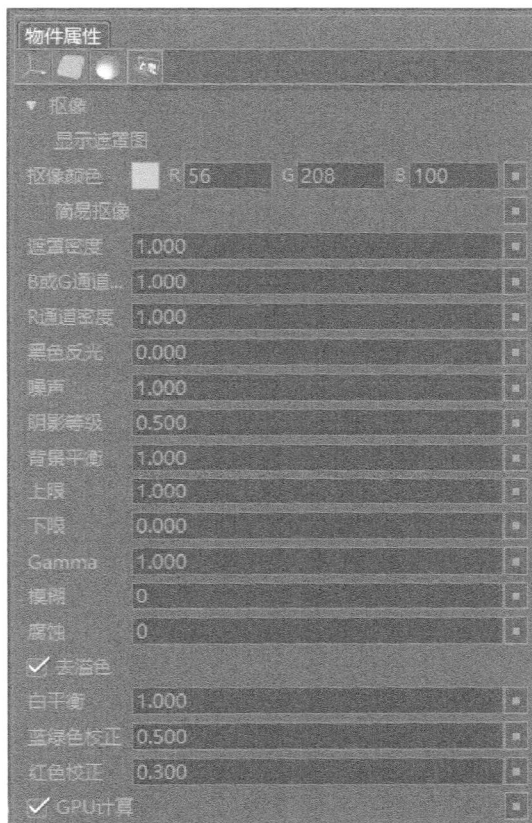

抠像物件属性

14）径向模糊

【径向模糊】是模拟前后移动相机或旋转相机拍摄物体产生的效果，产生类似
放射的特效。

径向模
糊图标

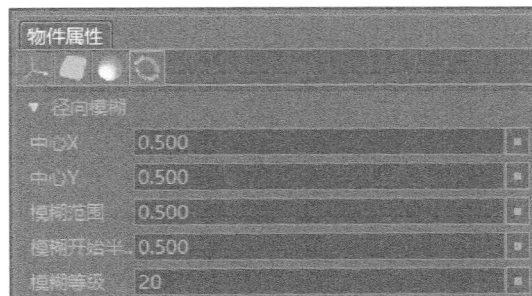

径向模糊物件属性

3.4.3.5 字效

【字效】包括文字旋转、文字缩放、文字排列、文字抖动、文字透明和文字爆炸 6 种。复杂二维文字和三维物件通过添加字效来产生动画效果，具体参数设置参见【属性显示窗】。

字效图标

提示 单个文字物件支持添加多个字效，但字效控制的属性不可冲突。

1）文字旋转

【文字旋转】特效用于复杂二维文字和三维物件，可使单个文字产生旋转效果。

文字旋转图标

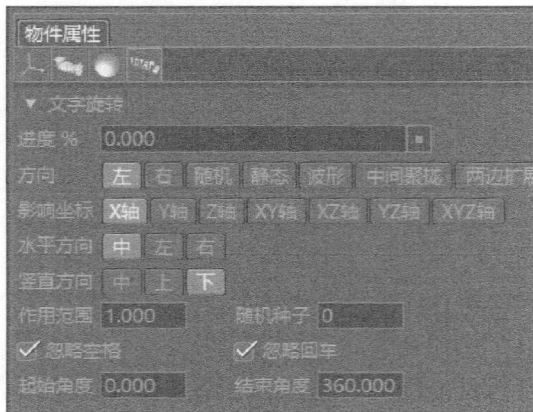

文字旋转物件属性

2）文字缩放

【文字缩放】特效用于复杂二维文字和三维物件，可使单个文字产生缩放效果。

文字缩放图标

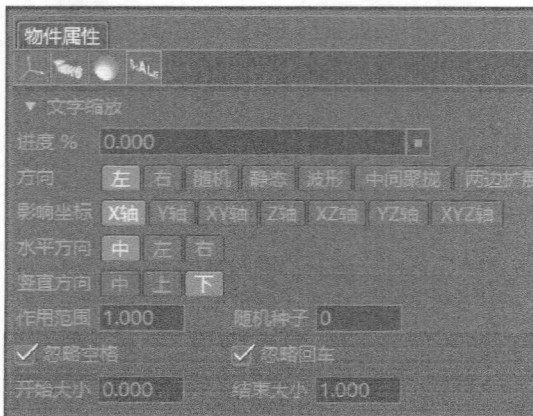

文字缩放物件属性

3）文字排列

【文字排列】特效用于复杂二维文字和三维物件，可使单个文字产生圆形、波浪

文字排列图标

形、螺旋形排列、对齐等效果。

文字排列物件属性

4）文字抖动

【文字抖动】特效用于复杂二维文字和三维物件，可使单个文字产生随机抖动效果。

文字抖动图标

文字抖动物件属性

5）文字透明

【文字透明】特效用于复杂二维文字和三维物件，可使单个文字产生 alpha 随机变换效果。

文字透明图标

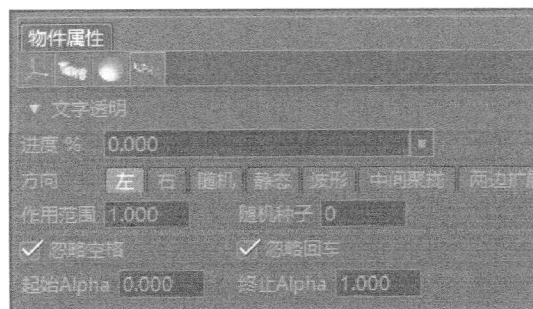
文字透明物件属性

6) 文字爆炸

【文字爆炸】特效用于复杂二维文字和三维物件,可使文字产生爆炸效果。

文字爆
炸图标

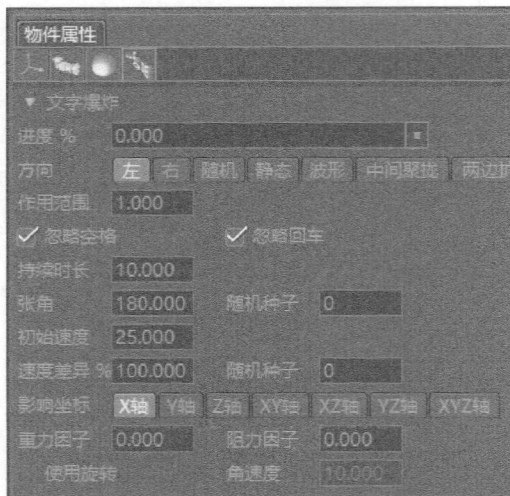

文字爆炸物件属性

3.4.3.6　组特效

组特效
图标

【组特效】包括组旋转、组缩放、组排列、组抖动、组透明、组颜色转换、组随机变换、透明抖动 8 种特效。其实质是将多个物件编成组后批量添加特效,从而减少工作量。

注意　一般一组只能包含一个组特效,添加多个特效时后者将替代前者。

1) 组旋转

组旋转
图标

【组旋转】即将所要添加旋转特效的物件编成组,在组上添加组旋转特效,组下物件按次序依次旋转,组间各物件相对位置不变。

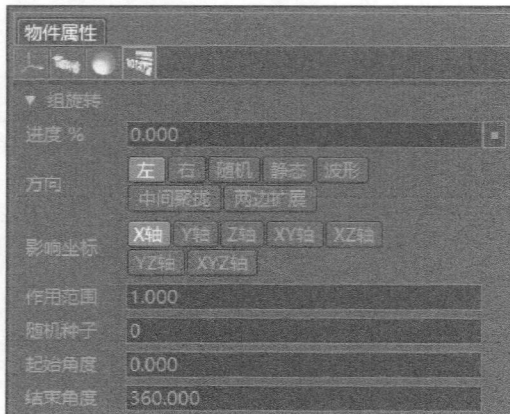

组旋转物件属性

2）组缩放

【组缩放】即将所要共同缩放的物件编成一组，在组上添加组缩放特效，组下物件按次序依次缩放，组间各物件相对位置不变。

**组缩放
图标**

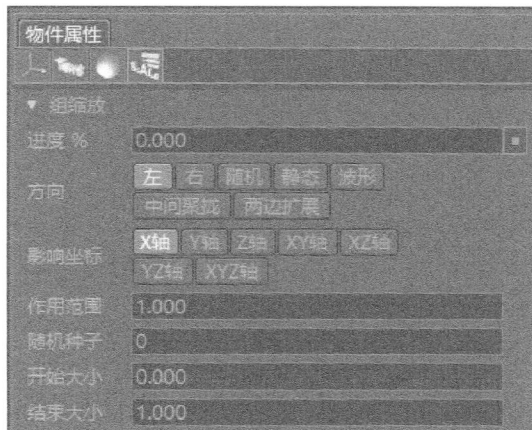

组缩放物件属性

3）组排列

【组排列】是将所要排列的物件编成组，在组上添加组排列特效，组下物件排列成圆形、波浪形、螺旋形。

**组排列
图标**

组排列物件属性

4）组抖动

【组抖动】与文字的【文字抖动】特效相似，只是主体不再是单个文字，而是物件。

**组抖动
图标**

5）组透明

【组透明】与文字的【文字透明】特效相似，改变组的 alpha 通道。

**组透明
图标**

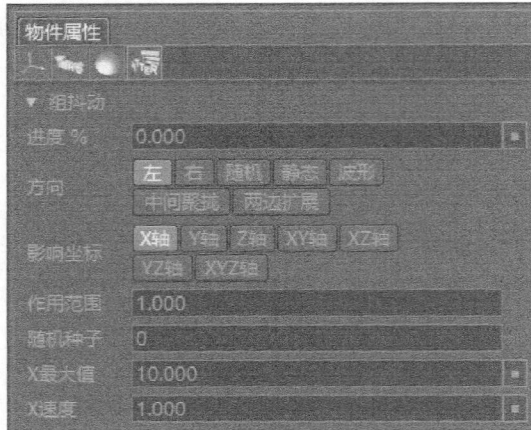

组抖动物件属性

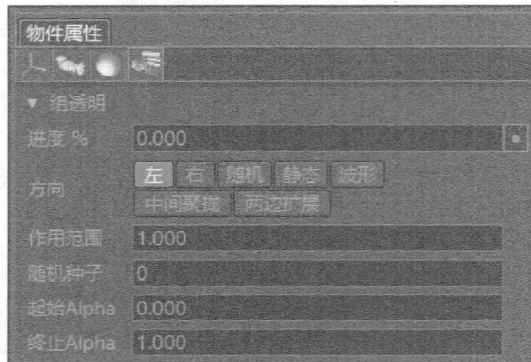

组透明物件属性

6）组颜色转换

【组颜色转换】即随机转换组内物件的颜色，具体参数需参考【属性显示窗】。

组颜色转
换图标

组颜色转换物件属性

7）组随机变换

【组随机变换】即随机变换组内物件的相对位置、大小、角度、透明度。

组随机变
换图标

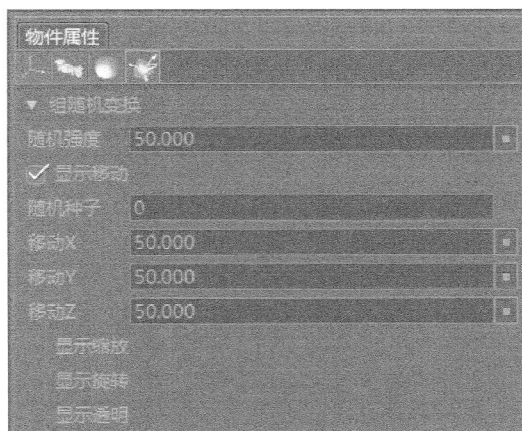

组随机变换物件属性

8）组透明抖动

【组透明抖动】为【组透明】和【组抖动】效果的叠加。

组透明抖
动图标

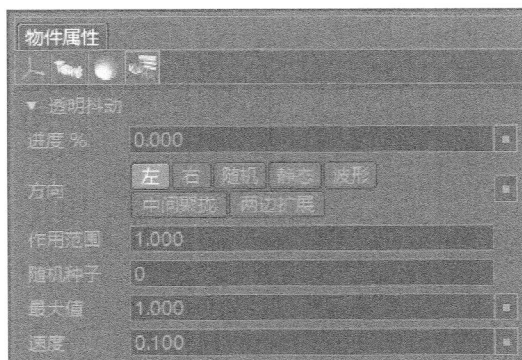

组透明抖动物件属性

3.4.3.7　其他特效

【其他特效】包括阴影生成、阴影接受、镜面反射、设置反射场景、接受反射场景、辉光效果、遮罩、组划像、键渲染、公告板、脚本、属性连接、材质连接、路径动画、天气定点、天气信息、天气图、网格实体裁切等 17 种特效。特效的强度等需要参考【物件属性】窗进行更改。

其他特
效图标

1）阴影生成

【阴影生成】特效用于在物件上产生阴影效果。

注意　阴影接受、阴影生成要成对使用,且场景中需要有灯光。

阴影生
成图标

阴影生成物件属性

2）阴影接受

【阴影接受】特效用于使物件接受阴影。

注意 阴影接受、阴影生成要成对使用，且场景中需要有灯光。

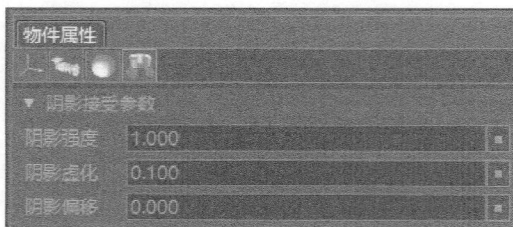

阴影接受物件属性

3）镜面反射

【镜面反射】特效用于使物体产生镜面效果。

注意 只可用在二维物件上，且仅在正面生效。

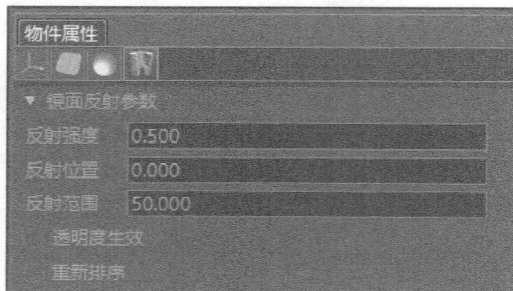

镜面反射物件属性

4）设置反射场景

【设置反射场景】特效用于将二维贴图设置为反射场景，可以选择反射源不可见。

设置反射场景物件属性

阴影接受图标

镜面反射图标

设置反射场景图标

注意 设置反射场景、接受反射场景要成对使用。

5）接受反射场景

【接受反射场景】用于将物件设置为接受反射。

注意 设置反射场景、接受反射场景要成对使用。

**接受反射
场景图标**

6）辉光效果

【辉光效果】用于在物件上渲染辉光，营造氛围。在使用时尽量选择与物件颜色相近的色系。

**辉光效
果图标**

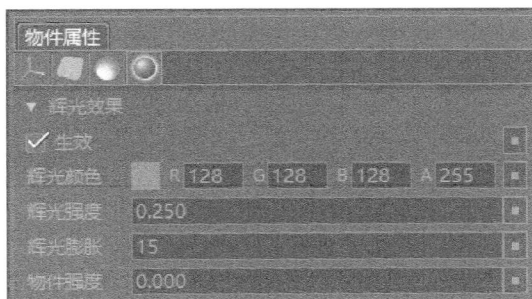

辉光效果物件属性

7）遮罩

【遮罩】用于给物件增加不同类型、方向的遮罩。

遮罩图标

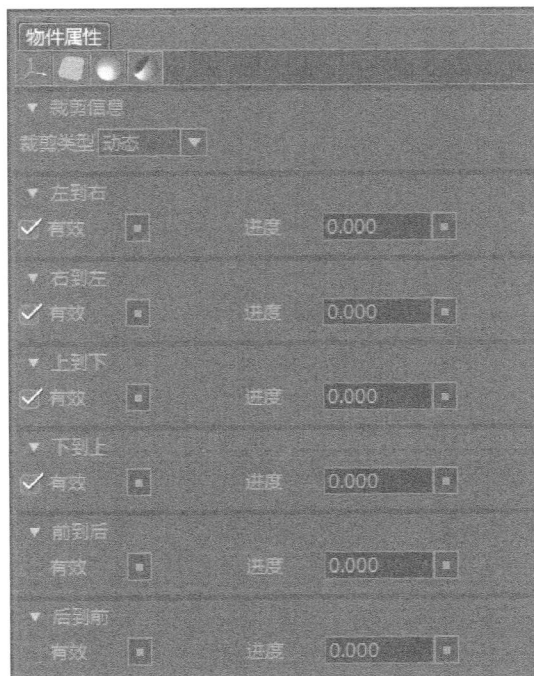

遮罩物件属性

8）组划像

组划像
图标

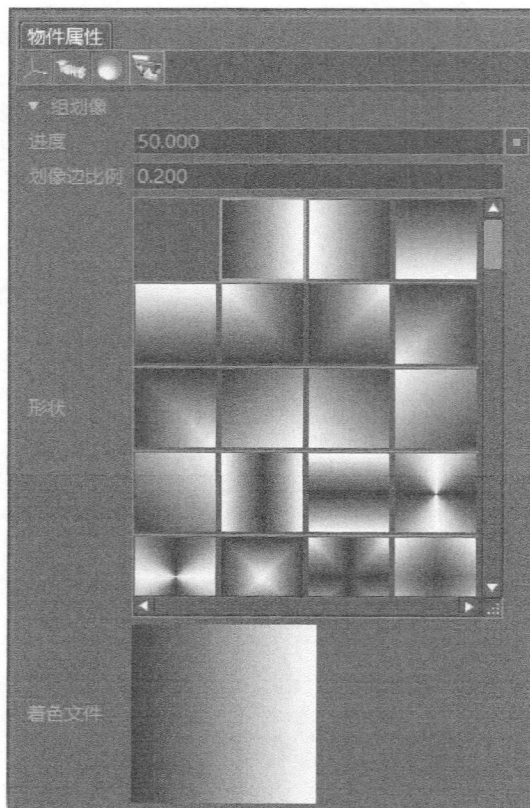

组划像物件属性

9）键渲染

【键渲染】用于设置物件的输出信号。

键渲染
图标

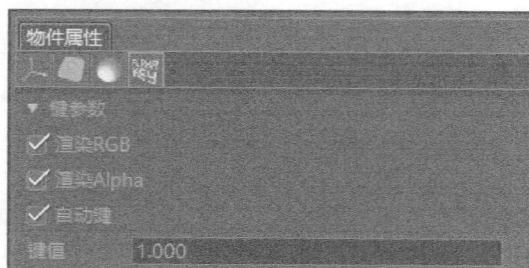

键渲染物件属性

10）公告板

【公告板】用于将物件设置为一直面对虚拟摄像机。

公告板
图标

公告板物件属性

11）脚本

【脚本】以编程的方式来编辑物件的属性、动画等内容。

脚本图标

脚本物件属性

12）属性连接

【属性连接】用于【物件树】的组，设置组内第一个物件的属性后单击重新连接，组内剩余物件的属性将会跟随选择的选项进行更改。

属性连接图标

属性连接物件属性

13）材质连接

【材质连接】用于【物件树】的组,组内所有物件材质会根据组的材质及材质连接选择的选项进行变更。

材质连接图标

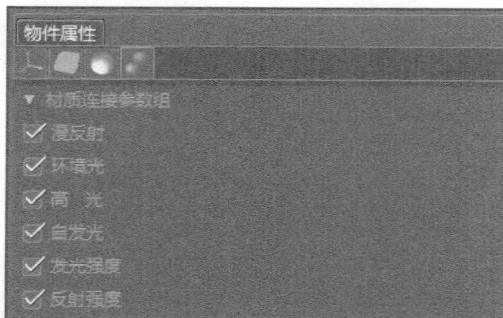
材质连接物件属性

14）路径动画

【路径动画】用于让选中物件根据绘制的路径曲线参数进行运动,该运动将会以进度的方式做动画。

路径动画图标

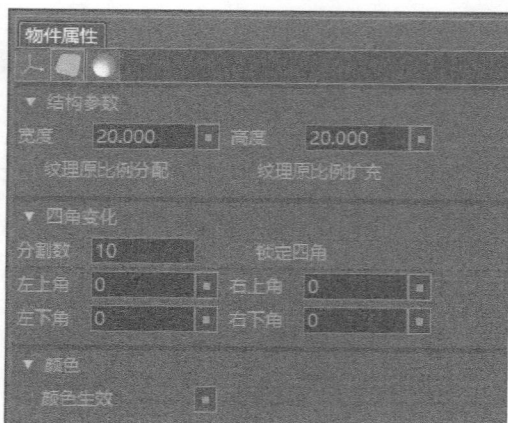
点评选中物件属性

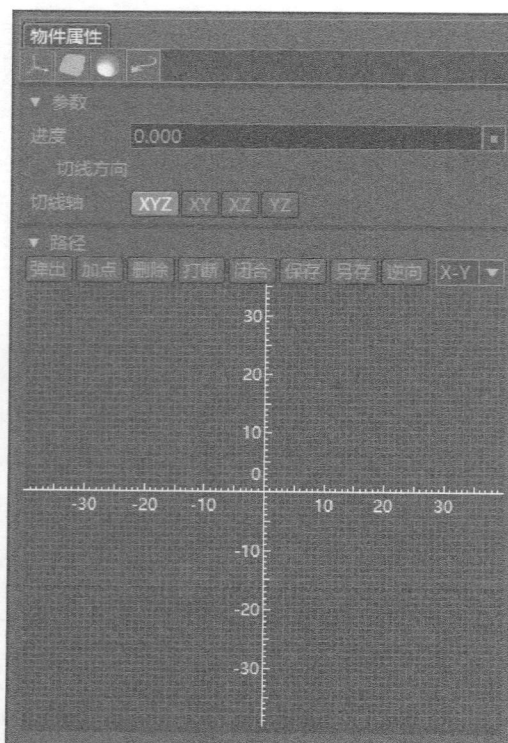
路径动画物件属性

15）天气点

【天气点】配合 GIS 物件使用，可设定经纬度，自动在 GIS 物件上定位。

天气点
图标

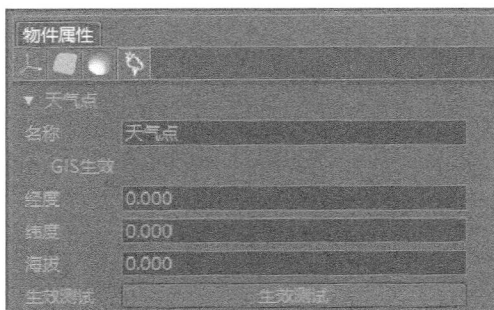
天气点物件属性

16）天气信息

【天气信息】配合 GIS 物件使用。

天气信
息图标

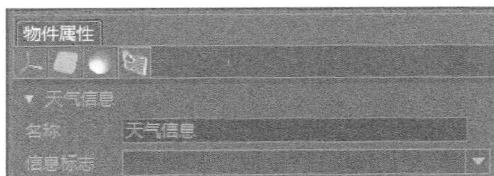
天气信息物件属性

17）天气图信息

【天气图信息】配合 GIS 物件使用。

天气图信
息图标

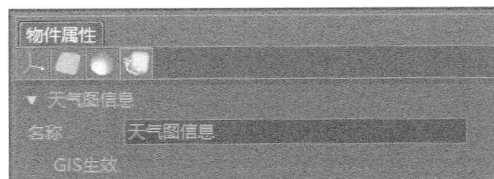
天气图信息物件属性

3.4.4　交互工具

【交互工具】位于【应用工具栏】的下方，共有【触摸控制】、【播放控制】、【逻辑计算】、【数据获取】、【IO 处理】几种（详见 4.7）。

3.4.4.1　触摸控制

【触摸控制】包括按钮、系统按钮、平移、旋转、自由旋转、缩放、触控变换、画笔、

触摸控
制图标

橡皮擦、取色器、绘制图标、绘制气流、进度调节、步进滑块、边界信息、动画事件获取等16种节点。节点需要控制或被控的话需要参考【物件属性】进行参数更改或是通过【输出属性】查找被控参数。

1）按钮

【按钮】添加节点，使物件具备常规按钮的交互功能。

按钮图标

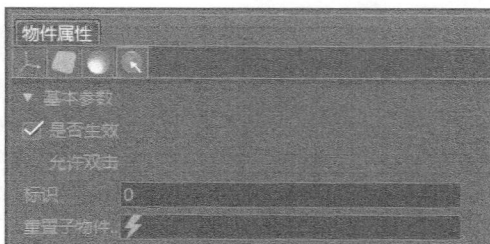

按钮物件属性

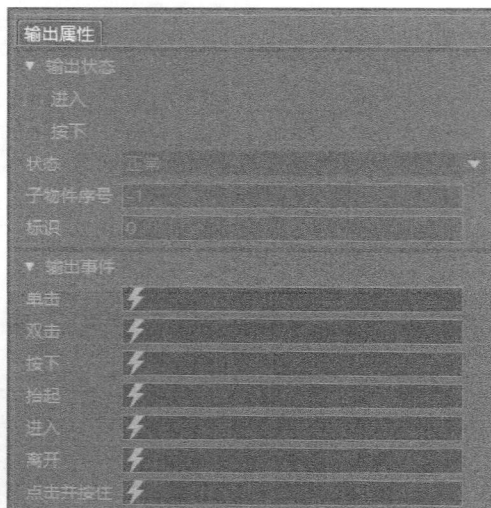

按钮输出属性

2）系统按钮

【系统按钮】添加节点，使物件具备系统按钮功能。例如撤销、重做等。

系统按钮图标

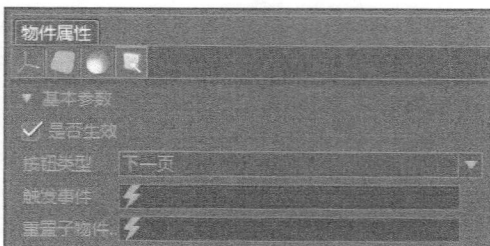

系统按钮物件属性

系统按钮输出属性

3）平移

【平移】添加节点，使物件具备移动的功能。移动功能可以使物件在 XY 面上移动，同时具备惯性。

平移图标

4）旋转

【旋转】添加节点，使物件具备旋转的功能。旋转的功能可以通过滑动让物件沿着某一个轴旋转。

旋转图标

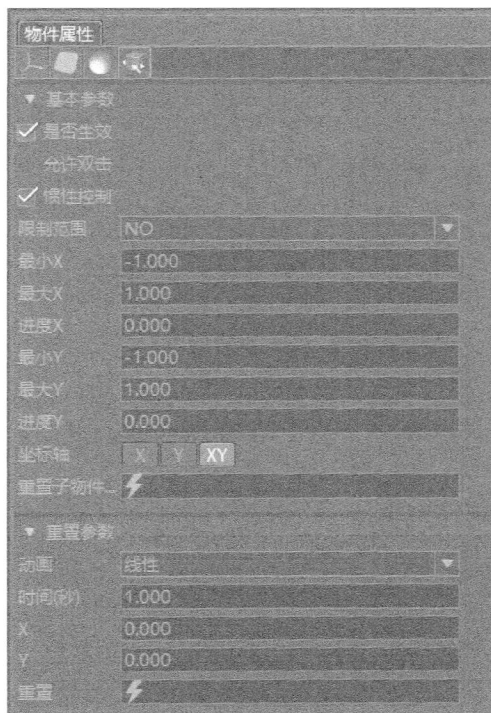

平移物件属性

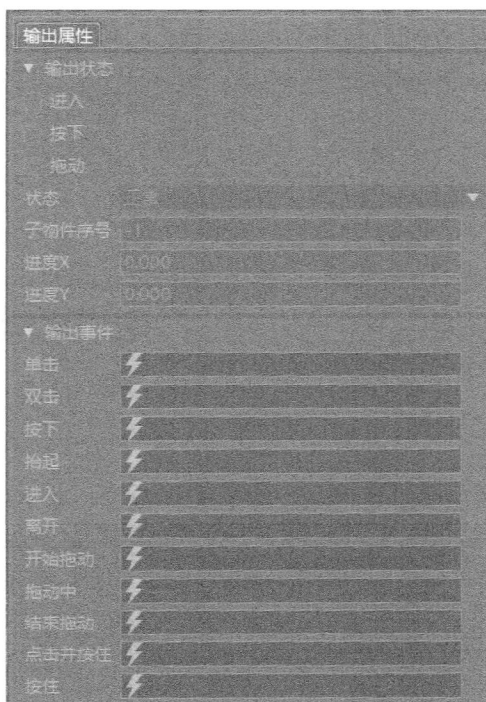

平移输出属性

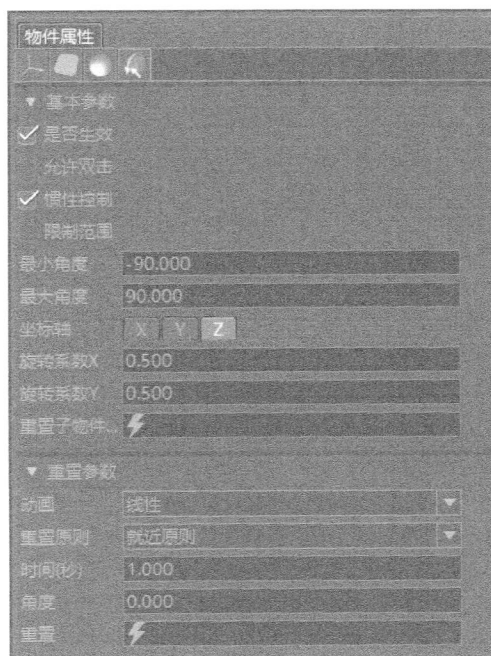

旋转物件属性

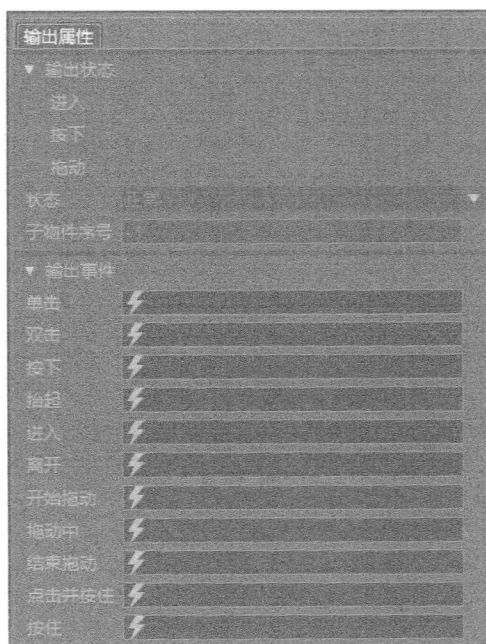

旋转输出属性

5) 自由旋转

【自由旋转】添加节点,使物件具备自由旋转的功能。自由旋转的功能与旋转不同,可以不指定轴向,自由的按照鼠标滑动方向旋转。

自由旋转图标

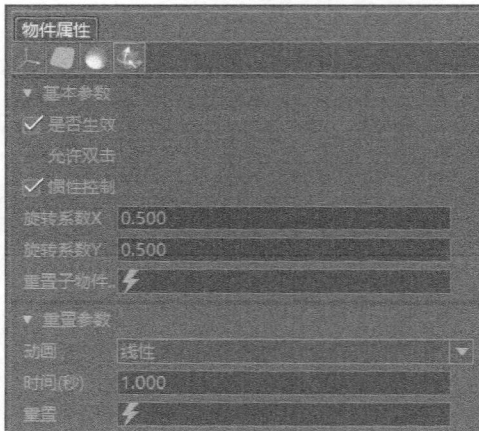

自由旋转物件属性

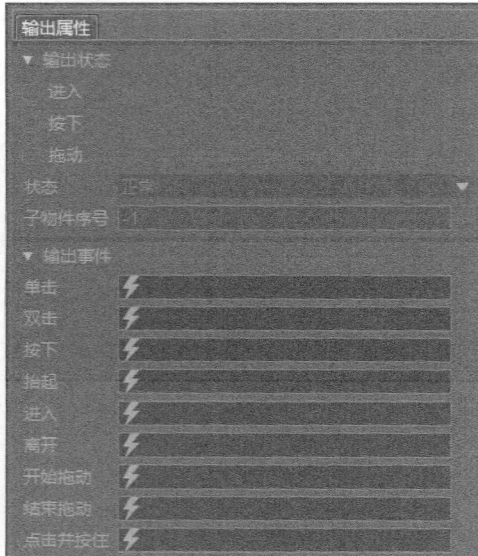

自由旋转输出属性

6) 缩放

【缩放】添加节点,使物件具备缩放的功能。可设置单点缩放,也可以设置双手操作缩放。

缩放图标

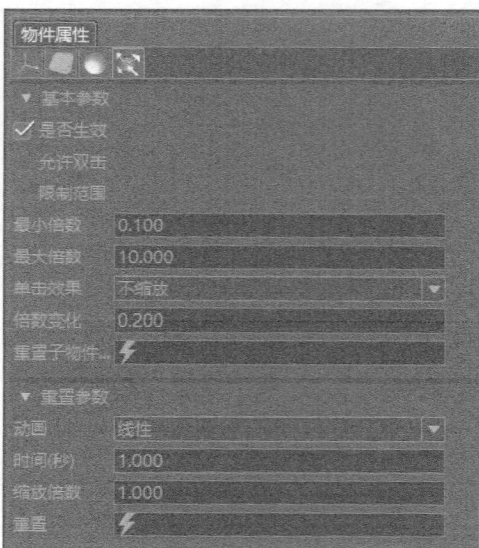

缩放物件属性

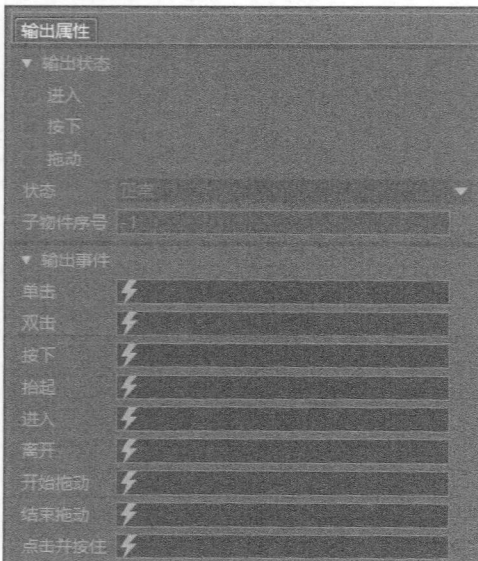

缩放输出属性

7）触控变换

【触控变换】添加节点，使物件具备触控变换的功能。触控变换是一个功能比较全面的节点，支持单手拖动滑动、双手缩放、双手旋转等功能。

触控变换图标

触控变换物件属性

触控变换输出属性

8）画笔

【画笔】添加节点，使物件具备激活画笔的功能。

画笔图标

画笔物件属性

画笔输出属性

9）橡皮擦

【橡皮擦】添加节点，使物件具备激活橡皮擦的功能。橡皮擦支持擦除绘制的图案以及线条的功能。

橡皮擦图标

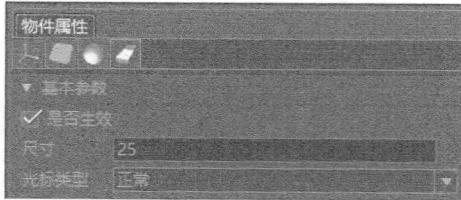

橡皮擦物件属性

橡皮擦输出属性

10）取色器

【取色器】添加节点，使物件具备激活取色器的功能。

取色器图标

取色器物件属性

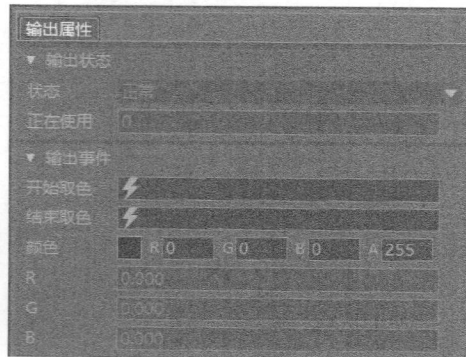

取色器输出属性

11）绘制图标

【绘制图标】添加节点，使物件具备激活绘制图标的功能。激活后，可以在绘制区内添加外部导入的图片。

绘制图标图标

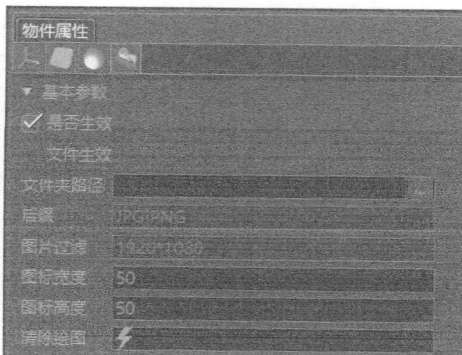

绘制图标物件属性

绘制图标输出属性

12）绘制气流

【绘制气流】添加节点，使物件具备激活绘制气流的功能。激活后，用鼠标点住，拖动完成冷暖气流以及动态线的绘制。

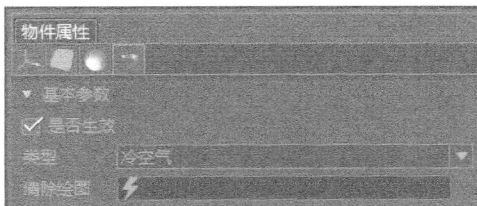

绘制气流物件属性

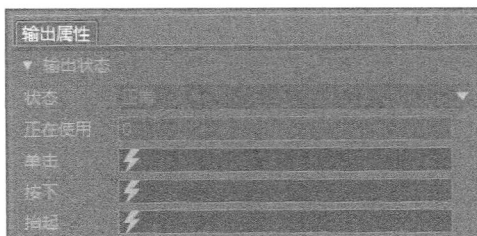

绘制气流输出属性

13）进度调节

【进度调节】添加节点，使物件具备进度调节的功能。进度调节可以输出 X 轴、Y 轴的位移。

进度调节物件属性

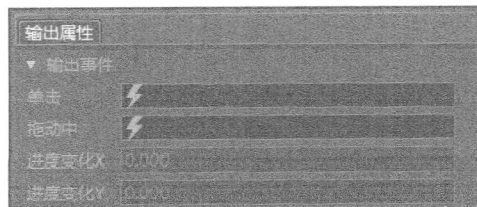

进度调节输出属性

14）步进滑块

【步进滑块】添加节点，使物件具备步进滑块的功能。步进滑块可以定义物件某一个轴向的移动距离。

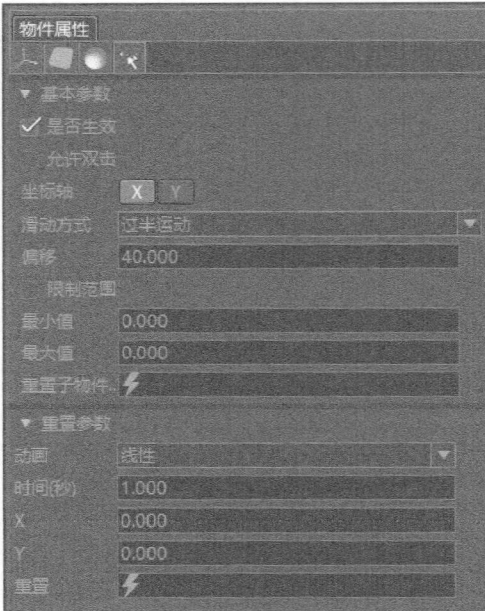

步进滑块物件属性　　　　　　　　　　　步进滑块输出属性

15）边界信息获取

【边界信息获取】添加节点，使物件具备边界信息获取的功能。添加该节点之后，可以反馈当前物件或组的各个边的位置参数。

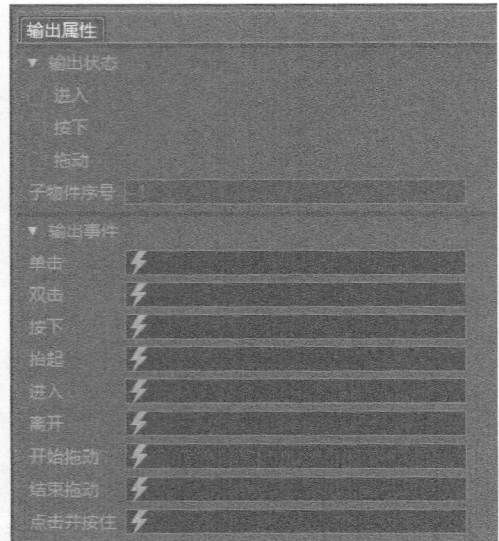
边界信息获取图标

边界信息获取物件属性

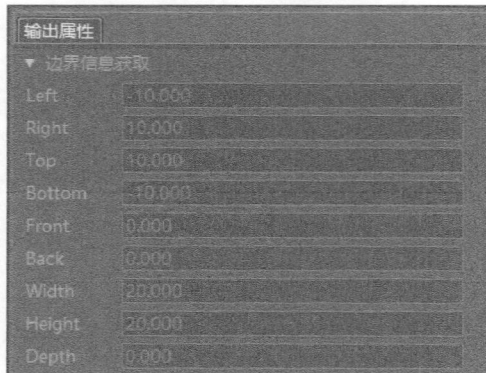

边界信息获取输出属性

16）动画事件

【动画事件】支持将动画事件的输入属性进行动画编排，同时支持输出事件。

动画事件图标

动画事件物件属性

动画事件输出属性

3.4.4.2 播放控制

【播放控制】包括动画播放控制、互斥组播放控制、素材播放控制、视频播放控制、普通动画组、翻版动画组、走马动画组、读报动画组、图片视频框、圆形图片视频框、翻版击中测试等 11 种节点。节点需要控制或被控的话需要参考【物件属性】进行参数更改或是通过【输出属性】查找被控参数。此处的节点都是直接添加到节点编辑区中。

播放控制图标

1）动画播放控制

【动画播放控制】通过节点编辑控制动画段的播出。

动画播放控制图标

动画播放控制物件属性

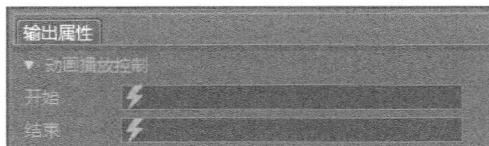

动画播放控制输出属性

2）互斥组播放控制

【互斥组播放控制】对动画组给予互斥逻辑。互斥表示，某一动画组播放入动画，那么其余动画组必须播出出动画。

互斥组播放控制图标

互斥组播放控制物件属性

3）素材播放控制

【素材播放控制】将其他素材添加到当前素材中进行播出控制。

素材播放
控制图标

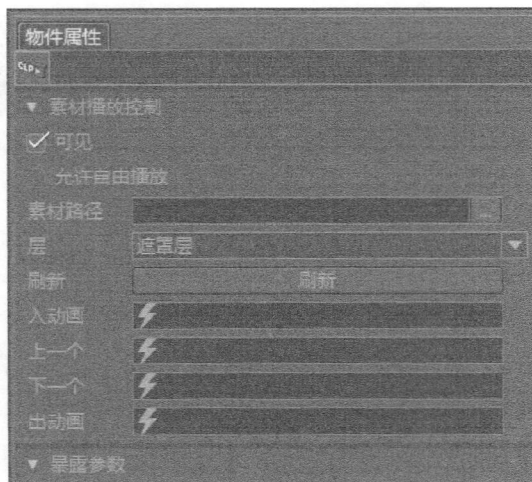
素材播放控制物件属性

4）视频播放控制

【视频播放控制】对外部添加的视频进行播放控制。

视频播放
控制图标

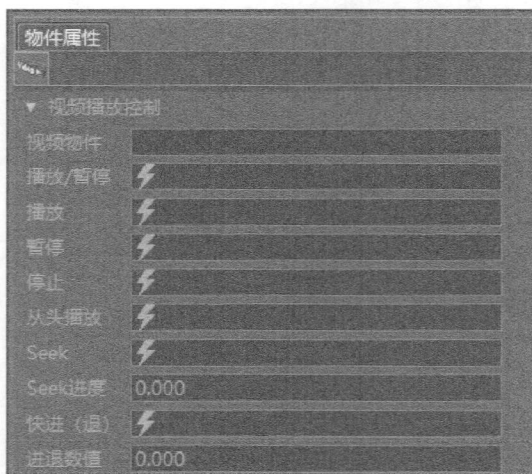
视频播放控制物件属性

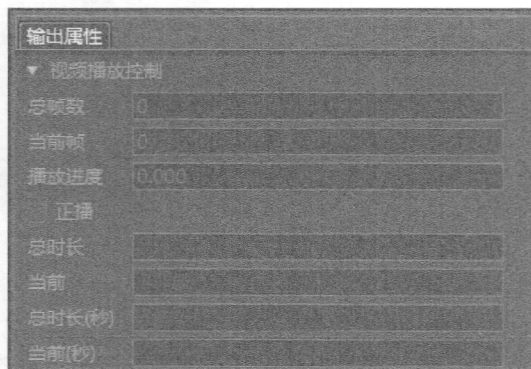
视频播放控制输出属性

5）普通动画组

【动画组】将多个动画绑定成组，并形成一定的逻辑关系。这其中包括普通动画组、翻版动画组、走马动画组、读报动画组。

普通动画
组图标

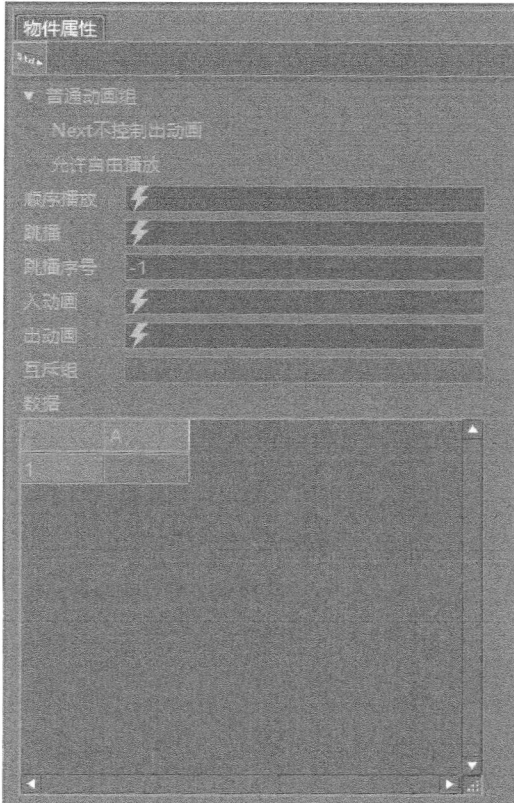

普通动画组物件属性

普通动画组输出属性

6）翻版动画组

翻版动画组图标

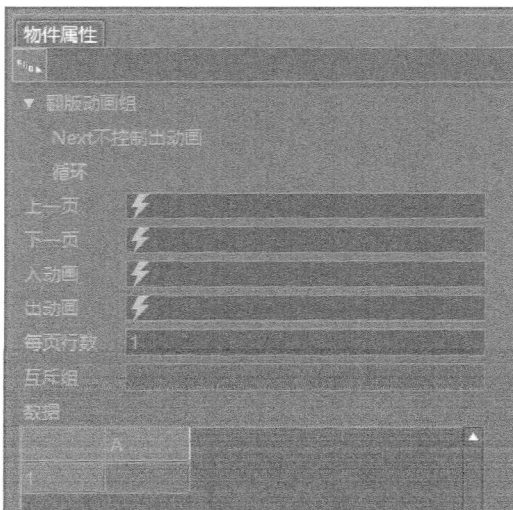

翻版动画组物件属性

翻版动画组输出属性

7）走马动画组

走马动画组图标

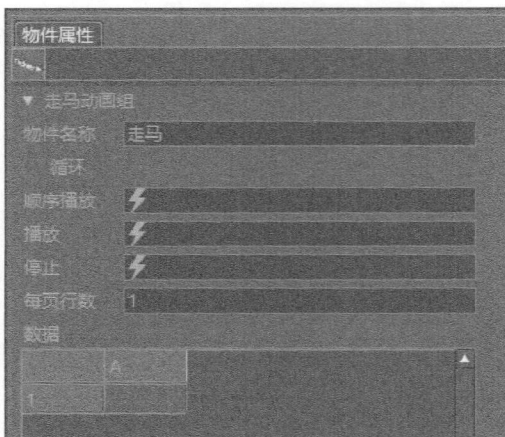

走马动画组物件属性　　　　　　　　走马动画组输出属性

8）读报动画组

读报动画组图标

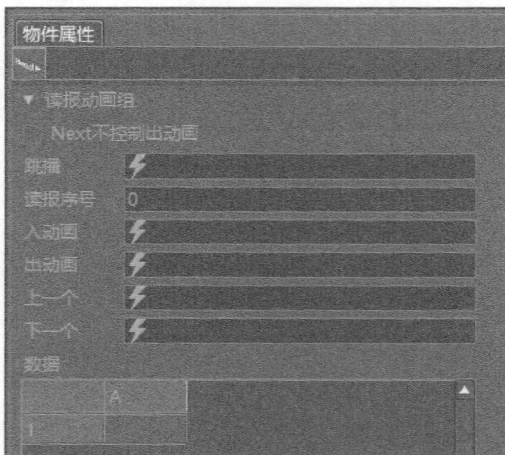

读报动画组物件属性　　　　　　　　读报动画组输出属性

9）图片视频框

【图片视频框】通过该节点可以快速便捷地将某一文件夹内的外部视频或图片放入编辑区当中。视频或图片可进行导航、拖动、缩放、视频控制、声音控制、绘制等操作。程序提供图片视频框、圆形图片视频框两种。

图片视频框图标

10）翻版击中测试

【翻版击中测试】添加该节点后，可以结合触控对翻版单击的内容进行筛选。

翻版击中测试图标

物件属性

▼ 图片视频框
宽度　　　20.000
高度　　　20.000
初始倍数　1.000
缩放倍数　3.500
缩放时间　0.300
对齐时间　0.300
画笔颜色　R 255　G 0　B 0　A 255
更新
数据

▼ 贴图
边框贴图　　D:\IDPRE\iArtist19005\Plugins\NodePlug
播放贴图　　D:\IDPRE\iArtist19005\Plugins\NodePlug
工具栏贴图　D:\IDPRE\iArtist19005\Plugins\NodePlug
平移贴图　　D:\IDPRE\iArtist19005\Plugins\NodePlug
画笔贴图　　D:\IDPRE\iArtist19005\Plugins\NodePlug
清除贴图　　D:\IDPRE\iArtist19005\Plugins\NodePlug
进度条贴图　D:\IDPRE\iArtist19005\Plugins\NodePlug
进度条按钮.D:\IDPRE\iArtist19005\Plugins\NodePlug
声音打开贴.D:\IDPRE\iArtist19005\Plugins\NodePlug
声音关闭贴.D:\IDPRE\iArtist19005\Plugins\NodePlug
声音控制贴.D:\IDPRE\iArtist19005\Plugins\NodePlug
声音进度条.D:\IDPRE\iArtist19005\Plugins\NodePlug
声音进度条.D:\IDPRE\iArtist19005\Plugins\NodePlug
中心贴图　　D:\IDPRE\iArtist19005\Plugins\NodePlug
重置按钮贴.D:\IDPRE\iArtist19005\Plugins\NodePlug

物件属性

▼ 图片视频框
宽度　　　20.000
高度　　　20.000
间隔X　　30.000
初始倍数　1.000
缩放倍数　3.500
缩放时间　0.300
对齐时间　0.300
画笔颜色　R 255　G 0　B 0　A 255
更新
数据

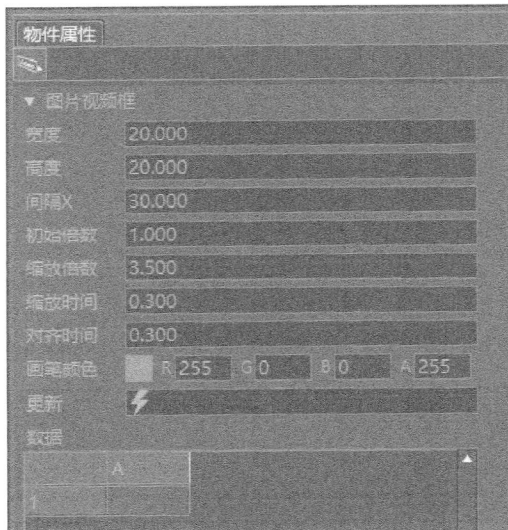

图片视频框物件属性　　　　　　圆形图片视频框物件属性

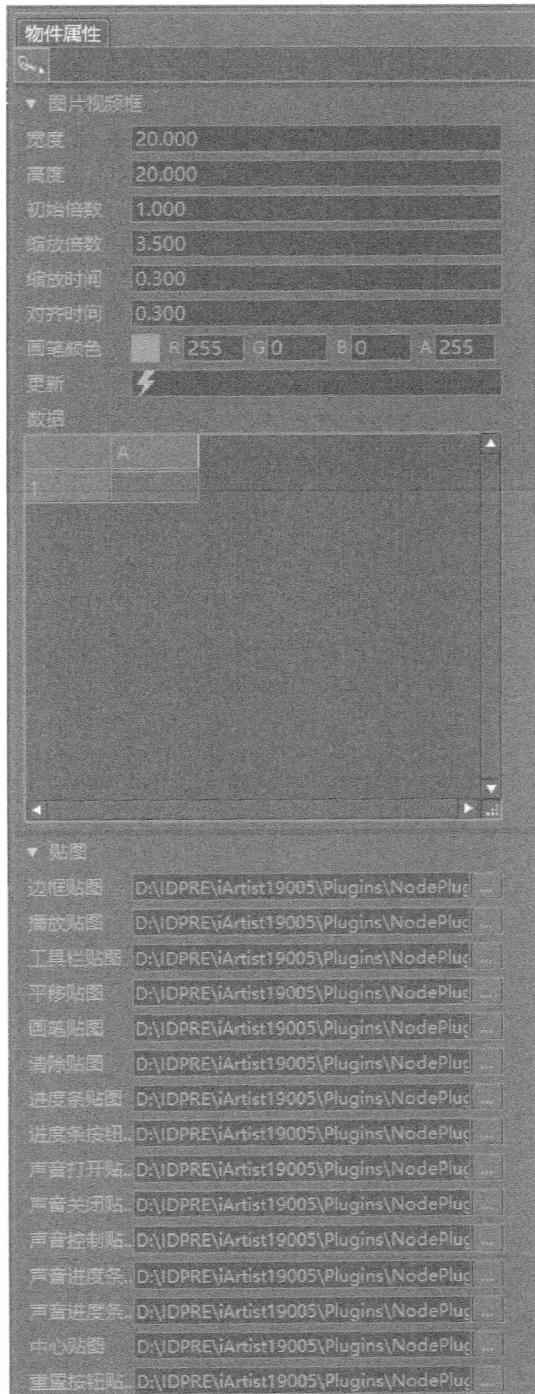

翻版击中测试物件属性　　　　　　　　翻版击中测试输出属性

3.4.4.3　逻辑计算

【逻辑计算】包括变量、随机数、数值转文字、文字转数值、分支选择、数值分发、计数器、事件延时、事件收集、事件分发、开关、取反、数值映射、存储器、表达式、条件判断、数值分段、字符串操作、向量、矩阵、排序、统计、BOOL 转事件、事件过滤、数据分离、比较大小、单数值变化、双数值变化、日期时间、定时触发、倒计时、秒表、多事件触发、系统事件、自定义事件、数据查询等 36 种节点。节点需要控制或被控的话需要参考【物件属性】进行参数更改或是通过【输出属性】查找被控参数。此处的节点都是直接添加到节点编辑区中。

逻辑计算图标

1）变量

【变量】为素材中添加一个变量。支持整型、浮点型、字符串型、布尔型、颜色等。

变量图标

变量物件属性　　　　　　　　　　　变量输出属性

2）随机数

【随机数】通过触发在设置范围内生成一个整型随机数。

随机数图标

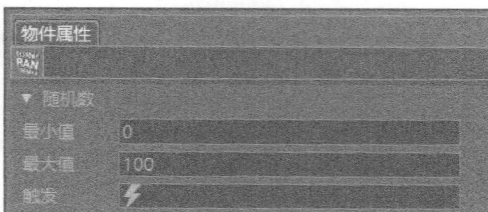

随机数物件属性　　　　　　　　　　随机数输出属性

3）数值转文字

【数值转文字】将数值类型（例如整型、浮点型、布尔类型）转换成字符串类型。

数值转文
字图标

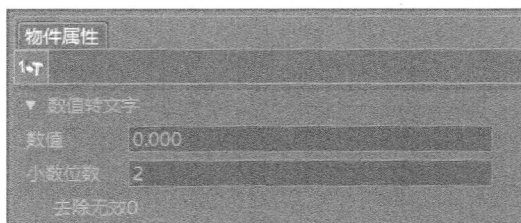

数值转文字物件属性

数值转文字输出属性

4）文字转数值

【文字转数值】将字符串类型转换成数值类型（例如整型、浮点型）。

文字转数
值图标

文字转数值物件属性

文字转数值输出属性

5）分支选择

【分支选择】将多个输入选择一个进行输出（支持整型、浮点型、布尔型、字符串型、颜色）。

分支选
择图标

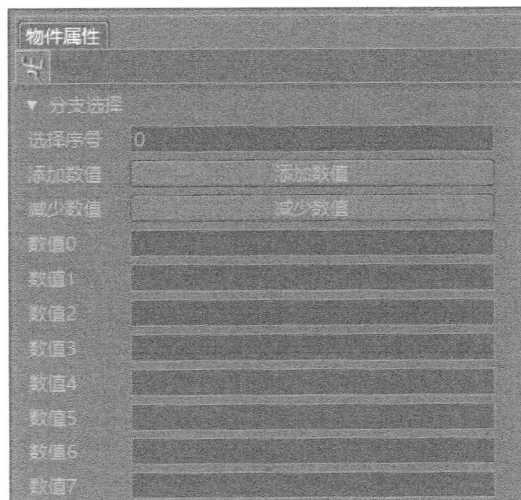

分支选择物件属性

分支选择输出属性

6）数值分发

【数值分发】将输入值发送给指定端口，其他端口输出默认值（支持整型、浮点型、布尔型、字符串型、颜色）。

数值分发图标

数值分发物件属性

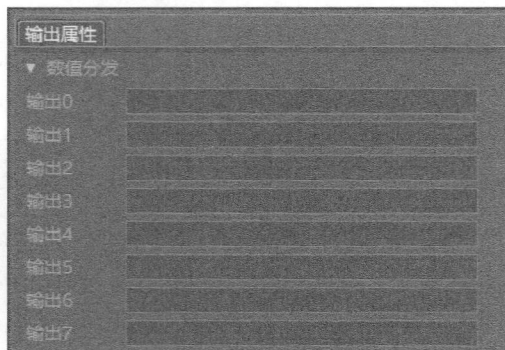

数值分发输出属性

7）计数器

【计数器】通过接收外部触发使记录数值按照某一步长值增加或减少。

计数器图标

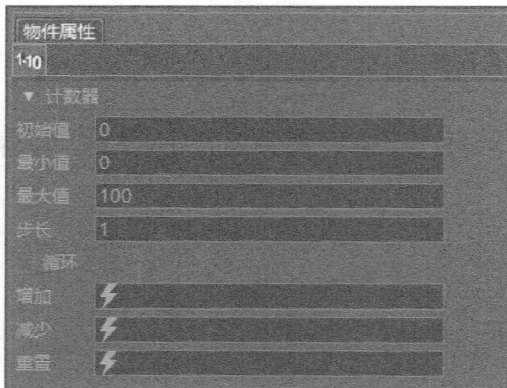

计数器物件属性

计数器输出属性

8）事件延时

【事件延时】接收外部事件触发，延时一段时间后再输出。

事件延时图标

事件延时物件属性

事件延时输出属性

9）事件收集器

【事件收集器】具备多个接口接收外部触发，并将接收到的触发进行输出。同时插件也记录最后是由哪一个产生的触发。

事件收集
器图标

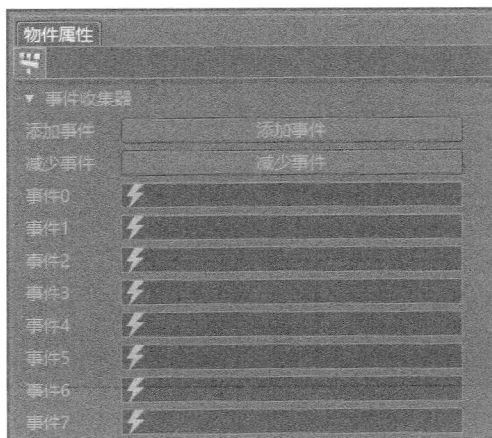

事件收集器物件属性

事件收集器输出属性

10）事件分发器

【事件分发器】由一个接口接收触发，根据序号数值判断从哪个端口输出触发。

事件分发
器图标

事件分发器输出属性

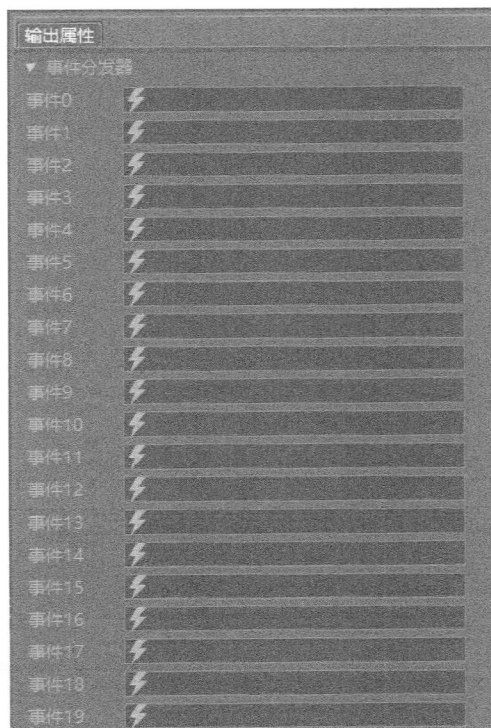

事件分发器物件属性

11）开关

【开关】接收外部触发，通过触发判断输出布尔类型真状态或是假状态。

开关图标

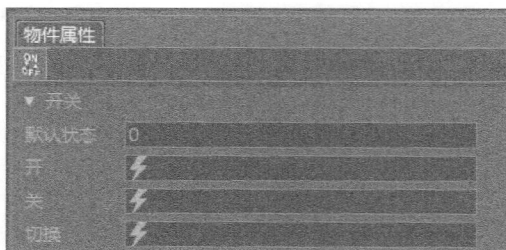

开关物件属性

开关输出属性

12）取反

【取反】接收布尔类型参数输入，将真状态变为假状态输出，假状态变为真状态输出。

取反图标

取反物件属性

取反输出属性

13）数值映射

【数值映射】定义输入输出参数预制范围，根据输入参数在输入预制范围的占比，产生对应的输出结果。

数值映射图标

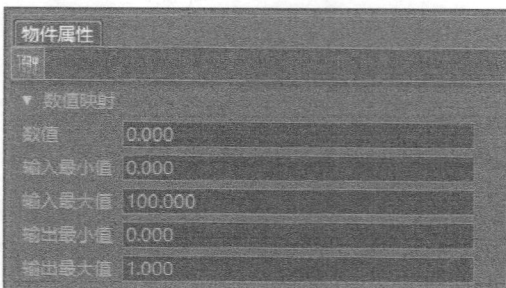

数值映射物件属性

数值映射输出属性

14）存储器

【存储器】接收外部数值输入，当接收到事件触发时才将输入值输出。

15）表达式

【表达式】输入外部参数以及数学表达式，输出计算结果。

存储器图标　　表达式图标

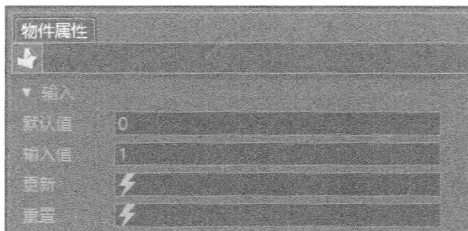

存储器物件属性　　　　　　　　　存储器输出属性

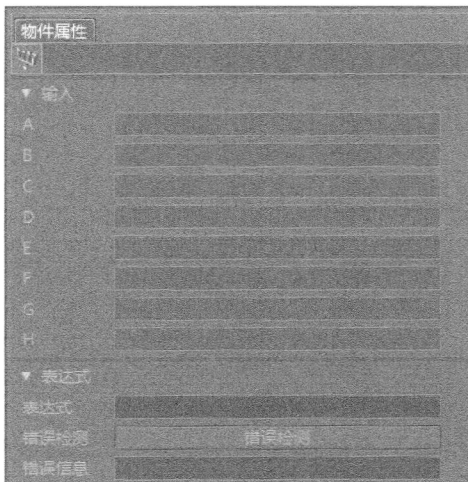

表达式物件属性　　　　　　　　　表达式输出属性

16）条件判断

【条件判断】输入外部参数、判断条件以及真假条件时的表达式，输出计算结果。

条件判
断图标

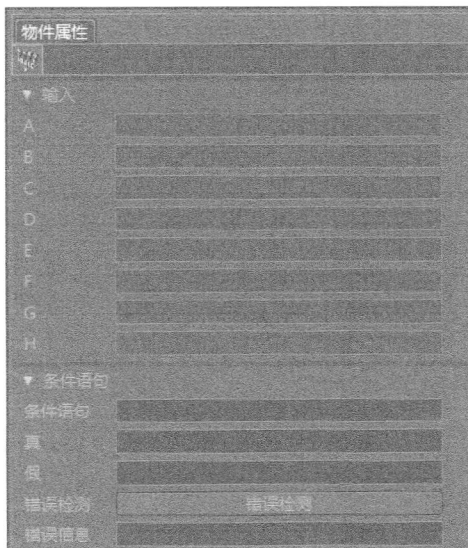

条件判断物件属性　　　　　　　　条件判断输出属性

17）数值分段

【数值分段】定义多个数据范围，当接收到外部参数时，可根据数据范围判定输出数值。

数值分段物件属性

数值分段输出属性

18）字符串操作

【字符串操作】定义了一系列有关字符串类型的操作，包括查找、替换、删除、裁剪、合并、分割等一系列操作。

字符串操作物件属性

字符串操作输出属性

19）向量

【向量】将多个数据按照一定顺序组成一个一维数组。

向量图标

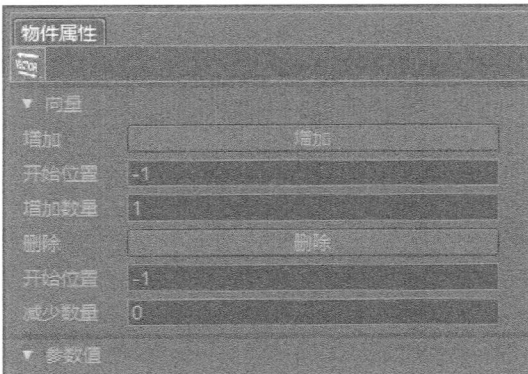

向量物件属性

向量输出属性

20）矩阵

【矩阵】将多个向量组合成一个二维数组。

矩阵图标

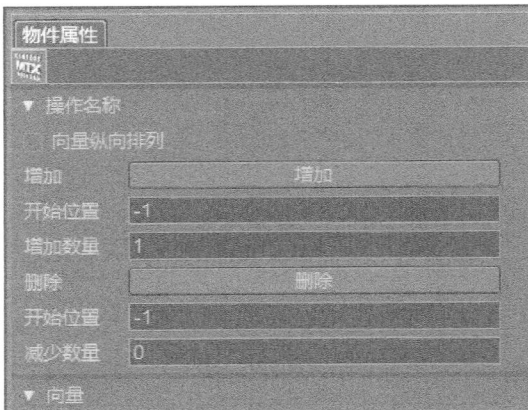

矩阵物件属性

矩阵输出属性

21）排序

【排序】对矩阵中的数据内容进行排序，输出新的矩阵以及排列顺序。

排序图标

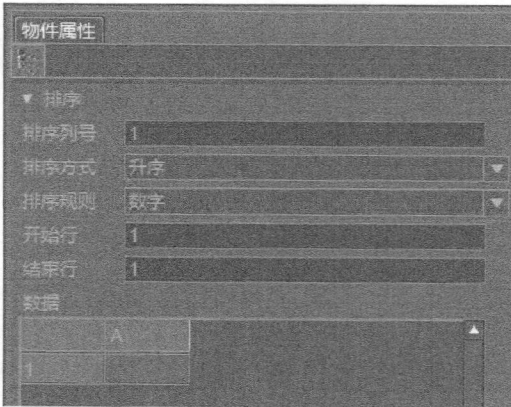
排序物件属性

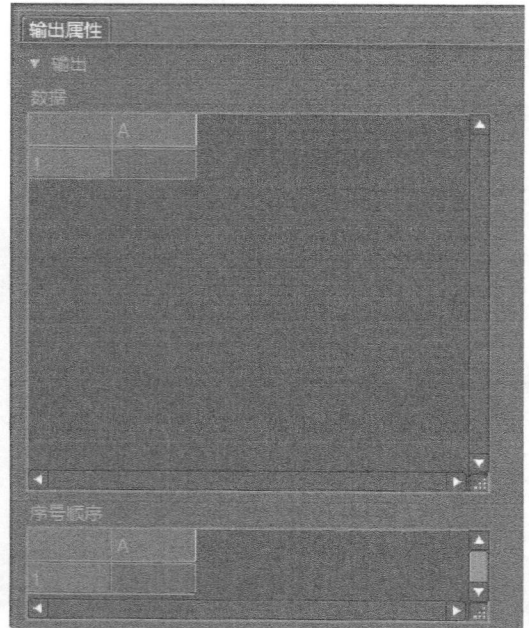
排序输出属性

22）统计

【统计】对矩阵内的数据进行简单的统计，包括求和、平均值、最大值、最小值等。

统计图标

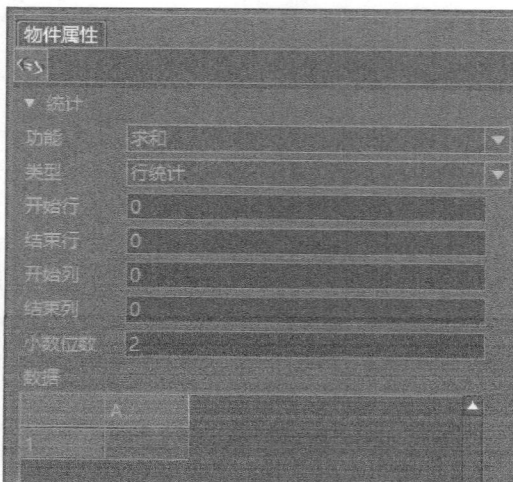
统计物件属性

统计输出属性

23）BOOL 转事件

【BOOL 转事件】将外部输入的布尔类型数值转换成事件。

BOOL 转
事件图标

BOOL 转事件物件属性

BOOL 转事件输出属性

24）事件过滤

【事件过滤】根据布尔类型，判断是否允许将接收到的事件进行输出。

事件过
滤图标

事件过滤物件属性

事件过滤输出属性

25）数据分离

【数据分离】将矩阵类型的数据转换成单个字符型参数。

数据分
离图标

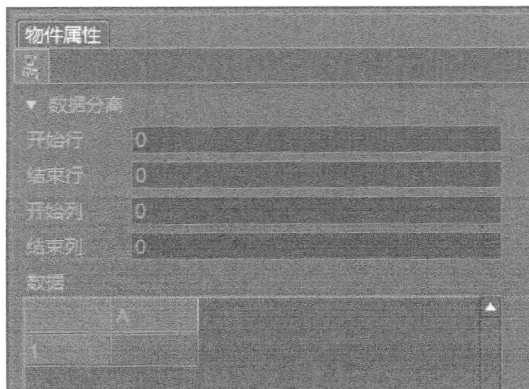

数据分离物件属性

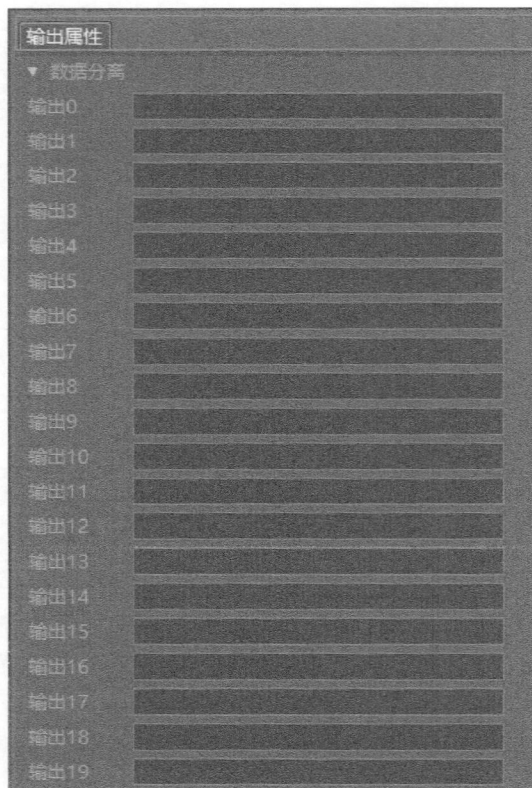

数据分离输出属性

26）比较大小

【比较大小】支持比较数值型以及字符型内容的大小关系。

比较大
小图标

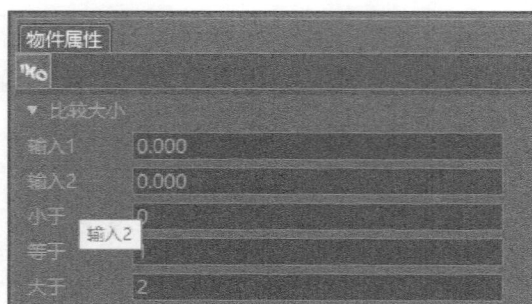

比较大小物件属性

比较大小输出属性

27）单数值变化

【单数值变化】根据设置的变化时间，将输出数值由当前值自动变换到外部输入的数值参数，同时自动补充变化过程。

单数值变化图标

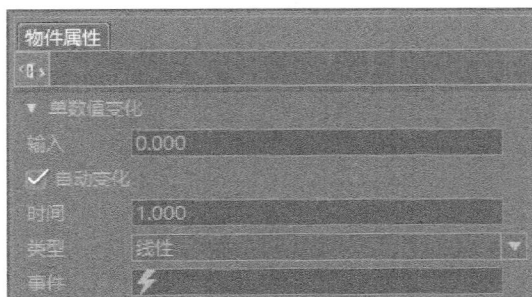

单数值变化物件属性

单数值变化输出属性

28）双数值变化

【双数值变化】根据设置的变化时间，通过外部事件触发，将输出数值由开始值自动变化到结束值，同时自动补充变化过程。

双数值变化图标

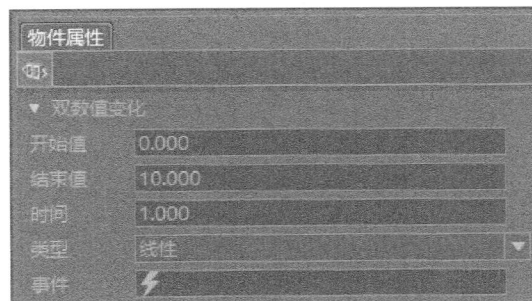

双数值变化物件属性

双数值变化输出属性

29）时间日期

【时间日期】根据设置的格式要求，输出当前时间。

时间日期图标

时间日期物件属性

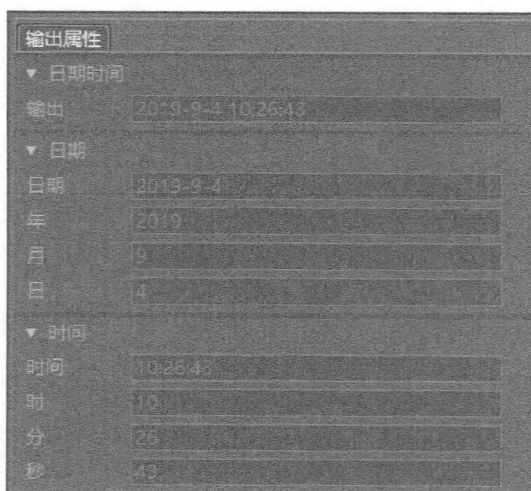

时间日期输出属性

30）定时触发

【定时触发】输入需要产生触发的时间，当系统时间到达时产生触发。

定时触发图标

定时触发物件属性

定时触发输出属性

31）倒计时

【倒计时】设置倒计时时长，通过触发控制倒计时开始，倒计时结束后产生
触发。

倒计时
图标

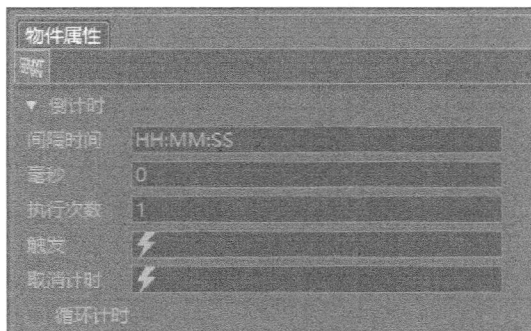

倒计时物件属性

倒计时输出属性

32）秒表

【秒表】接收外部触发控制秒表开始、暂停、复位，输出秒表当前时间。

秒表图标

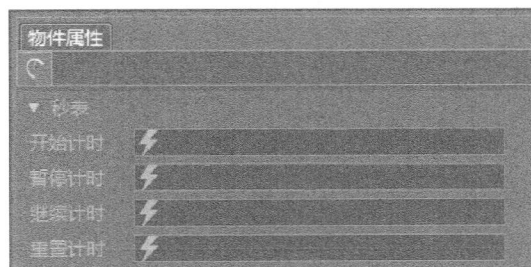

秒表物件属性

秒表输出属性

33) 多事件触发

【多事件触发】通过数据控制当前接收到的事件通过哪些通道输出。

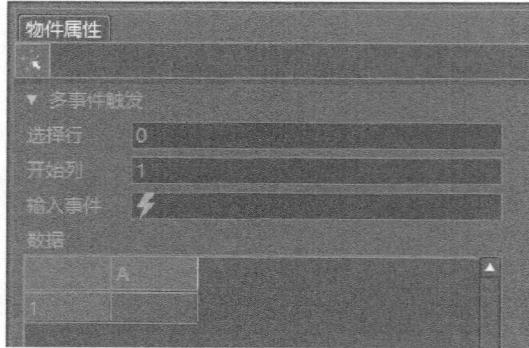

多事件触发物件属性

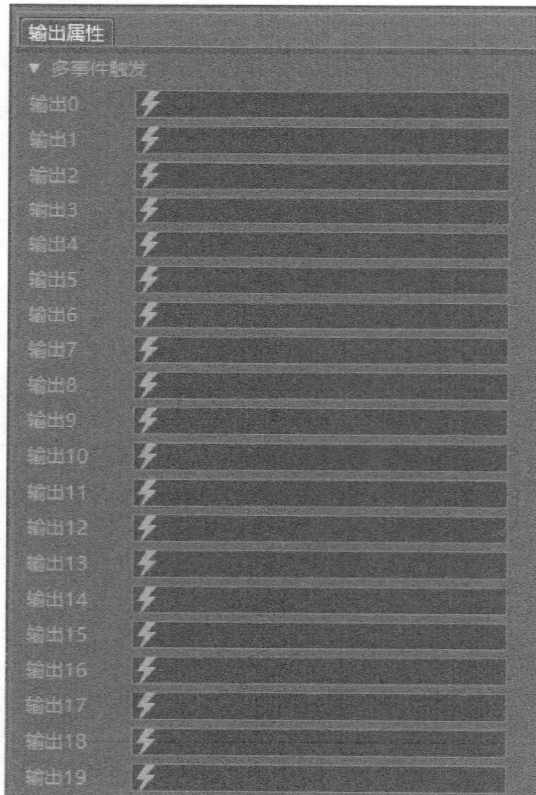

多事件触发输出属性

34) 系统事件

【系统事件】通过 iTouch 程序获取外部系统事件,例如某个设备的连接断开或是开始播放等状态。

系统事件物件属性

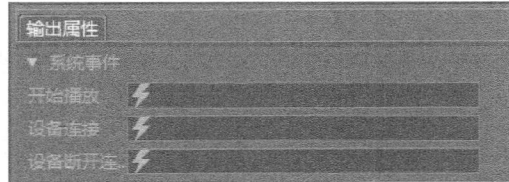

系统事件输出属性

35）自定义事件

【自定义事件】接收通过【系统按钮】中"自定义事件"选项发送的事件以及参数。

自定义事件图标

自定义事件物件属性

自定义事件输出属性

36）数据查询

【数据查询】查找矩阵中某一列中的某一个数据，并反馈当前行位置。

数据查询图标

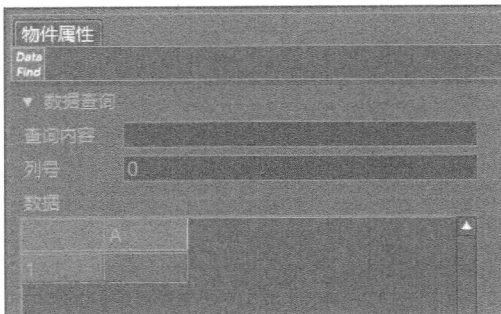

数据查询物件属性

数据查询输出属性

3.4.4.4 数据获取

【数据获取】包括文本数据、Excel 数据、文件夹数据、打开文件或网址等 4 种节点。节点需要控制或被控的话需要参考【物件属性】进行参数更改或是通过【输出属性】查找被控参数。此处的节点都是直接添加到节点编辑区中。

数据获取图标

1）文本数据

【文本数据】将按照某个规则编写的 txt 文本转换成矩阵。

文本数据图标

文本数据物件属性

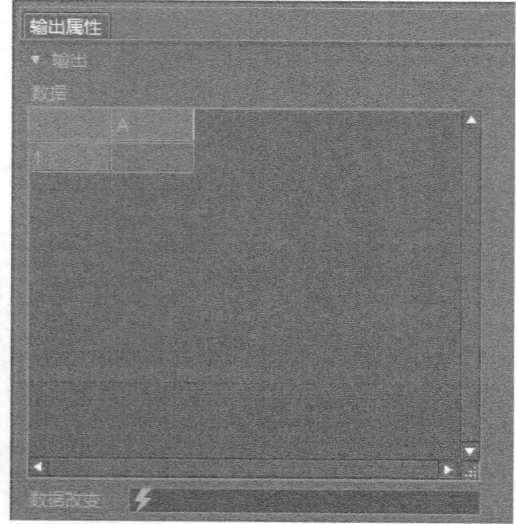

文本数据输出属性

2）Excel 数据

【Excel 数据】将 Excel 文件的某个 Sheet 页面转换成矩阵。

Excel 数据图标

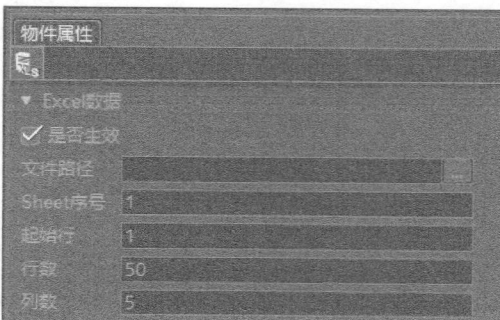

Excel 物件属性

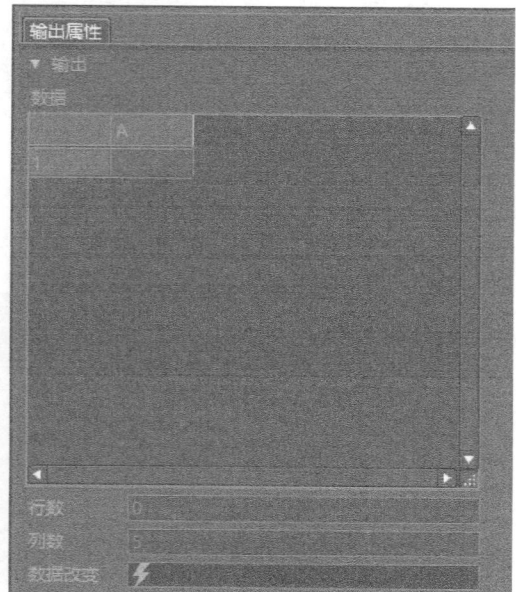

Excel 输出属性

3）文件夹数据

【文件夹数据】将选定文件夹中的某几类文件的路径转换成矩阵。

文件夹数据图标

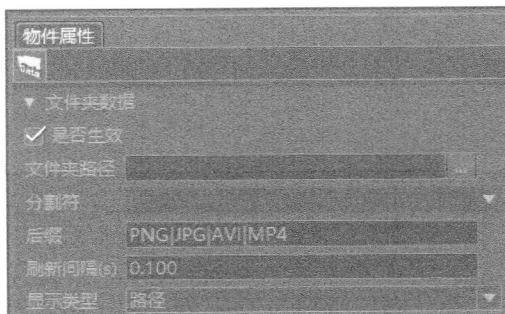
文件夹物件属性

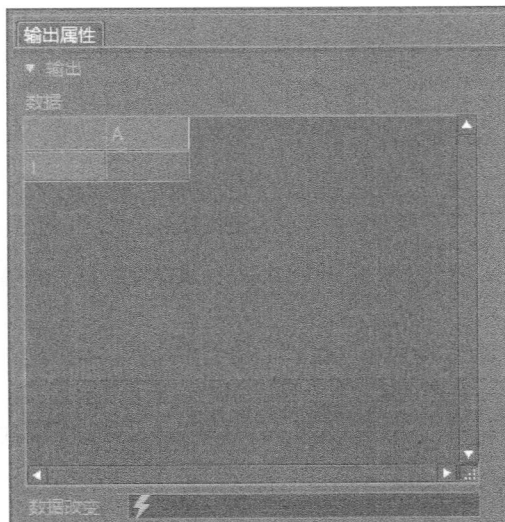
文件夹输出属性

4）打开文件或网址

【打开文件或网址】在节点中输入文件的绝对路径或者 URL 网址,通过接收触发可以打开文件及对应的应用程序。

打开文件或网址图标

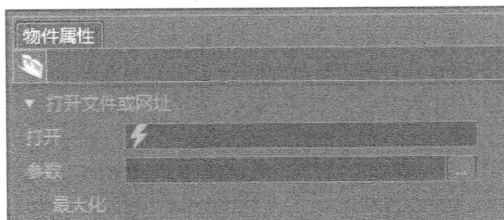
打开文件或网址物件属性

3.4.4.5　IO 处理

【IO 处理】包括键盘、文本输入、鼠标、网络参数发送、网络参数接收、广播发送、手势等 7 种节点。节点需要控制或被控的话需要参考【物件属性】进行参数更改或是通过【输出属性】查找被控参数。此处的节点都是直接添加到节点编辑区中。

IO 处理图标

1）键盘

【键盘】接收键盘输入的内容,同时记录键盘的按下事件。

键盘图标

键盘物件属性

键盘输出属性

2）文本输入

【文本输入】接收外部字符，将字符拼接成一个完整的字符串。

文本输入图标

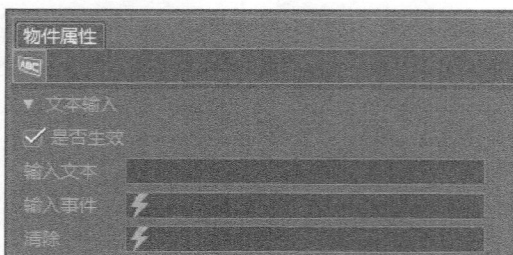

文本输入物件属性

文本输入输出属性

3）鼠标

【鼠标】接收鼠标的操作动作，以及滑动位置，进行内容及事件的输出。

鼠标图标

鼠标物件属性

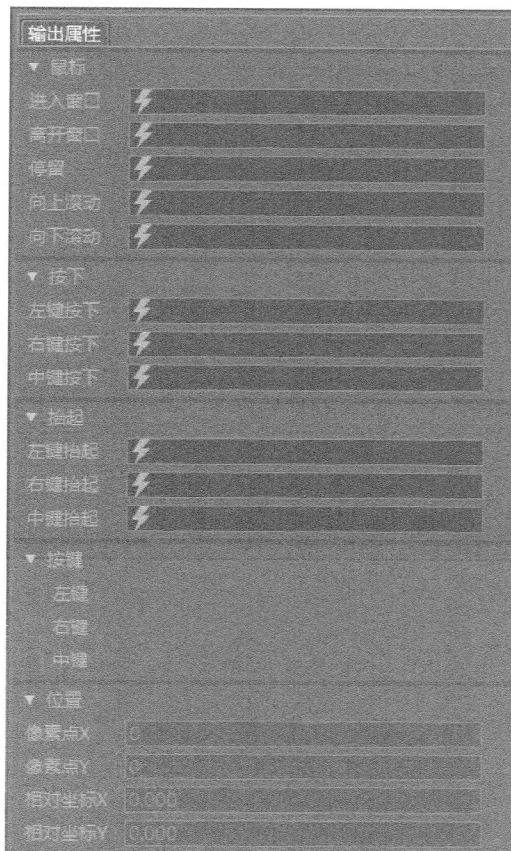

鼠标输出属性

4）网络参数发送（某省 120 项目，小屏操作，大屏展示）

【网络参数发送】通过设置好需要接收的引擎以及标识文字，向其他引擎传递参数以及事件。

网络参数
发送图标

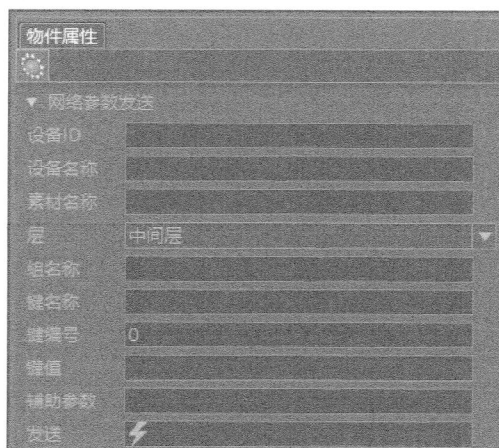

网络参数发送物件属性

5）网络参数接收（通过"引出项"也可接收）

【网络参数接收】通过设置好的标识文字，接收其他引擎传递参数以及事件。

网络参数
接收图标

网络参数接收物件属性

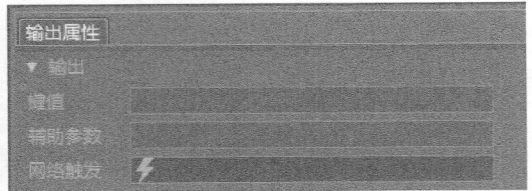

网络参数接收输出属性

6）广播发送

【广播发送】通过设置好的标识文字，向网络中所有的其他引擎传递参数以及事件。

广播发
送图标

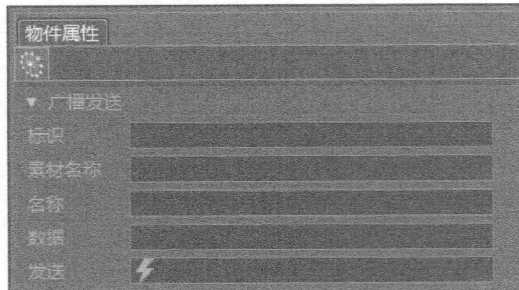

广播发送物件属性

7）手势

【手势】接收手势滑动状态，包括记录向上滑动、向下滑动、向左滑动、向右滑动等状态，并产生相应的触发信号。

手势图标

手势物件属性

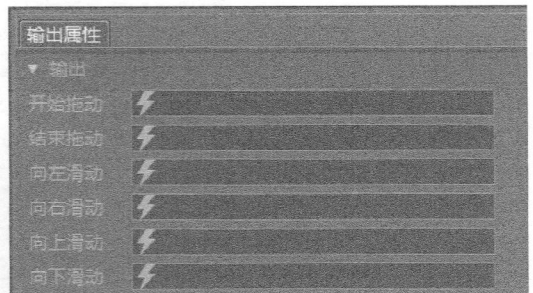

手势输出属性

3.5　渲　染　窗　口

3.5.1　广播电视的制式

广播电视的制式可以分为 PAL 和 NTSC,另外还有 SECAM 等。

PAL 电视标准:每秒 25 帧,电视扫描线为 625 线,奇场在前,偶场在后,标准的数字化 PAL 电视标准分辨率为 720 * 576, 24 比特的色彩位深,画面宽高比为 4 : 3、16 : 9, PAL 电视标准用于中国、欧洲等国家和地区。

NTSC 电视标准:每秒 29.97 帧(简化为 30 帧),电视扫描线为 525 线,偶场在前,奇场在后,标准的数字化 NTSC 电视标准分辨率为 720 * 486, 24 比特的色彩位深,画面的宽高比 4 : 3、16 : 9, NTSC 电视标准用于美、日等国家和地区。

PAL 和 NTSC 制式区别在于节目的彩色编、解码方式和场扫描频率不同。中国(不含香港地区)、印度、巴基斯坦等国家采用 PAL 制式,美国、日本、韩国以及我国台湾地区等采用 NTSC 制式。

电影放映的时候都是每秒 24 个胶片帧,而视频图像 PAL 制式每秒 50 场,NTSC 制是每秒 60 场,由于现在的电视都是隔行场,所以可以大概认为 PAL 制是每秒 25 个完整视频帧,NSTC 制是每秒 30 个完整视频帧。

3.5.2　资源状态及实时渲染效率

资源状态及实时渲染效率出现在渲染窗口的左上方,白色文字部分。文字部分显示内容分别为显示 FPS(帧率)、实时三角面个数、GPU 占用率和内存占用率;右上方文字显示目前摄像机的编号。如【状态显示栏】中【显示帧率】前的选择项去掉可以将资源状态条隐藏。

实时渲染效率主要依托于 IDPRE 三维图形图像渲染引擎,利用自主研发的排序算法、建模算法等综合实时算法,结合软件工程、操作系统、图形学、内存管理、着色语言、GPU 硬件接口和多线程管理等多方面的技术,实现三维图形图像实时渲染。

3.5.3　网格,标尺,安全框

【渲染窗口】中的网格,可以通过【状态显示栏】中【网格】选项的选择来显示和隐藏;还可以从【系统设置】中【背景设置】进行选择项设置,设置完成后单击应用与确定。选择生效后渲染窗会出现多条横竖相交的线条,线条将显示窗口切分成多个正方形,由正方形组成的网格方便物件与物件在三维空间的定位。

【渲染窗口】中的标尺通过 Ctrl + R 的快捷键显示或隐藏。参考线开启后,在标尺栏部分双击可添加参考线,同样双击也可删除参考线。参考线的拖动需要在标尺栏进行。

提示 按物件的操作轴,可以自动吸附参考线。

【渲染窗口】中的安全框包括 SD 安全框和 HD 安全框,同样通过选择【状态显示栏】来显示;还可以从【系统设置】中【背景设置】进行选择项设置,设置完成后单击应用与确定。两种安全框的效果和作用参见 3.3.5 渲染窗显示选项中的安全框部分。

3.5.4 播放时间线

【播出时间线】位于【渲染窗口】的下方左侧,用于显示每个动画序列关键帧的状态,以对应每个素材时间线上变化的点。也可录制多个同类型物件属性参数到时间线。

在【播放时间线】的左侧有【开始】和【范围】,以帧为单位记录播出时间线的起点和动画段总长度,右侧有【当前】和【步长】,依据时间线在动画段上的位置而定,可以设置自己所需步长来查看当前动画内容。【播出时间线】下方还有一些选项和按钮。在【动画】中,鼠标单击选择动画查看【入动画】或者【出动画】或者其他增加的动画段。后面的按钮分别是【录制】按钮,可录制所需要的动画关键帧;【播放】按钮,单击则播放动画;【暂停】按钮,单击动画暂停;【继续】按钮,单击动画继续播放动画;【停止】按钮,单击停止播放动画;【倒播】按钮,单击倒播动画。

其余的六个按钮中,【添加】按钮可以添加动画段,【删除】按钮用于删除动画段,【拷贝】按钮用于复制动画段,【重命名】按钮用于重命名动画段名称,【翻转动画】按钮用于翻转动画段,【保存素材预览图】按钮可以将当前画面作为素材预览图,便于调取素材。

注意 【动画列表】中支持选中多个动画段,选中后右键选择【播放】按钮可以同时播放多个选中动画段。

3.5.5 物件空间属性栏

【物件空间属性栏】位于【渲染窗口】的下方,由物件位置、轴心位置、旋转(相对、绝对)、缩放(锁定 XYZ、XY、XZ、YZ 轴)、纹理尺寸、全屏参数、定位中心几部分组成。右击【物件空间属性栏】的空白处,即可在右侧属性框中弹出【空间属性】窗口,同样右键返回【空间属性】窗口。

3.5.5.1 XYZ 位移

在【空间属性】窗口中,Tx、Ty、Tz 代表选中物件的位置,用于调整物件 X、Y、Z 轴的位置。在进行位置调整时,可手动输入所需位置坐标,也可通过鼠标滚轮滑动进行调节。

3.5.5.2 XYZ 旋转

在【空间属性】窗口中,Rx、Ry、Rz 代表选中物件的旋转,分为相对旋转和绝对旋转。相对旋转指相对于自身旋转,绝对旋转指围绕轴心线旋转。

3.5.5.3 XYZ 轴心

在【空间属性】窗口中,Cx、Cy、Cz 代表选中物件的轴心位置,如有特殊需求,可通过改变数值来调节物件轴心。

3.5.5.4　XYZ 缩放

在【空间属性】窗口中,Sx、Sy、Sz 代表选中物件的缩放,当选定 XYZ 时,任意改变其中一个数值,剩余两个数值会跟随变化;如需单独调节缩放值,需要在右侧部分的 XYZ 选项部分进行选择(无、XYZ、XY、XZ、YZ),选择后物体会跟随所选择的需求进行缩放。

3.5.5.5　纹理尺寸

【纹理尺寸】可以还原图像原始尺寸,只需选中想要显示原图大小的纹理素材,单击【纹理尺寸】即可显示原始图片的宽高数值。

3.5.5.6　定位中心

【定位中心】可自动定位物件中心点,用于物件在旋转、位移、缩放等变化旋转后中心点偏移无法定位时。

注意　当选中的是组物件时,物件组将作为一个整体进行位移、缩放和旋转。

3.6　属 性 显 示 窗

3.6.1　物件属性

【物件属性】窗口区域位于窗口右侧,提供各种插件,其中拥有立方体、球体、彩色矩形、走马、文字、时钟、网格文件等 34 种物件。物件支持添加纹理、特技等插件。创建 clp 素材后,你就可以开始设计图形了。【物件】包括组物件、灯光物件、三维物件、二维物件、文字物件、数据计算物件、音频物件、GIS 定位物件。每个物件都可以根据需要进行修改。

对当前素材所使用灯光和场景进行控制,对物件、纹理的大小,位置和其他的设置进行修改;选择不同物件及特技显示不同内容。【交互及输出属性】窗口区位于 iArtist 初始工作界面的最左侧一栏下方,包括触摸控制、播放控制、逻辑计算、数据获取、IO 处理。创作者在使用这些物件时,不能直接拖动至素材渲染窗使用,需要将其拖动至某一物件上或是添加到节点编辑区使用。

3.6.2　输出属性

交互工具除了具备物件属性以外还具备输出属性。所谓输出属性意味着这个类型的节点可以通过自身模块的计算产生相应的数据、事件、内容的输出。在后续章节中,通过节点连接的方式将各个节点的输入与输出属性连接,可以完成各种各样的逻辑效果,进而实现各种应用程序的制作。

3.6.3 物件属性的使用方式

物件属性的使用方式主要包括：数据输入类型、选择项、下拉条、文件设置、按钮、绘图、颜色设置、引出项设置。

注 引出项是针对播出软件而定义的一个参数数值传递的机制，在进行模板制作时，需要将可以修改的内容引出。在播出端可以通过引出项管理修改引出项的值。例如，在线包装的使用当中，主持人的名字可以根据今天当值主持人的不同进行修改。为了不必回到 iArtist 进行修改，就需要将这个内容引出，方便播出端进行实时的替换。此外，这个引出项实际是不修改整个模板的，只是进行内容的临时替换。

3.7 历 史 记 录

【历史记录】窗口默认位置位于界面右上角，【历史记录】窗口记录有当前素材已经操作过的步骤，同时，按 Ctrl + Z\Ctrl + Y 快捷键可撤销重做步骤。鼠标向上单击选择多步，可撤

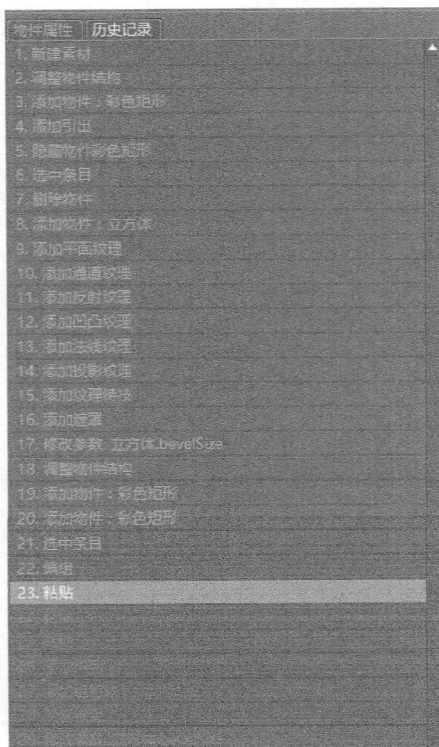

历史记录界面

销多步;在撤销步骤处鼠标向下单击选择多步,可重做多步。

历史记录最大步数可在 ini 中设置;【历史记录】窗口支持 Up/Down 快捷。

3.8　物　件　树

3.8.1　物件树渲染顺序

物件树渲染中:材质透明时,在物件树越上面渲染越在后端,越下面渲染越往前面;材质遮罩时,在物件树越上面渲染越往前端,越下面渲染越在后面。

3.8.2　物件排列、分组及分层要点

物件的排列、分组使模型或模板的结构更加明确、清晰,更方便制作动画。

物件的分层,同层内的物件存在物件 Z 轴顺序问题,渲染中会有遮挡并产生黑边;不同的层之间不存在物件 Z 轴顺序问题,渲染中只遵循以下规律:层在物件树越上面渲染越往前端,越下面渲染越在后面。

3.8.3　摄像机和灯光

摄像机用于模拟真实场景中的摄像机。

摄像机列表包括 Camera - 1、前摄像机、后摄像机、右摄像机、左摄像机、顶摄像机、底摄像机。摄像机管理中创作者可以根据需要增加或删除摄像机。

摄像机的属性包括名称、连接物体、目标物体、位置(X、Y、Z)、方向(摇、俯仰、扭转)、镜头(变焦)、景深生效、焦点位置、焦点范围。"名称"可以重新命名摄像机名称;"连接物体"可以将摄像机与物件树中任意一个物件进行连接,其中目标物件的缩放值为 0 后,连接后的摄像机参数可以通过所连接到的物件参数进行调整;"目标物体"可以将物件树中的任意一个物件作为目标物进行连接,其中物件的缩放值一定为 0,连接后的摄像机参数可以通过所连接到的物件参数进行调整;"位置"可以调整摄像机镜头 X、Y、Z 的位置;"方向"可以调整摄像机镜头(摇、俯仰、扭转)的方向;"变焦"可以调整摄像机镜头张开的角度大小,而非物理镜头的参数;"景深生效"可以选择景深是否生效,生效后的景深效果可以通过变焦与焦点范围进行调节;"焦点位置"可以调整摄像机镜头焦点的位置;"焦点范围"可以调整摄像机镜头位置前后的清晰范围。

摄像机参数在【物件树】窗口最顶端的素材层的【物件属性】中,包括位置、方向、镜头等参数。

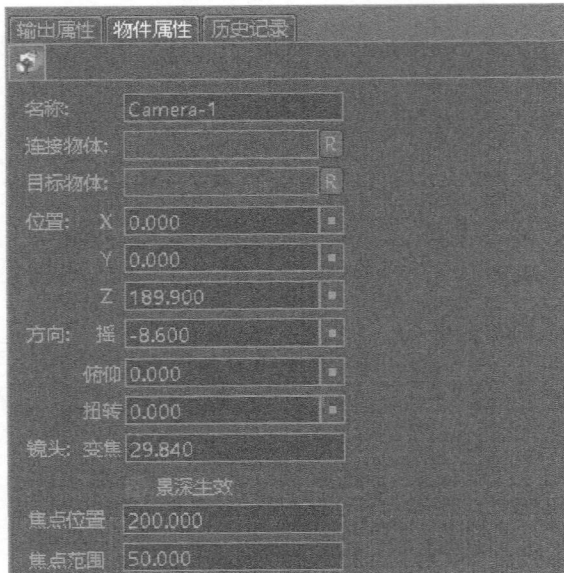

摄像机参数

摄像机列表：通过摄像机下拉列表，选择使用摄像机。系统默认已有如下图所示的 7 个摄像机，用户可根据需要在【摄像机管理】中增加/删除（默认摄像机不允许删除）。

摄像机列表

摄像机管理：【摄像机管理】窗口显示当前所有摄像机的名称、是正交还是透视以及哪个是输出摄像机，同时支持编辑。在【摄像机管理】窗口，可以进行增加、删除摄像机操作（默认摄像机不允许删除）。

正交摄像机：以无透视的方式均匀地渲染对象，画面平面化；

透视摄像机：显示物件因角度所产生的效果差异，镜头开角会影响透视画面的形变程度，越靠近边角就越明显。非均匀地渲染对象，产生近大远小的效果；

输出：无论编辑时使用哪一个摄像机，输出时都是以选择输出的摄像机效果输出的；

【摄像机管理】窗口支持按 Enter 选择输出摄像机的快捷操作。

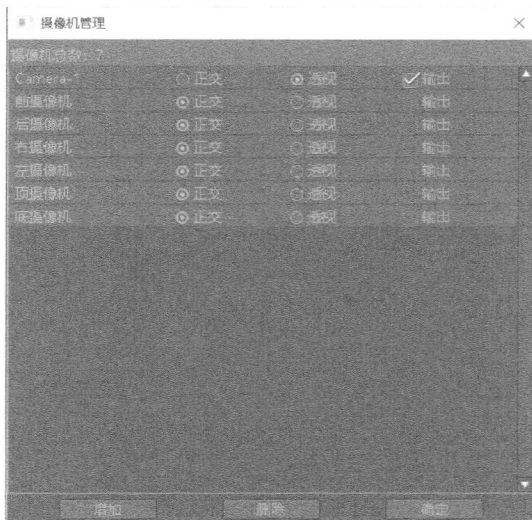

摄像机管理

3.9　动画调节窗

　　动画制作功能会应用到【播出时间线】、【时间线】区域。【播出时间线】可录制、播放、暂停、继续、停止、倒播、添加、删除、拷贝、重命名、翻转、保存动画预览图、保存素材预览图。【时间线】包括动画列表、编辑时间线、Bezier 曲线调整 3 部分。

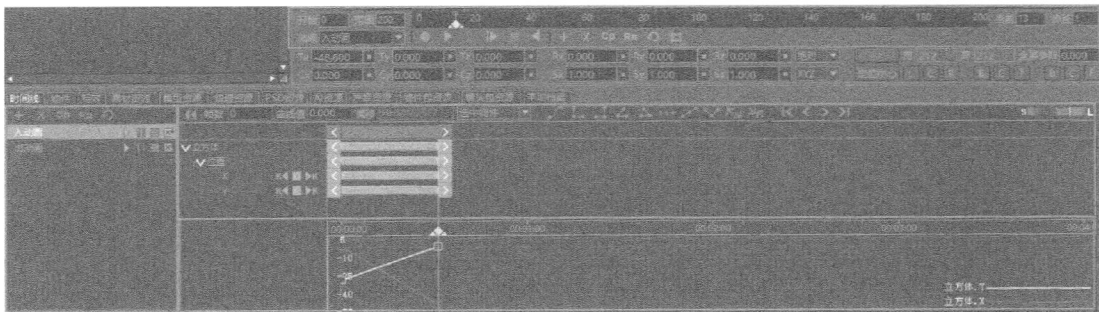

动画调节窗口界面

3.9.1　动画类型

　　iArtist 可以制作位移、旋转、缩放、透明、声音、摄像机、纹理、物件属性、特技动画、路径类型、惯性循环等参数可调的动画。

3.9.2 时间线、动画轨及关键帧

3.9.2.1 时间线

时间线包括动画列表、编辑时间线、Bezier 曲线调整。

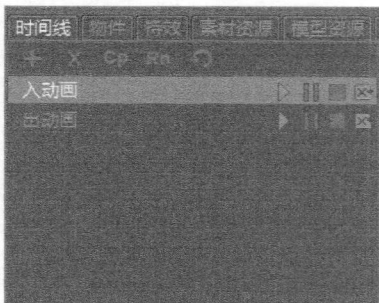

时间线界面

动画列表位于时间线左侧,其中列出了当前素材中所有的动画段,可以设置是否播放、暂停、停止、循环动画等。时间线可以添加、删除、拷贝、重命名、翻转动画。

帧数曲线值界面

帧数、曲线值可以调整选中动画的关键帧的帧数、曲线值。

偏移界面

偏移可以调整全部、选中物件、物件及子物件的动画关键帧的偏移值,其单位为帧,编辑框内显示 HHMMSSFF 表示为时、分、秒、帧。

移动画布按钮界面

移动画布按钮可以控制画布移到最左、左移、右移、移到最右,在时间线窗口中按鼠标中间上下或左右移动鼠标来滚动时间线画布。

Ctrl + [:定位到当前帧的左边一帧;

Ctrl +]:定位到当前帧的右边一帧。

3.9.2.2 动画轨

鼠标移动至【时间线】总控制线、物件以及物件属性的控制线时会出现"双竖线"图标,鼠

标拖动移动可对物件的关键帧进行平均缩放。

以下截图红框从上到下依次为总控制线、物件、物件属性、单轨动画轨。

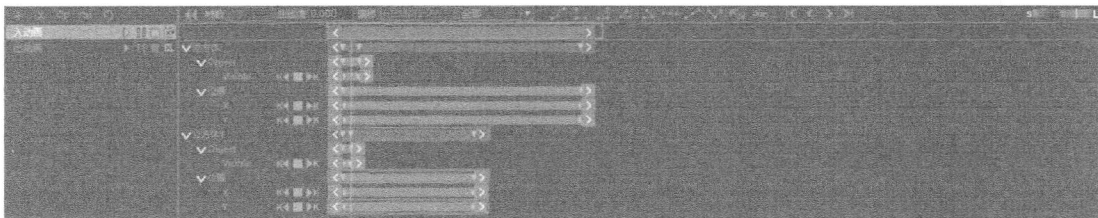

动画轨界面

该功能可以控制显示当前物件的"全部、选中物件、物件及子物件"的动画帧。

全部：选择"全部"，则显示当前动画段中所有物件的动画帧。

选中物件：选择"选中物件"，显示选中物件的动画轨道，方便调整。

物件及子物件：选择"物件及子物件"，则显示动画段中选中物件及子物件的动画帧。

注意　如果选中多个组物件，【编辑时间线】使用"物件及子物件"时，不支持显示多物件及子物件关键帧。

3.9.2.3　关键帧

关键帧界面

方法 1：单击此 方块按钮变为白色，添加关键帧；如果在已有关键帧上，按此键为删除关键帧。

方法 2：【时间线】窗口动画轨上右击弹出并选择"添加关键帧"菜单。

3.9.3　关键帧调整

通过【关键帧调整】窗口调整关键帧的时间、值、类型、插值类型、循环参数；其中类型包括正常、动态；插值类型包括贝塞尔、跳跃；循环参数可设置非循环、无限循环、反向循环、惯性循环四种，设置所需要循环帧数、循环次数。

打开方法：关键帧右键"关键帧调整"，可打开【关键帧调整】窗口。

帧数：显示帧数值，同时支持编辑当前帧数值。

曲线值：显示参数值，同时支持编辑当前参数值。

类型：（正常、动态），可设置关键帧为动态的。

比如，设置动画轨的首帧或末帧设置为动态，这样首帧或末

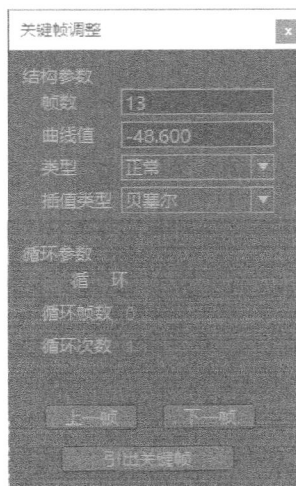

关键帧调整界面

帧可自定义,动画可采用自定义的首帧或末帧播出动画。

插值类型:插值类型包括贝赛尔、跳跃,可设置关键帧为跳跃性的。

循环参数:循环方式、循环帧数、循环次数,范围 0—20 000;

无限循环:勾选无限循环选项,可设置无限循环。

反向循环:勾选反向循环选项,可设置反向循环。

3.9.4　关键帧曲线图

在【时间线】,通过 Bezier 面板可以查看动画曲线,调整出更准确的加减速效果。

设置帧数、曲线值:鼠标单击关键帧控制点,编辑窗口顶端的"帧数、曲线值"。

两控制点回到中心点:双击关键帧方块,可使两控制点回到中心点。

三点共线:三点共线时,调整两手柄会互相影响;三点不共线时,调整两手柄互不影响。首次进入时所有的关键点与其控制点之间处于共线状态。

实现打断的两种方法:

方法 1:Bezier 曲线调整窗口,鼠标选中关键帧方块,按 Ctrl + 右击关键帧,实线为"三点共线",虚线为"三点不共线"。

方法 2:Bezier 曲线调整窗口,鼠标选中关键帧方块,单击打断按钮"　　"可实现三点不共线。

平移:鼠标中键,可以实时平移。

回到原点:按键盘上字母"O"可以快速使 Y 轴左边回到原点。

相关按钮:

　　水平平滑

　　90 度平滑

　　-90 度平滑

　　45 度平滑

　　-45 度平滑

　　水平(快捷键:H)

　　平滑(快捷键:S)

　　打断

　　一键放大 Bezier 曲线调整范围,快捷键 F;

　　原始大小 Bezier 曲线调整范围,Ctr + F,原始大小。

选择关键点或者控制点:

方法 1：鼠标直接单击。

方法 2：通过键盘上的"Ctrl"键 + "←""→"键快速切换选中点。

调整曲线：

当关键帧或者控制点处于选中状态时才能进行调整，拖动移动关键帧或控制点位置。

方法 1：通过鼠标拖动移动。

方法 2：通过键盘上的"←""→""↑""↓"移动，每次移动一个像素。

时间线中 Bezier 曲线两端关键点移动时，添加了向左移动左边手柄、向右移动右边手柄功能。

3.10　资 源 管 理 窗

资源管理窗包括素材资源、纹理资源、模型资源、AI 资源、声音资源、PSD 资源、镜头包资源几部分。iArtist 创作素材时使用【资源中心】的纹理、PSD 等文件，保存到资源中心，其他机器可通过资源平台直接调用创作的素材、模板。

资源管理窗界面

3.10.1　素材资源

素材资源界面

1）功能描述

【素材资源】窗口是存储"保存到资源中心"的素材。

2）使用方法

可拖动到【素材列表】打开编辑使用。

3.10.2 模型资源

1）功能描述

【模型资源】窗口目前支持导入 *.idpmesh、*.obj、*.x、*.wrl、*.fbx 格式的 3Dmesh 文件，素材可直接拖动调用制作素材。

2）使用方法

从【模型资源】中拖动单个、多个 Mesh 文件到【物件树】（或【编辑视窗】），会增加单个、多个相应的物件到素材。

从【模型资源】中拖动 Mesh 给相应的物件就会更改它的参数，和拖动到文件选择框中一致。

3.10.3 纹理资源

纹理资源界面

1）功能描述

纹理资源窗口导入图像、视频文件到资源库；目前可导入图片（*.jpg、*.jpge、*.gif、*.tga、*.png、*.tif、*.bmp、*.dds、*.idpbmp、*.idpjpg、*.idpjpge、*.idpgif、*.idptif、*.idptga）、序列（*.tga、*.bmp、*.jpg、*.png、*.idg、*.idg7z）、视频（*.avi、*.mpg、*.mov、*.flc、*.fli、*.asf、*.wmv、*.3gp、*.mp4、*.flv）。

2）使用方法

方法 1：拖动【纹理资源】一个图像或视频文件到【物件树】的物件上，图像或视频自动以平面纹理的方式贴给物件。

方法 2：拖动【纹理资源】一个（或多个）纹理到【物件树】或【编辑视窗】，就会增加多个矩形物件自带拖动的纹理；图像按原始比例添加。

3）发送到图像处理

右键纹理资源选择"发送到图像处理"菜单打开【图像处理】窗口并打开此纹理素材进行编辑，编辑后可保存、另存、存入素材库。

3.10.4　PSD 资源

PSD 资源界面

1）功能描述

导入 *.psd 文件到【PSD 资源】,PSD 物件调用制作素材。

2）使用方法

从【PSD 资源】中拖动单个、多个 PSD 到【物件树】(或【编辑视窗】),会增加单个、多个相应的物件。

从【PSD 资源】中拖动 PSD 给相应的物件就会更改它的参数,和拖动到文件选择框中一致。

3.10.5　AI 资源

1）功能描述

导入 *.svg、*.ai 格式的文件到【AI 资源】,AI 轮廓拉伸调用制作素材。

2）使用方法

从【AI 资源】中拖动单个、多个 AI 到【物件树】(或【编辑视窗】),会增加单个、多个相应的物件。

从【AI 资源】中拖动 AI 给相应的物件就会更改它的参数,和拖动到文件选择框中一致。

3.10.6　声音资源

声音资源界面

1）功能描述

声音资源,导入 *.wav、*.mp3、*.wma 格式的文件到【声音资源】,音频文件调用制作素材。

2）使用方法

从【声音资源】中拖动多个音频文件到【物件树】(或【编辑视窗】),都会增加多个相应的物件。

从【声音资源】中拖动音频文件给相应的音频文件,物件特有属性就会更改参数,和拖动到文件选择框中一致。

3.10.7　物件包资源

1）功能描述

物件包资源，导入＊.modelEx格式的文件到【物件包资源】，模型调用制作素材。

2）使用方法

从【物件包资源】中拖动模型到【物件树】（或【编辑视窗】），编辑视窗内会增加多个相应的模型。

3.10.8　本地档案

用于储存制作完成的工程文件以及制作过程中使用到的三维与二维元素、模型、PSD、AI等素材。本地档案中包括本地素材、本地纹理、本地路径、材质预制、纹理预制、物件预制、本地模型、本地AI、本地声音、本地PSD、属性预制、动画预制、本地物件包，方便创作时调用本地的素材、纹理、动画等。

3.11　素材列表及快捷链接

3.11.1　素材列表

【素材列表】显示当前所有已打开素材。【素材列表】右键菜单包括新建素材、打开素材、保存素材、最近打开素材、合并素材、编辑点评模板等功能项。

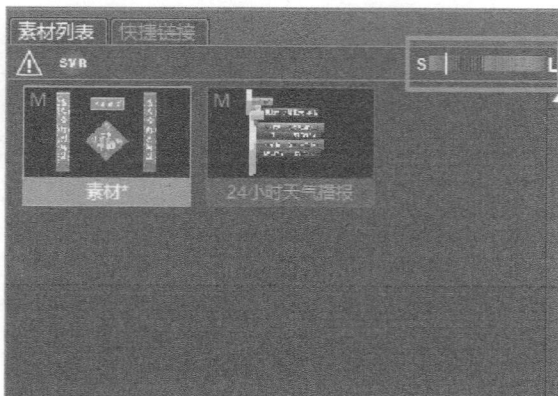

素材列表界面

3.11.1.1　素材预览图大小

素材列表放大缩小滑块:管理素材预览图的大小,调整素材预览图显示大小。

3.11.1.2　右键菜单

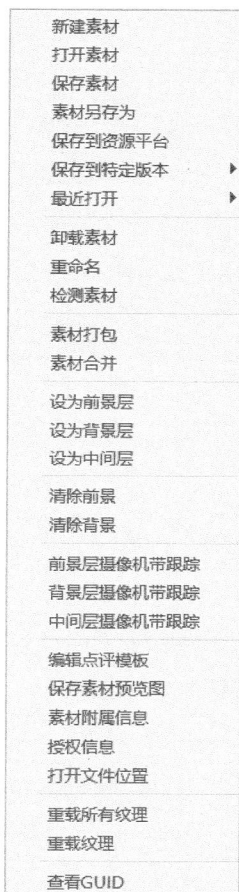

素材列表右键菜单

右键菜单功能描述

序号	功　　能	功　能　描　述
(1)	新建素材	新建素材(Ctrl + N)
(2)	打开素材	打开素材(Ctrl + O),在当前默认路径下的 Projects 文件夹,选择相应的素材; 素材加载时有进度条,按百分比显示; 打开高版本 clp 有信息提示
(3)	保存素材	保存当前素材(Ctrl + S)
(4)	素材另存为	将当前素材另存为新文件

（续表）

序号	功　能	功　能　描　述
(5)	保存到资源平台	将当前素材保存到资源平台
(6)	保存到特定版本	将当前素材保存到特定版本
(7)	最近打开	显示最近打开的 6 个素材
(8)	卸载素材	选中素材按 Delete 或选择右键菜单"删除素材"删除
(9)	重命名	右键选择"重命名"（双击素材名称）
(10)	检测素材	检测素材中物件的路径，是否来自资源中心以及文件是否存在
(11)	素材打包	右键素材选择"素材打包"菜单进行素材打包
(12)	素材解包	解压素材包并打开素材；方法：右键素材选择"素材解包"菜单选择素材包（＊.package7z、＊.Package）进行解包，可选择打开素材
(13)	素材合并	对当前素材和从 D:\IDPRE\bin\Projects 下选择的相应素材进行合并
(14)	设为前景层	设当前素材为前景层
(15)	设为背景层	设当前素材为背景层
(16)	设为中间层	设当前素材为中间层
(17)	清除前景	清除当前素材为前景层
(18)	清除背景	清除当前素材为背景层
(19)	前景层摄像机带跟踪	设置前景层带摄像机跟踪
(20)	背景层摄像机带跟踪	设置背景层带摄像机跟踪
(21)	中间层摄像机带跟踪	设置中景层带摄像机跟踪
(22)	编辑点评模板	右键当前素材选择"编辑点评模板"菜单，可编辑触控接口（iTouch）
(23)	保存素材预览图	保存当前编辑视窗状态为素材预览图，作为素材资源显示素材预览图
(24)	素材附属信息	可对当前素材设置类型、描述、输出制式、宽高比
(25)	授权信息	可对当前素材及文件设置授权信息
(26)	打开文件位置	右键素材选择"打开文件位置"打开当前素材位置文件夹
(27)	重载所有纹理	重载所有已打开 clp 素材的所有纹理资源
(28)	重载纹理	重载当前素材的纹理资源
(29)	查看 GUID	查看素材 GUID

3.11.1.3　最近使用素材

显示最近使用的 6 个素材，可直接单击打开素材进行编辑。

3.11.1.4　交换素材位置

移动素材：鼠标单击拖动左右、上下移动素材，可拖动移动当前素材的位置。

3.11.1.5　素材与 iArtist 程序关联

将本地任意盘符路径下的 clp 素材文件浏览程序选择与 iArtist 程序建立关联完成后，直接双击 clp 就可启动 iArtist 程序并打开素材。

设置方法：

步骤 1：右击本地任意盘符路径下的 clp 素材，选择"打开方式"，选择默认程序，单击"浏览"按钮，选择 iArtist. exe 程序建立关联，确定即可完成。

步骤 2：接下来，直接双击任何本地路径下的 clp 素材文件，就可以启动 iArtist 程序并打开素材。已打开的素材再次打开会提示重新加载。

3.11.1.6　拖动本地存储素材到 iArtist 界面打开素材

拖动系统路径下的单个、多个素材 clp 到 iArtist 主对话框方式打开素材。

3.11.1.7　复制粘贴素材

选中素材，按 Ctrl + C、Ctrl + V 复制、粘贴当前素材。

3.11.2　快捷链接

1）快捷链接

【快捷链接】位于界面右下角，显示快捷链接窗口信息窗口。

【快捷链接】窗口存储当前素材的物件，物件所添加的纹理、材质、路径等属性的快捷链接内容，单击此窗口物件、纹理、材质等属性按钮，【物件树】、【编辑视窗】、【物件属性】可以很快速地链接到对应纹理的物件以及属性等。

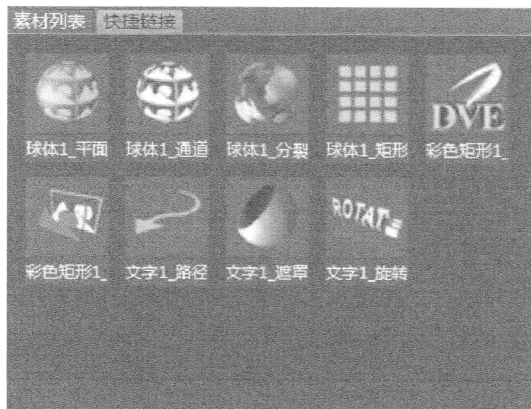

快捷链接界面

2）保存快捷链接方法

方法 1：右击【物件树】的物件以及物件的材质、纹理、路径、排列等属性，选择"保存快捷"项内容存储到【快捷链接】窗口。

方法 2:拖动【物件树】物件以及物件的材质、纹理等属性到【快捷链接】窗口即可添加。

3）保存、使用快捷链接步骤

步骤 1:添加任意物件到【编辑视窗】、【物件树】,给当前物件添加纹理、特技、遮罩等属性。

步骤 2:右击【物件树】物件的"材质、纹理、像素特技、几何特技、路径、排列、字效、纹理特技"的相关属性图标,选择"保存快捷链接"菜单项,命名即可存储到【快键链接】窗口。

步骤 3:鼠标单击【快捷链接】窗口快捷按钮,可快速链接到【物件树】、【编辑视窗】、【物件属性】。

4）删除快捷

【快捷链接】窗口按 Delete 删除对应快捷链接。

3.12　CG SaaS 数字图形资产云平台

CG SaaS 数字图形资产云平台是依托于艾迪普的 IDPRE 渲染引擎开发的一套网络云资源管理共享平台,可以在 iArtist 软件内通过手机号码注册登录,该网站集普通模型、合成动态模型、合成动态特效、应用模板套包于一体,拥有 330 多个大小不同的分类,存储模型和模板上万个。该资源库不仅可以应用于艾迪普的在线包装系统,同时可以应用于艾迪普的 VR 和 AR 系统、大屏包装系统、点评互动系统、信息发布系统等平台,为快节奏的电视台节目包装、展示展览发布、教学等各种不同的制作带来方便,使包装设计师从烦琐的包装中脱离出来,大大提高制作效率,快速拥有丰富的包装效果,同时让更多的视觉创客分享他们的作品。

3.12.1　注册及登录

打开浏览器输入网址 http://cgsaas.ideapool.tv,进入 CG SaaS 数字图形资产云平台首页,单击右上角"注册",选择创客用户注册、企业用户注册、入驻合作企业用户注册,按步骤进行账号注册。登录时可以选择手机号或邮箱登录,也可以选择第三方账户 QQ、微信、微博登录。

3.12.2　分类及搜索

CG SaaS 数字图形资产云平台首页栏目包括全部分类、优秀案例展示、VIP 专区、论坛、软件下载、视频教程、新手帮助、检索框。

全部分类栏目下包括以下 26 个大类别与多个小类别(类别部分可根据实际需求进行适当添加):

整套包装:新闻套装、体育套装、综艺套装、娱乐套装。

图文包装：背景、标题条、导视、倒计时、翻屏、角标、开窗、连线、片尾、人名条、转场、时钟、图片版、图文版、走马。

虚拟场景：新闻场景、会议场景、教育场景、军事场景、科幻场景、娱乐场景、运动场景、事件场景、环境场景、场景道具、其他场景。

数据图形：饼状统计图、柱状统计图、条形统计图、簇状统计图、折线统计图、散点统计图、雷达统计图、股票 K 线图、象形统计图、茎叶统计图、综合统计图。

特技效果：气象特效、文字特效、地震特效、水体特效、星空特效、爆炸特效、燃烧特效、科技特效、飞光特效、信号特效、其他特效。

天气：天气预报、气象特效、三维天气符号、二维天气符号、气象灾害预警信号。

地图：世界地图、中国地图、地形地貌图。

财经：财经物件、财经标志、金融机构标志。

新闻：社会新闻、政务新闻、民生新闻、两会专题、图形新闻、财经新闻、军事新闻、科技新闻、地理新闻、交通新闻、医疗新闻、教育新闻、体育新闻、娱乐新闻、旅游资讯、其他新闻。

军事：军人、导弹、战机、战船、太空武器、手持武器、地面装备、水下装备、其他装备、军事动画。

医疗：医疗设备、人体器官、健康资讯、中医。

科技：航天设备、科研设备、通信设备、数码产品、地球样式、九大行星、主要卫星。

建筑：国外地标、国内地标、常规建筑、建筑设备、公用建筑、公共设施、码头、道路、机场、宗教。

交通：交通事故、中国高铁、中国地铁、民用火车、民用船只、民用航机、航天运输、非机动车、交通标志、大型车、小型车、票证、配件、交通动画。

体育：球类运动、田径运动、体操运动、搏击运动、冰类运动、水上运动、射击运动、健身器材、体育项目标志、其他运动。

图标：各国国旗、化学符号、物理符号、数字符号、生肖符号、星座标志、党派图标、快递标志、互联网图标、手机品牌图标、媒体图标、其他图标、动态图标。

工业：钢铁工业、机械工业、高新工业、化学工业。

电力：水电、火电、风电、核电、电力设备、电力配件。

文化：教育、节日、奖杯、娱乐、中国特色、历史事件、历史物件、印刷出版物。

日用：办公、家居、电器、家具、五金、食品、饮品、乐器。

自然：动物、植物、山峰、水体、农业、环境、自然现象。

人物：男人、女人、老人、小孩、异形、机器人、经济人物、历史人物、行业人物、政治人物、动态人物、其他人物。

三维可视化交互模板：企业展示动态模板（三）、企业展示动态模板（二）、企业展示动态模板（一）。

项目案例：麦当劳、决战危局、2016 中国经济秋季报、G20 峰会、2016 BIRTV、2017 党代会——浙江、金砖五国、萨德、雄安新区、一带一路、大学毕业演示、歼 20 演示、2017 BIRTV、十九大、效果演示。

其他。

3.12.3 模板上载

1）上传说明

（1）创客用户只可以上传平台类的作品。

（2）必须在 iArtist 软件中登录网站账号，在上传作品模块完成作品的上传。

（3）禁止上传：非本人原创的作品；质量较差、设计拙劣、实用价值低的作品；侵犯他人权益、违反法律法规的作品；过度模仿、滥用网络素材，以非原创素材为主体的作品；已经用于共享、广泛传播的作品；过度翻版、临摹他人原创或设计的作品。

（4）为保障作品能够快速有效地通过网站审核，减少不必要的困扰，请在上传作品前仔细阅读以下内容并严格执行，否则随意上传作品不会获得相应的奖励，且违规作品还将被删除，严重者将有可能被限制上传或处以锁定账号等处罚。

（a）所上传作品的源文件与预览图内容不一致，将审核不通过。

（b）所上传作品的源文件不得影响作品下载者使用（如出错、损坏等），不可添加任何广告信息。

（c）所上传作品须清晰、美观并具有一定的使用价值，否则审核不通过。

（d）所上传作品不得与数字图形资产云平台现有作品重复，否则将审核不通过。

（e）标题应简洁明了，建议在 6—10 个汉字之间。应以一个词语概括作品中心内容，不要出现多个词语以及空格、数字、符号等，亦不可与关键词重复。

（f）不得是"设计""好作品""写真"、纯数字、纯英文、"书画""素材"等过于笼统或不以作品内容为中心的词语，应注意写明具体的内容。

（g）关键词应与作品内容准确相关，请勿填写不相关的关键词，否则会影响搜索体验，作品下载者不能准确找到需要的作品。此类作品，管理员有权审核不通过，可要求整改或直接为其修改后通过审核。

（h）关键词应为通俗的词语，不得为单字、句子，也不得为无意义的形容词。

（i）作品分类须清楚、明确，作品根据其所属类型分类，须对号入座，切忌乱分。

（j）所上传作品须确保其内容的真实性、准确性，不得发布虚假或带有误导性的作品。

（k）所上传作品不得含有已注册商标或公司名称，以免侵犯他人商标权、名称权。

（l）所上传作品内容须符合中华人民共和国法律法规，不得违法或含有不良信息。

（m）所上传作品不得含有清晰的人物肖像，但已获合法授权并提交相应授权文件的除外。

（n）所上传作品如涉及广告，不得使用"国家级""最高级""最佳""顶级""极品""第一品牌""最优秀""最好"等绝对化用语。

2）关键词

"关键词"主要用于数字图形资产云平台网站内的搜索。即当用户在数字图形资产云平台搜索作品时,数字图形资产云平台搜索功能将根据用户输入的字词计算出每个作品的权重排序,权重越高的排名越靠前。每个作品的标题与关键词是很重要的,这将直接影响到该作品被搜索到的概率,进而影响到作品的下载量。填写关键词注意事项如下：

（1）作品标题关键词的填写要注意长短适中,通常以 6～10 个字符为宜。不必在标题中大量堆砌关键词,否则会使搜索引擎无法在标题中找出正确的核心关键词。

（2）应按照每个作品的主题及内容来填写关键词,且要填写常用词,以便于他人找到该作品。词语不可过于宽泛、不准确或是作品中没有的标题或关键词。

（3）关键词的填写不要浪费在没有意义的句子上,否则将会导致该作品搜索不到。尽量采用词语、词组的形式,不要太长。

（4）关键词填写过少,标题和关键词都没有用户所填写的搜索词,会导致用户无法搜索到该作品。关键词填写过多,甚至将不相关的也写进去,不但会导致作品的排名靠后,还会影响数字图形资产云平台显示作品的准确性。

（5）关键词可根据作品所要表达的中心思想、作品基本信息以及与作品相关的周围词语来写。挑重点信息填写。

3）上传流程

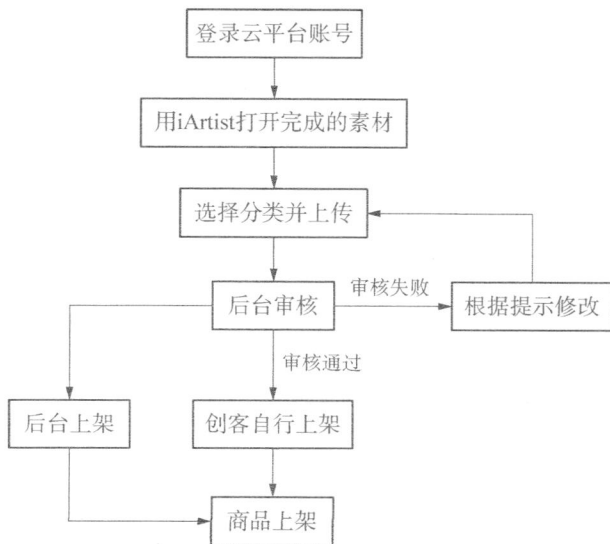

CG SaaS 云平台作品上传流程

用户可以在 iArtist 软件中登录网站账号,在上传作品模块完成作品的上传。作品的上传流程如下：

4）上传 package7z 文件

（1）选择需要上传的素材，右击。

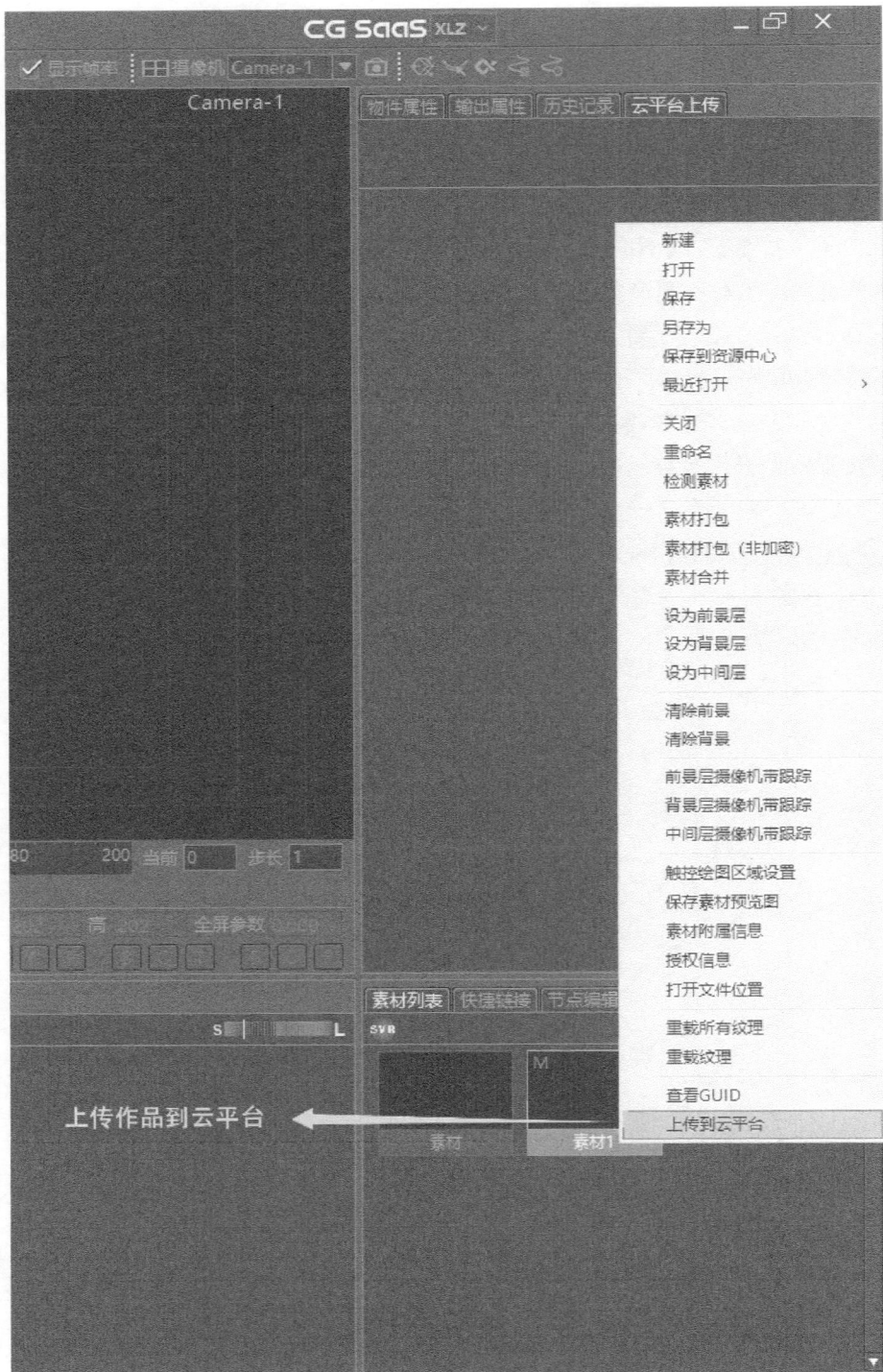

（2）单击上传后，弹出窗口，填写上传内容。

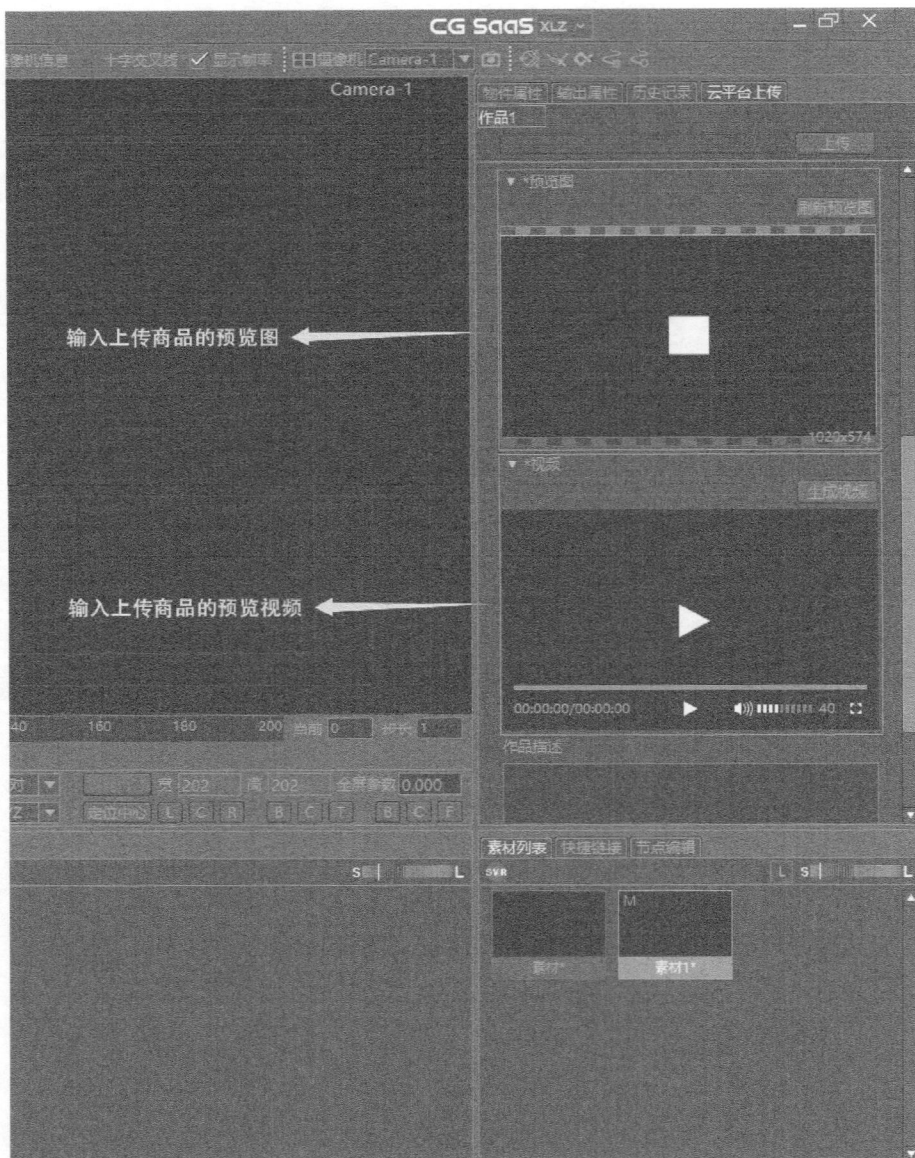

（3）填写完成后单击上传按钮，完成上传。

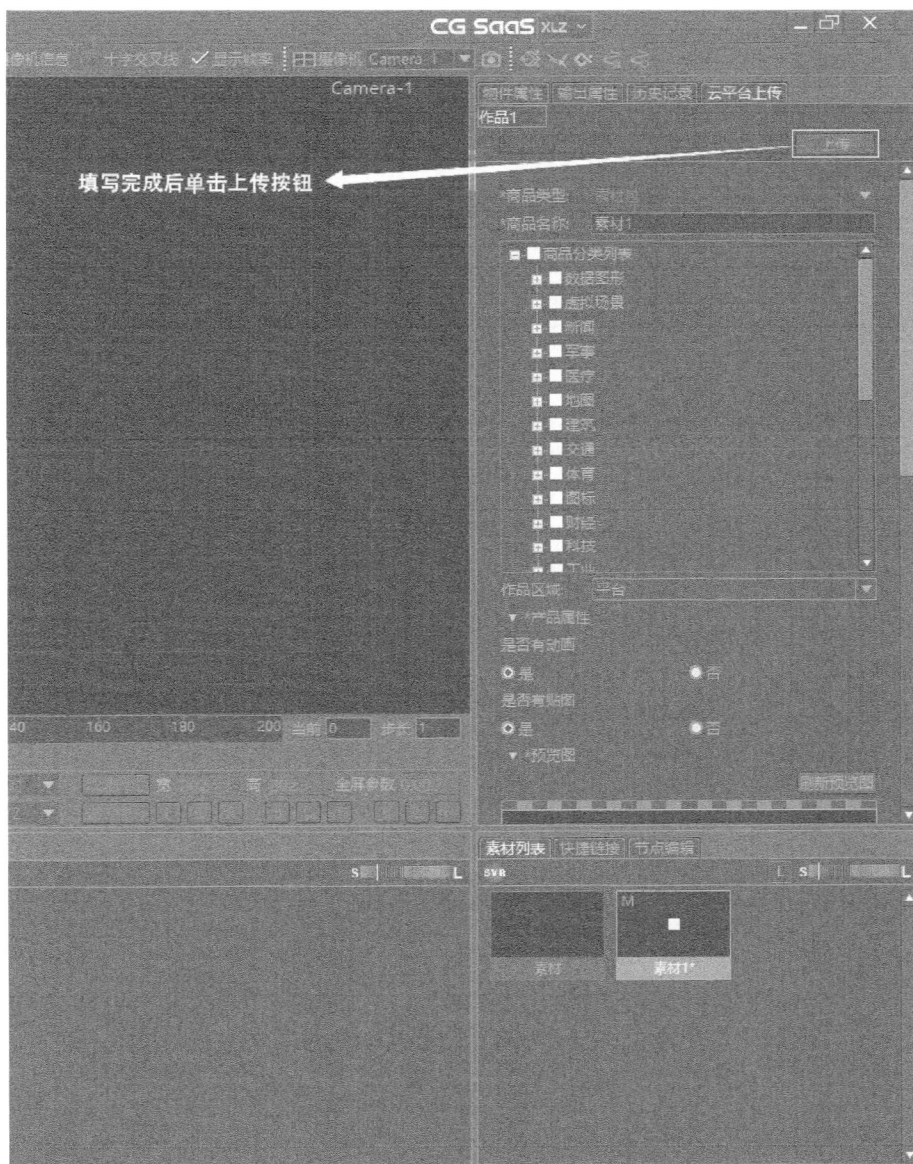

5）上传 modelEx 文件

（1）需要把模型包添加到本地文件包再上传。

（2）单击上传后，弹出窗口，填写上传内容。

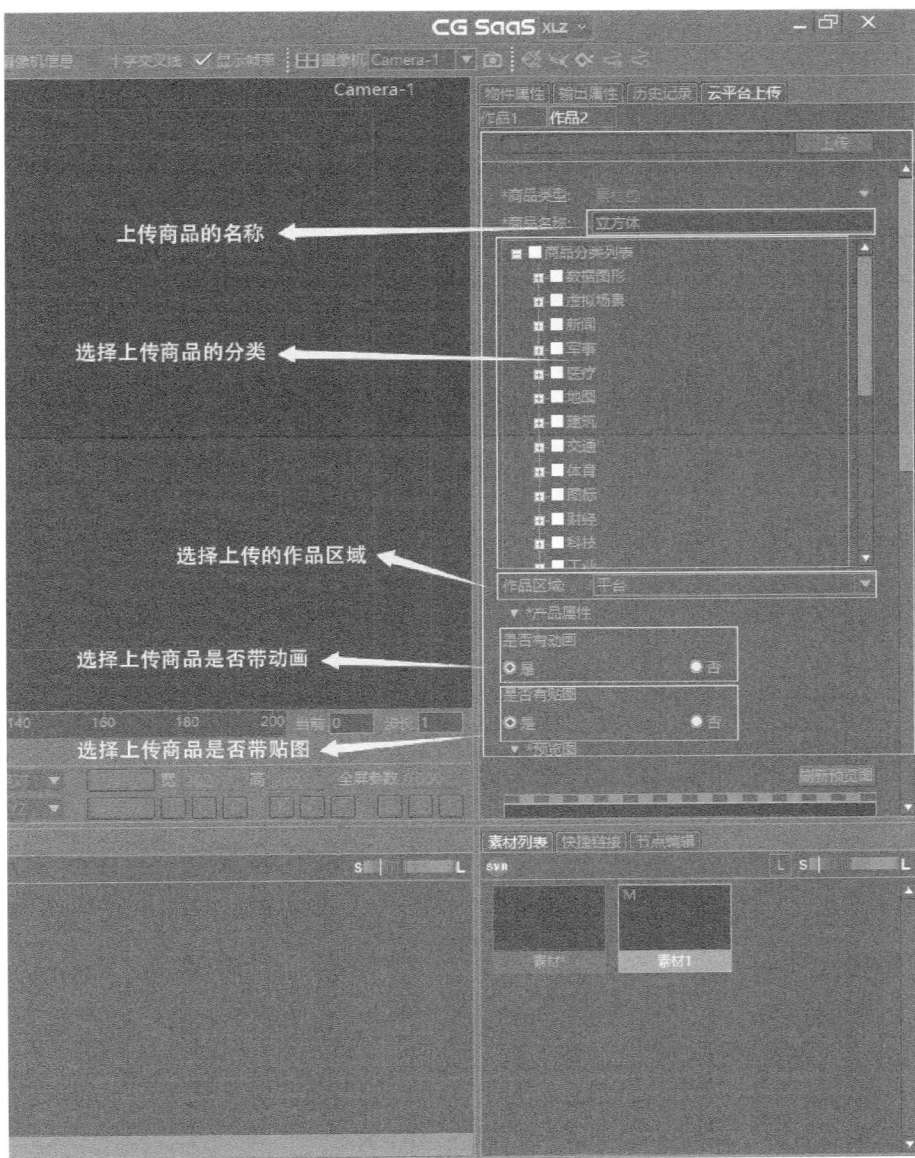

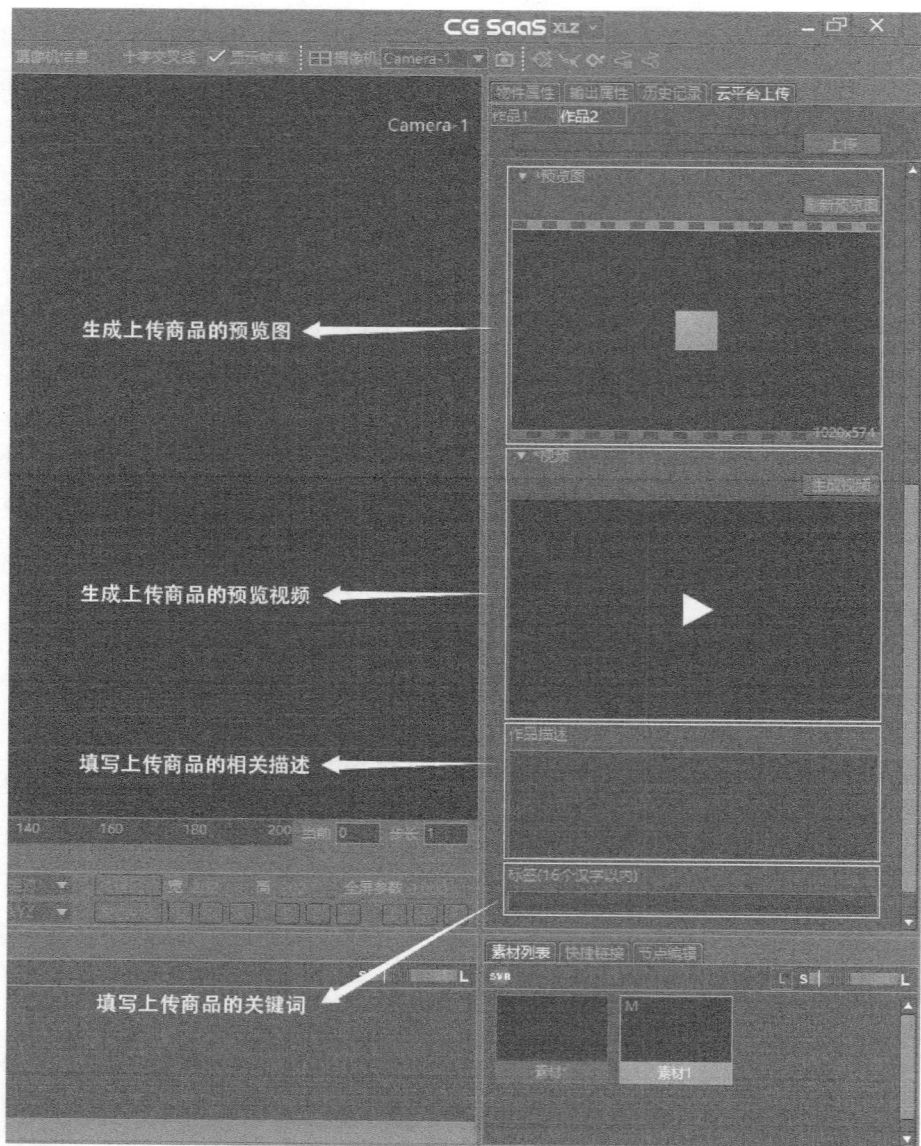

生成上传商品的预览图

生成上传商品的预览视频

填写上传商品的相关描述

填写上传商品的关键词

（3）填写完成后单击上传按钮，完成上传。

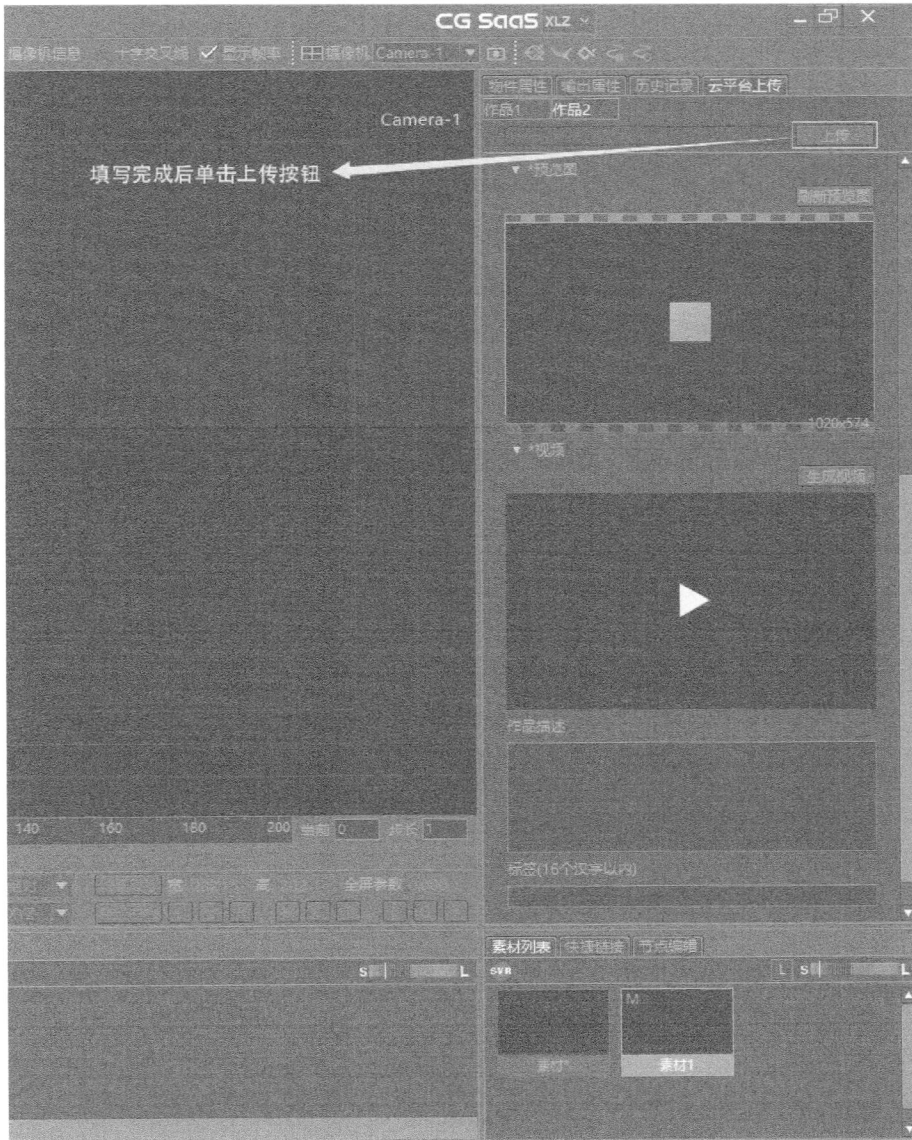

（4）可以同时上传多个作品（最多可同时上传 5 个作品）。

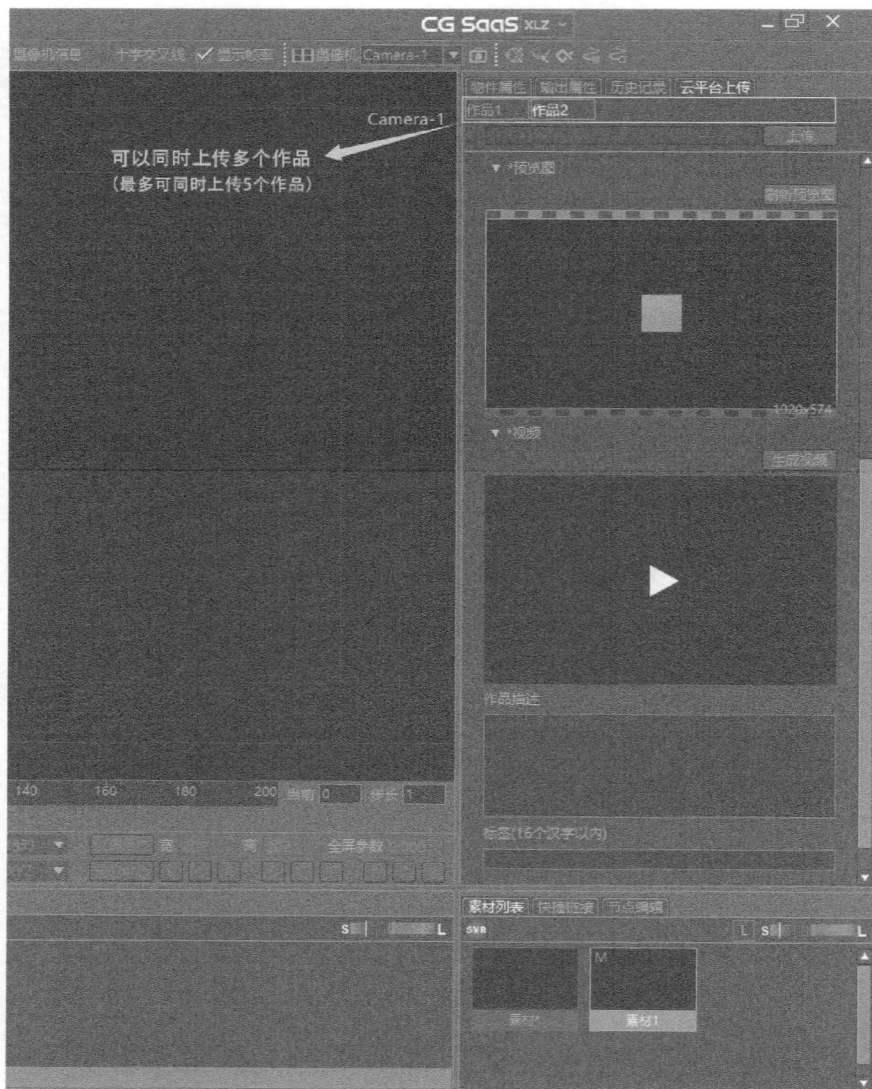

3.12.4　模板下载

1）下载说明

（1）平台提供两种下载方式：网站下载作品、iArtist 内下载作品。

（2）创客用户通过兑换获得平台使用时长或 VIP 专区的使用时长后，在有效期内可以下载使用该区域作品，超过有效期作品会带有水印。

注　创客用户将作品拷贝给其他类型用户作品将带有水印，因此所带来的损失由用户本人负责。

2）网站下载作品

（1）进入云平台首页后，找到自己所需要的素材，将鼠标放置在对应素材上或单击进入作品详情页面。

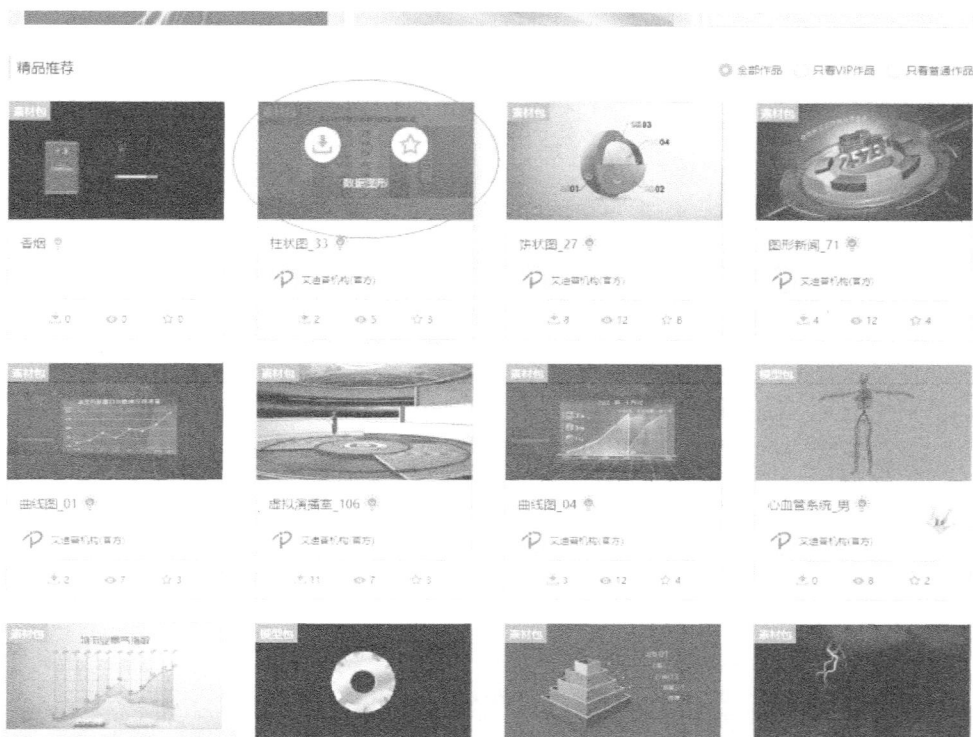

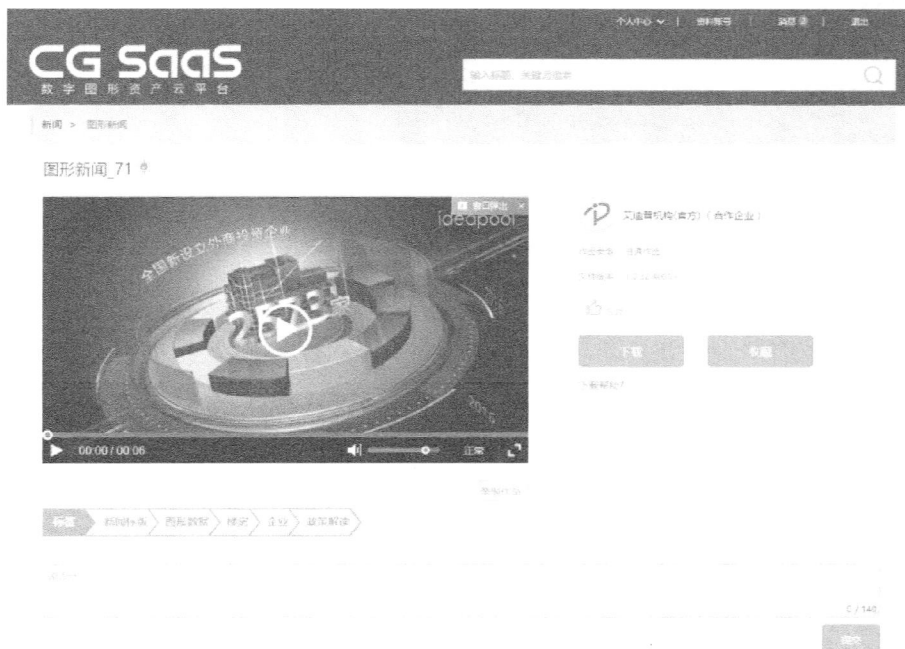

（2）单击下载图标或下载按钮，选择下载路径完成下载。

3）iArtist 内下载作品

（1）iArtist 内打开下载界面后使用左侧导航栏或者搜索框来找到自己需要下载的素材。

使用导航栏或者搜索来找到
自己所需要的东西

（2）在对应素材包或模型包右下方单击下载图标（如图 1）即可完成下载，下载进度以及下载位置可在下载管理器（如图 2）中查看。

单击下载

（图 1）

图 2

3.13 案　　例

3.13.1 留声机

留声机成品图

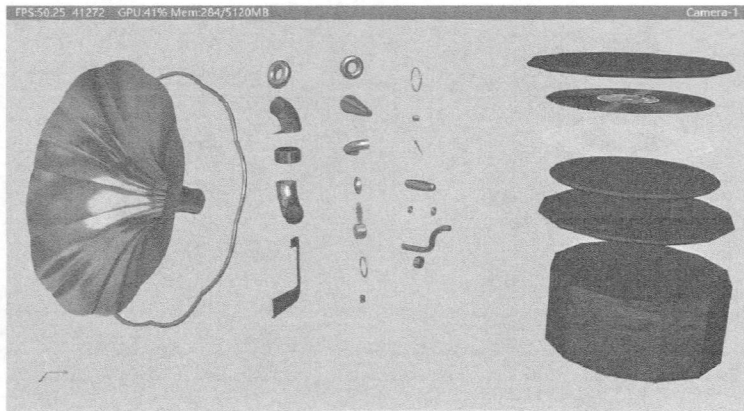

留声机物件拆分图

1）物件 1

添加圆柱体

步骤 1：添加三维物件【圆柱体】到【物件树】，在"结构参数"中设置高度为 10.000，"倒角控制"中倒角类型选择线性，切角大小调整为 1.100，适当调整一下圆柱体的大小。

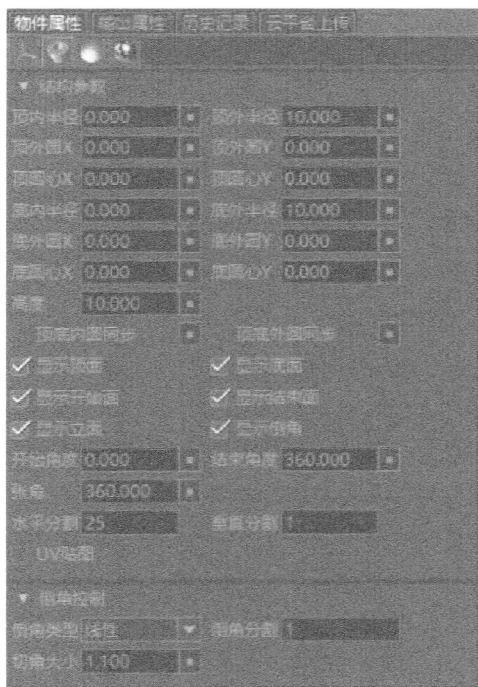

调整结构参数

调整大小

步骤 2：对材质中的参数进行调整，发光强度调整为 7.184，漫反射中的 R、G 调整为 0，B 调整为 11；环境光中的 R、G 调整为 0，B 调整为 3；高光中的 R 调整为 161，G 调整为 160，B 调整为 155。

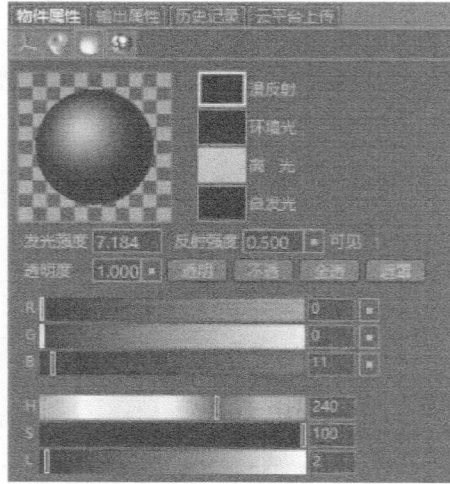

调整材质参数

步骤3：添加纹理物件【反射纹理】到步骤2制作好的【圆柱体】上，在物件属性的"文件"框内添加反射纹理的图片，纹理类型选择"图片"。

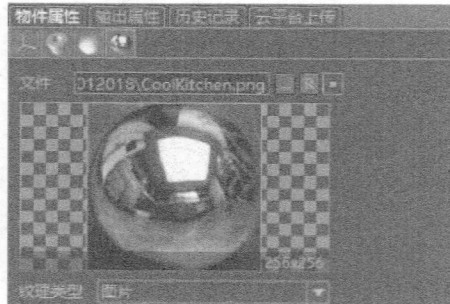

添加纹理

2）物件2

添加拉伸体

步骤 1：添加三维物件【拉伸体】到【物件树】，在"结构参数"中高度调整为 2.000，曲线点数调整为 80，形状选择自定义，在"曲线"框内画出所需拉伸体物件的形状，调整曲线使之平滑，在"倒角控制"中倒角类型选择线性，切角大小调整为 0.400。

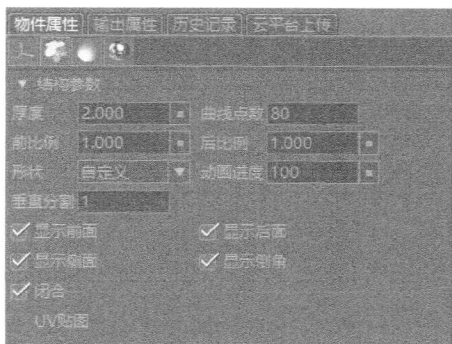

调整结构参数

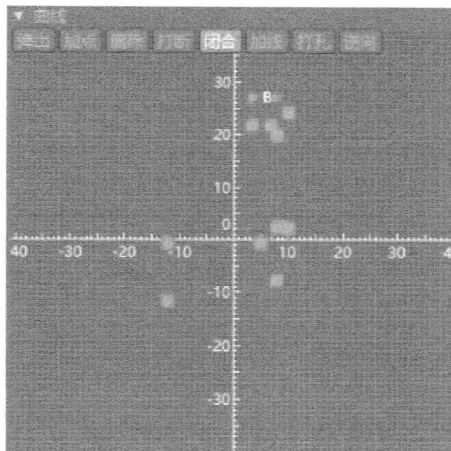

绘制曲线

调整倒角

步骤 2：对材质中的参数进行调整，发光强度调整为 7.184，漫反射中的 R、G 调整为 0，B 调整为 11；环境光中的 R、G 调整为 0，B 调整为 3；高光中的 R 调整为 161，G 调整为 160，B 调整为 155。

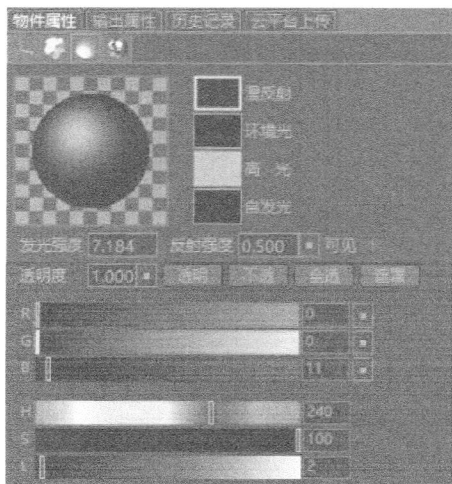

调整材质参数

步骤3：添加纹理物件【反射纹理】到步骤2制作好的拉伸体上，在物件属性的【文件】框内添加反射纹理的图片，纹理类型选择"图片"。

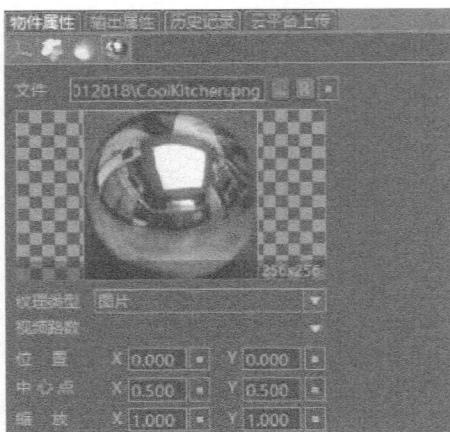

添加纹理

3）物件3

添加圆环体

步骤1：添加三维物件【圆环体】到【物件树】，在"结构参数"中取消选择开始面、结束面，"结束角度"调整为90.000，垂直分割调整为10。

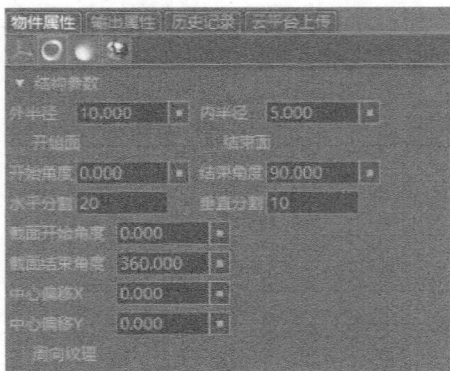

调整结构参数

步骤 2：对材质中的参数进行调整，发光强度调整为 16.362，漫反射中的 R、G、B 都调整为 95；环境光中的 R、G、B 都调整为 24；高光中的 R 调整为 227，G 调整为 226，B 调整为 227。

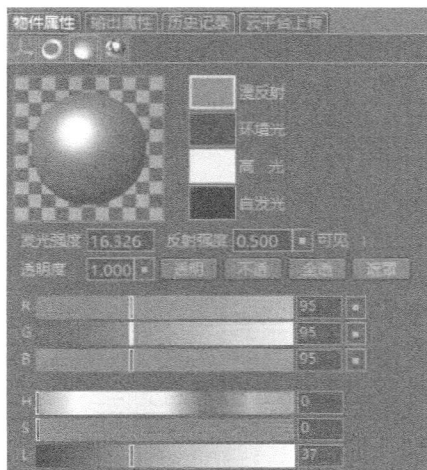

调整材质参数

步骤 3：添加纹理物件【反射纹理】到步骤 2 制作好的圆环体上，在物件属性的【文件】框内添加反射纹理的图片，纹理类型选择"图片"。

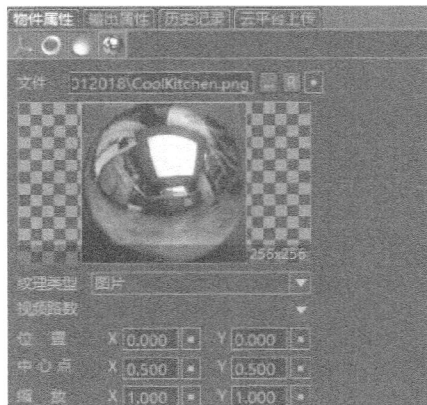

添加纹理

4）物件 4

添加圆环体

步骤 1：添加三维物件【圆环体】到【物件树】，在"结构参数"中调整内半径为 4.000，其他参数不变。

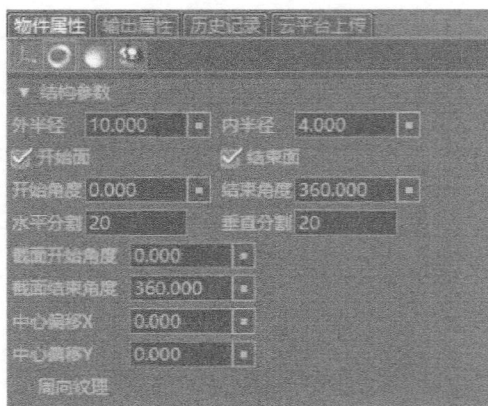

调整结构参数

步骤 2：对材质中的参数进行调整，发光强度调整为 8.533，漫反射中的 R 调整为 98，G 调整为 68，B 调整为 0；环境光中的 R 调整为 25，G 调整为 17，B 调整为 0；高光中的 R 调整为 193，G 调整为 188，B 调整为 151。

步骤 3：添加纹理物件【反射纹理】到步骤 2 制作好的圆环体上，在物件属性的【文件】框内添加反射纹理的图片，纹理类型选择"图片"。

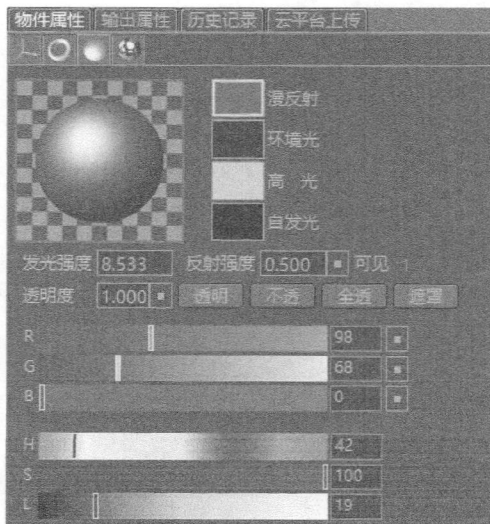

调整材质参数

添加纹理

5）物件 5

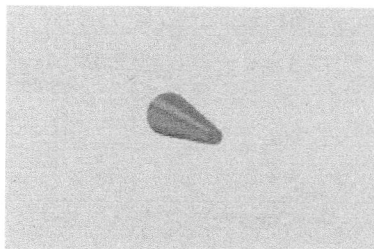

添加圆柱体

步骤 1:添加三维物件【圆柱体】到【物件树】,在"结构参数"中顶外半径调整为 3.000,底外半径调整为 8.800,高度调整为 54.400。

步骤 2:添加纹理物件【反射纹理】到步骤 1 制作好的圆柱体上,在物件属性的【文件】框内添加反射纹理的图片,纹理类型选择"图片"。

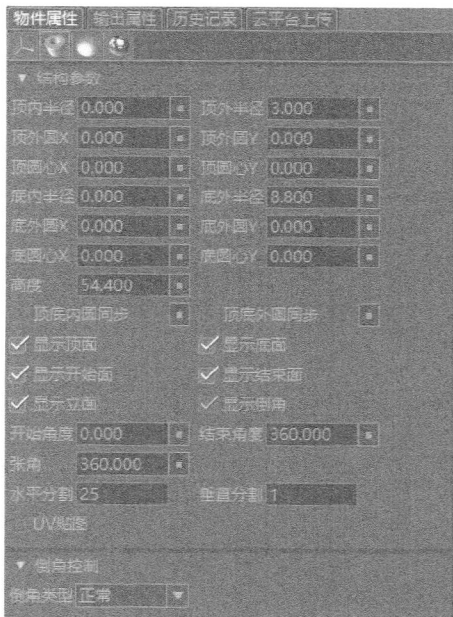

调整结构参数

添加纹理

6)物件 6

添加圆柱体

步骤1:添加三维物件【圆柱体】到【物件树】,在"结构参数"中调整顶内半径为2.000,底内半径调整为2.000,高度调整为13.000,在"倒角控制"中倒角类型选择线性,切角大小调整为1.400。

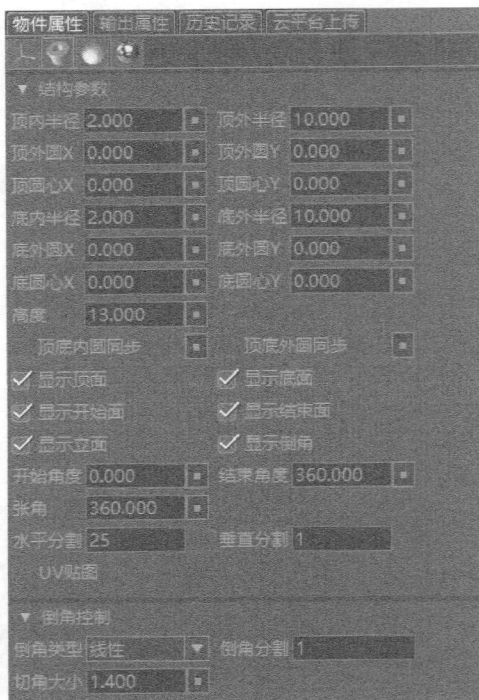

调整结构参数

步骤2:添加纹理物件【反射纹理】到步骤1制作好的圆柱体上,在物件属性的【文件】框内添加反射纹理的图片,纹理类型选择"图片"。

添加纹理

7）物件 7

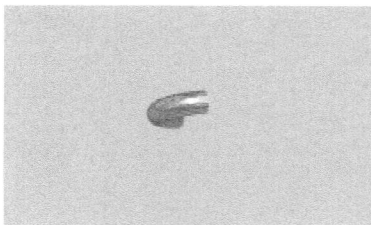

添加圆环体

步骤 1：添加三维物件【圆环体】到【物件树】，在"结构参数"内取消选择开始面、结束面，结束角度调整为 180.000，其他参数不变。

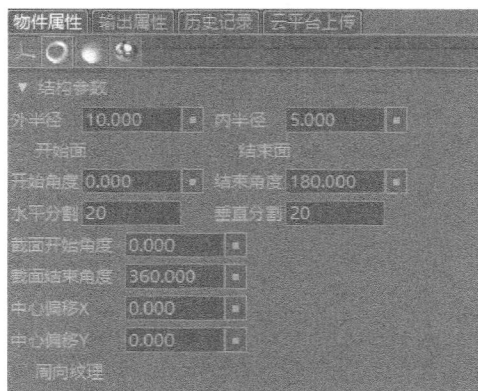

调整结构参数

步骤 2：添加纹理物件【反射纹理】到步骤 1 制作好的圆环体上，在物件属性的【文件】框内添加反射纹理的图片，纹理类型选择"图片"。

添加纹理

8）物件 8

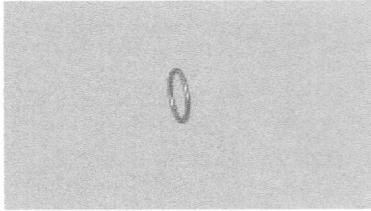

添加圆环体

步骤 1：添加三维物件【圆环体】到【物件树】，在"结构参数"中调整内半径为 8.400，水平分割调整为 40。

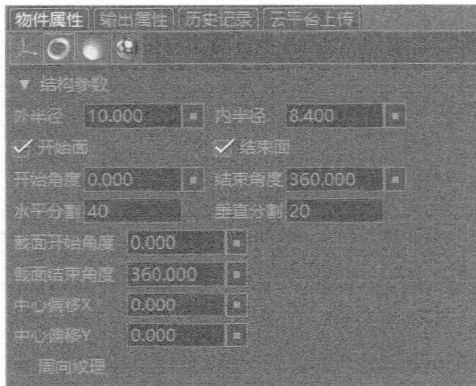

调整结构参数

步骤 2：添加纹理物件【反射纹理】到步骤 1 制作好的圆环体上，在物件属性的【文件】框内添加反射纹理的图片，纹理类型选择"图片"。

添加纹理

9）物件 9

添加圆环体

步骤 1：添加三维物件【圆环体】到【物件树】，在"结构参数"中调整内半径为 8.900，水平分割调整为 40。

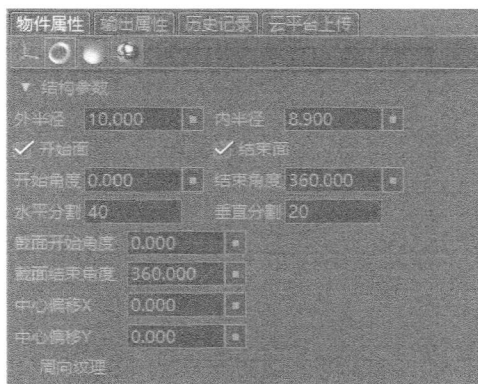

调整结构参数

步骤 2：添加纹理物件【反射纹理】到步骤 1 制作好的圆环体上，在物件属性的【文件】框内添加反射纹理的图片，纹理类型选择"图片"。

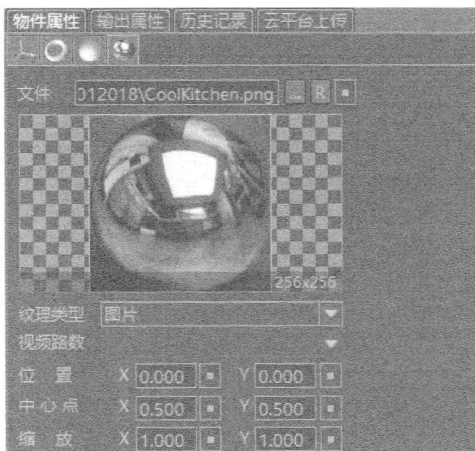

添加纹理

10）物件 10

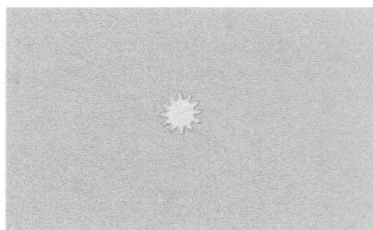

添加齿轮

步骤 1：添加三维物件【齿轮】到【物件树】，在"结构参数"中调整内半径为 0.300，厚度调整为 1.000，齿宽调整为 5.200，齿个数调整为 12，齿顶宽度调整为 0.480，齿底宽度调整为 0.250。在"倒角控制"中倒角类型选择线性，切角大小调整为 0.400。

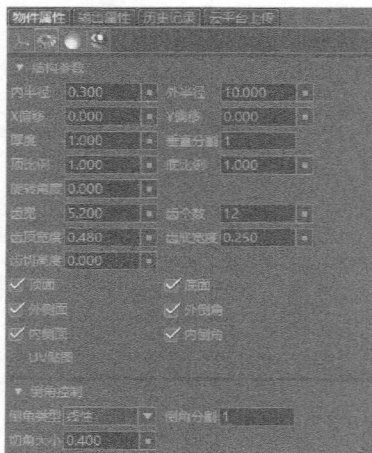

调整结构参数

步骤 2：添加纹理物件【反射纹理】到步骤 1 制作好的齿轮上，在物件属性的【文件】框内添加反射纹理的图片，纹理类型选择"图片"。

添加纹理

11）物件 11

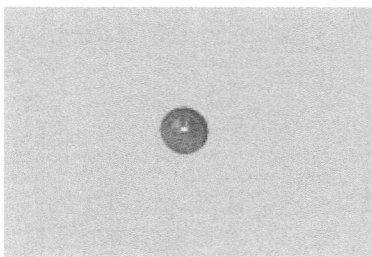

添加球体

步骤 1：添加三维物件【球体】到【物件树】，在"结构参数"中调整外半径为 10.000，水平分割和垂直分割均调整为 20。

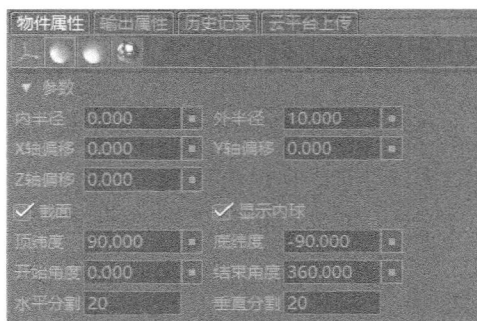

调整结构参数

步骤 2：添加纹理物件【反射纹理】到步骤 1 制作好的球体上，在物件属性的"文件"框内添加反射纹理的图片，纹理类型选择"图片"。

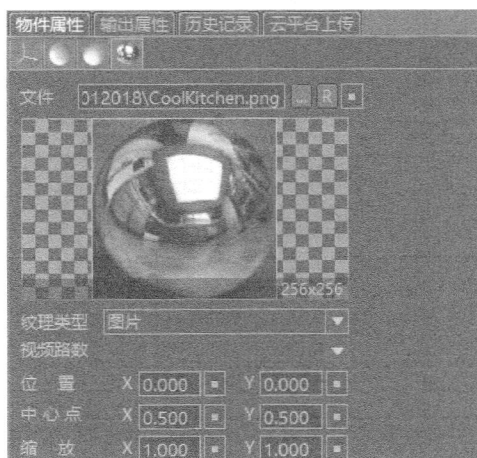

添加纹理

12）物件 12

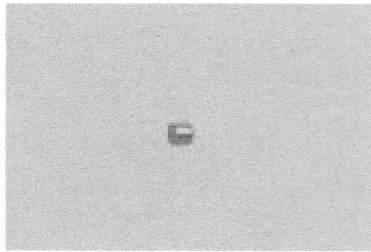

添加圆柱体

步骤 1：添加三维物件【圆柱体】到【物件树】，在"结构参数"中调整高度为 16.700，"倒角控制"中倒角类型选择线性，切角大小调整为 1.000。

步骤 2：添加纹理物件【反射纹理】到步骤 1 制作好的圆柱体上，在物件属性的【文件】框内添加反射纹理的图片，纹理类型选择"图片"。

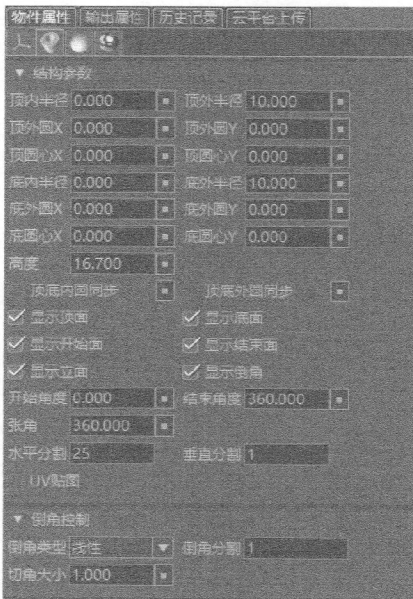

调整结构参数

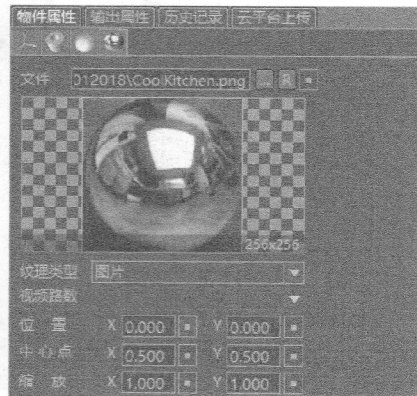

添加纹理

13）物件 13

添加拉伸图形

步骤 1：添加三维物件【拉伸图形】到【物件树】，在"结构参数"中类型选择圆头标注，拉伸高度调整为 0.500，调整拉伸图形框中蓝色点和白色矩形框来改变图形形状。在"倒角控制"中倒角类型选择线性，切角大小调整为 0.500。

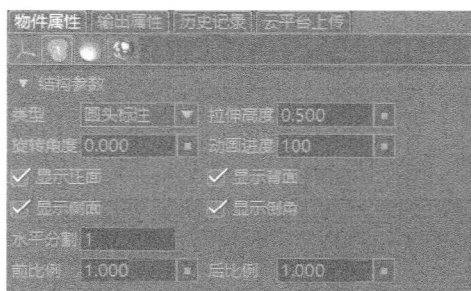

调整结构参数　　　　　　　　　　　调整图形形状

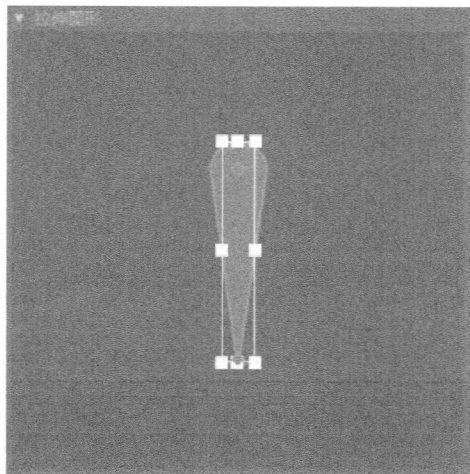

调整倒角

步骤 2：添加纹理物件【反射纹理】到步骤 1 制作好的拉伸图形上，在物件属性的【文件】框内添加反射纹理的图片，纹理类型选择"图片"。

添加纹理

14）物件 14

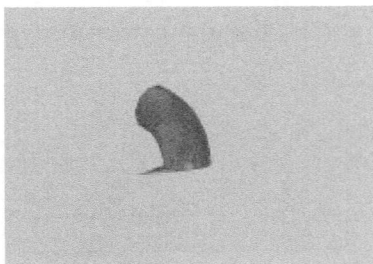

添加圆环体

步骤 1：添加三维物件【圆环体】到【物件树】，在"结构参数"中取消选择开始面、结束面，开始角度调整为 20.000，结束角度调整为 90.000，垂直分割调整为 10。

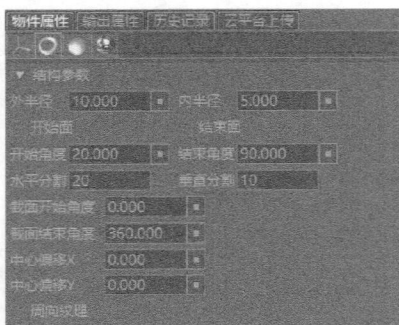

调整结构参数

步骤 2：对材质中的参数进行调整，发光强度调整为 16.326，漫反射中的 R、G、B 都调整为 95；环境光中的 R、G、B 都调整为 24；高光中的 R 调整为 227，G 调整为 226，B 调整为 227。

步骤 3：添加纹理物件【反射纹理】到步骤 2 制作好的拉伸图形上，在物件属性的【文件】框内添加反射纹理的图片，纹理类型选择"图片"。

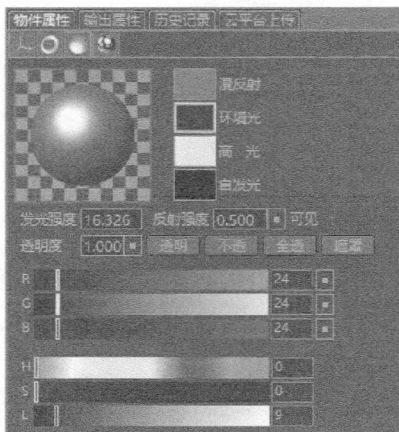

调整材质参数

添加纹理

15）物件 15

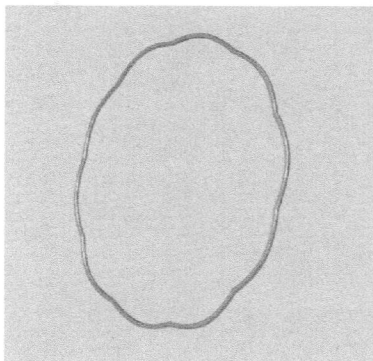

添加拉伸体

步骤 1：添加三维物件【拉伸体】到【物件树】，在"结构参数"中厚度调整为 0.800，曲线点数调整为 166，形状选择自定义。在"曲线"框内画出所需拉伸体物件的形状，调整曲线使之平滑，在"倒角控制"中倒角类型选择外圆弧，切角大小调整为 0.200。

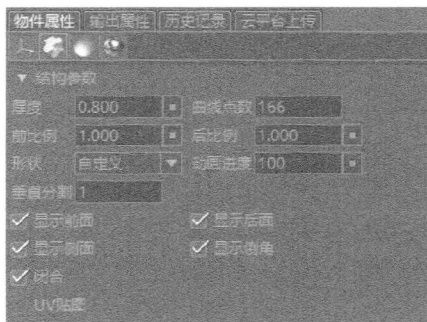

调整结构参数

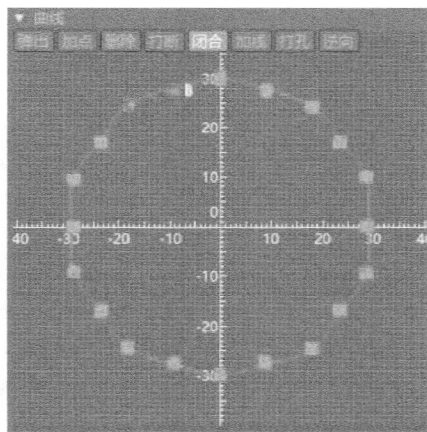

绘制曲线

调整倒角

步骤 2：对材质中的参数进行调整，发光强度调整为 2.612，漫反射中的 R 调整为 30，G 调整为 20，B 不变，H、S、L 的值会随之变化；环境光中的 R、G、B 数值都调整为 0；高光中的 R 调整为 240，G 调整为 205，B 调整为 121，H、S、L 的值会随之变化。

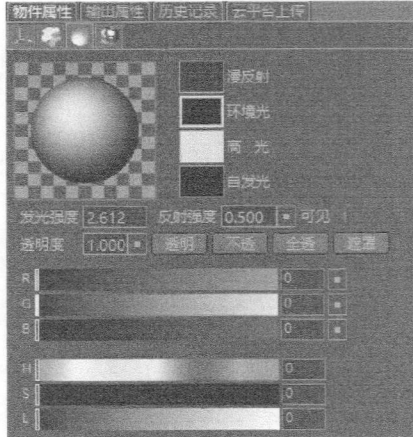

调整材质参数

步骤3：添加纹理物件【反射纹理】到步骤2制作好的拉伸图形上，在物件属性的【文件】框内添加反射纹理的图片，纹理类型选择"图片"。

添加纹理

16）物件16

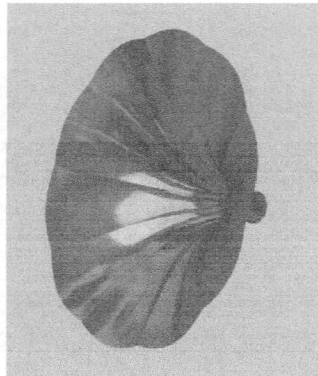

添加路径体

步骤 1：添加三维物件【路径体】到【物件树】，在"参数"中曲线点数调整为 100，取消选择开始面、结束面，形状选择自定义。在截面曲线中画出留声机喇叭的开口形状，在路径曲线中画出路径体的路径，调整缩放变化曲线。

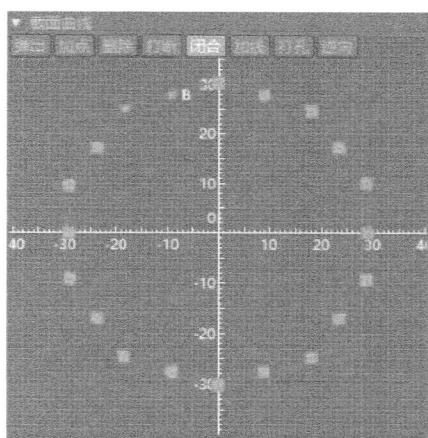

绘制截面曲线

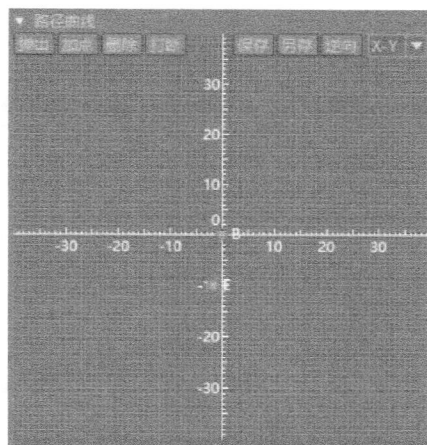

绘制路径曲线

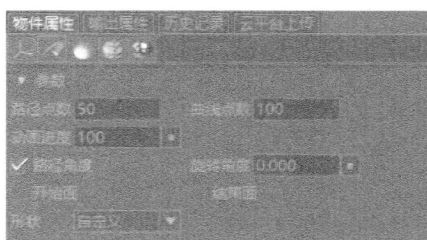

调整参数

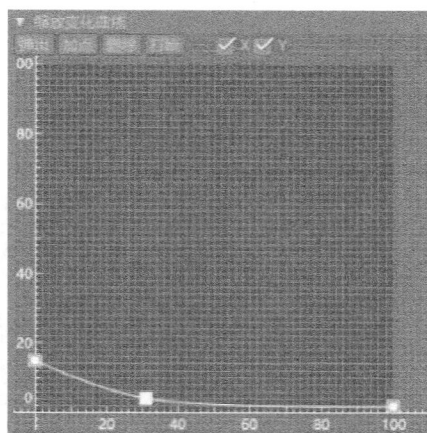

调整缩放变化曲线

步骤 2：对材质中的参数进行调整，发光强度调整为 8.533，漫反射中的 R 调整为 249，G 调整为 174，B 调整为 0；环境光中的 R 调整为 25，G 调整为 17，B 调整为 0；高光中的 R 调整为 140，G 调整为 133，B 调整为 84。

步骤 3：添加纹理物件【平面纹理】到步骤 2 制作好的路径体上，在物件属性的【文件】框内添加平面纹理的图片，纹理方式选择镜面，可以根据需要调整其他参数。

步骤 4：添加纹理物件【反射纹理】到步骤 3 制作好的路径体上，在物件属性的【文件】框内添加反射纹理的图片，纹理类型选择"图片"。

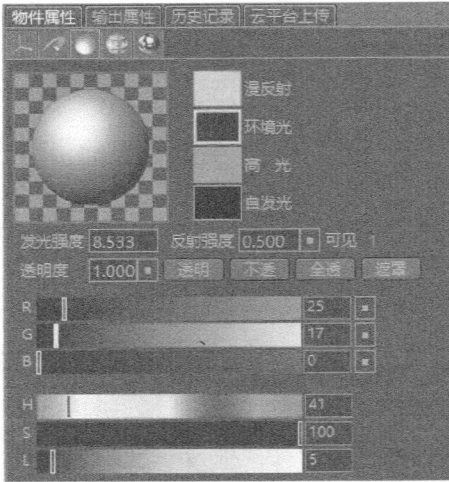
调整材质参数

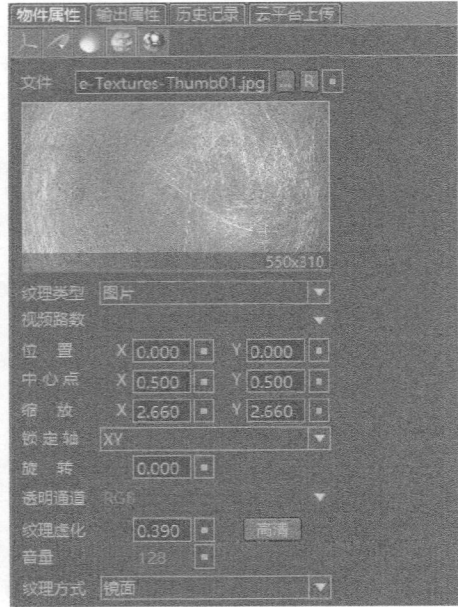
添加平面纹理

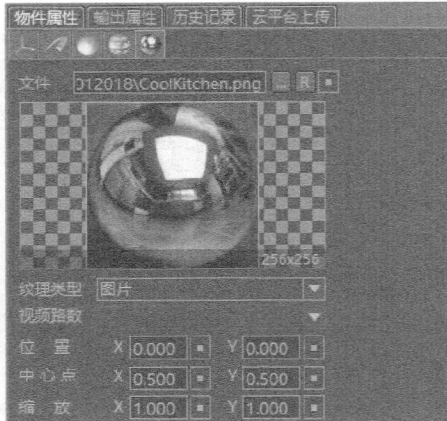
添加反射纹理

17）物件 17

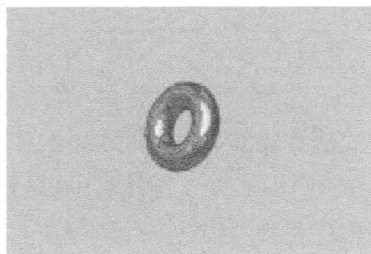
添加圆环体

步骤 1：添加三维物件【圆环体】到【物件树】，在"结构参数"中内半径调整为 4.000，其他参数不变。

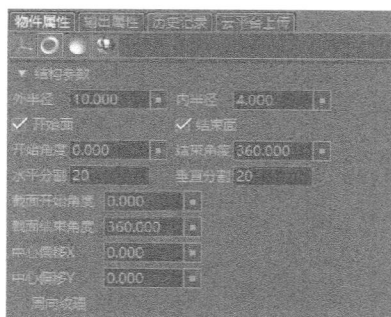

调整结构参数

步骤 2：对材质中的参数进行调整，发光强度调整为 8.533，漫反射中的 R 调整为 98，G 调整为 68，B 调整为 0；环境光中的 R 调整为 25，G 调整为 17，B 调整为 0；高光中的 R 调整为 193，G 调整为 188，B 调整为 151。

步骤 3：添加纹理物件【反射纹理】到步骤 2 制作好的圆环体上，在物件属性的【文件】框内添加反射纹理的图片，纹理类型选择"图片"。

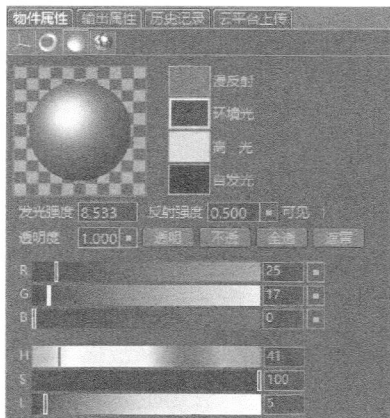

调整材质参数

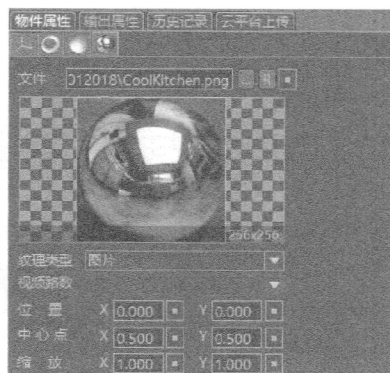

添加纹理

18）物件 18

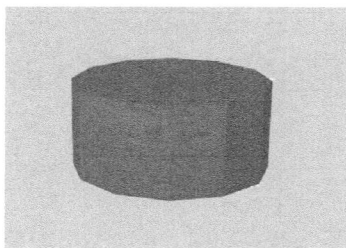

添加圆柱体

步骤 1：添加三维物件【圆柱体】到【物件树】，在"结构参数"中高度调整为 9.300，水平分割调整为 12。

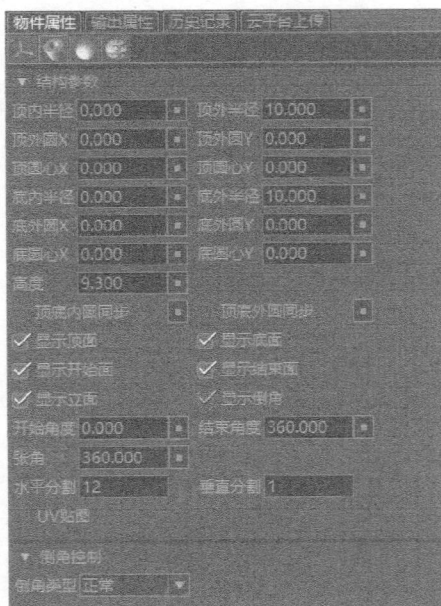

调整结构参数

步骤 2：对材质中的参数进行调整，漫反射中的 R、G、B 都调整为 255；环境光中的 R、G、B 都调整为 0；高光中的 R、G、B 都调整为 17。

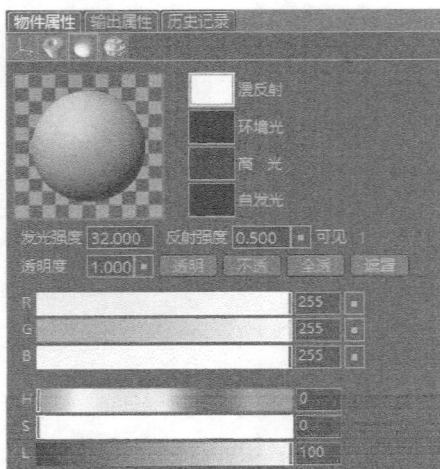

调整材质参数

步骤 3：添加纹理物件【平面纹理】到步骤 2 制作好的圆柱体上，在物件属性的【文件】框内添加平面纹理的图片，纹理类型选择"图片"，可以根据需要调整其他参数。

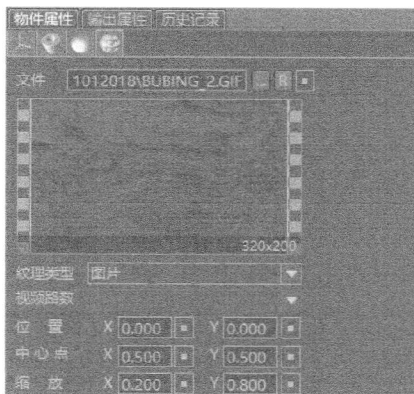

添加纹理

19）物件 19

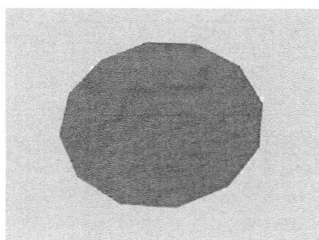

添加圆柱体

步骤 1：添加三维物件【圆柱体】到【物件树】，在"结构参数"中高度调整为 0.500，水平分割调整为 12。"倒角控制"中倒角类型选择线性，切角大小调整为 0.300。

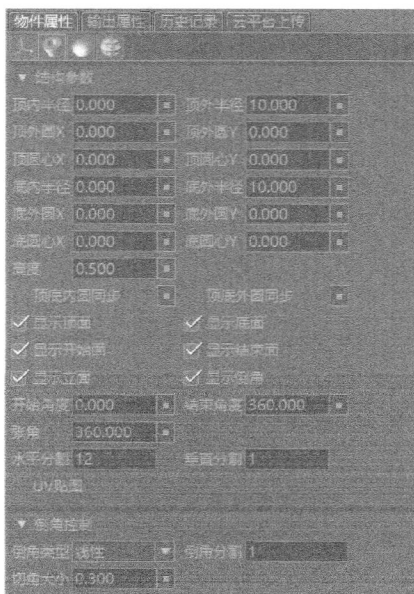

调整结构参数

步骤 2：对材质中的参数进行调整，漫反射中的 R、G、B 都调整为 255；环境光中的 R、G、B 都调整为 0；高光中的 R、G、B 都调整为 17。

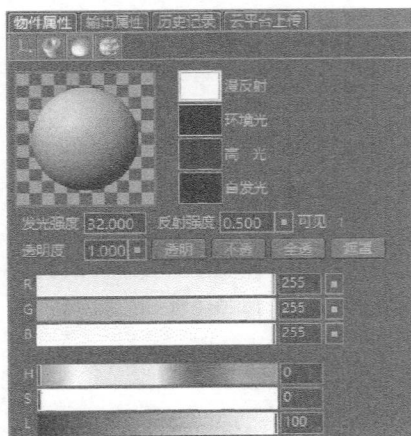

调整材质参数

步骤 3：添加纹理物件【平面纹理】到步骤 2 制作好的圆柱体上，在物件属性的【文件】框内添加平面纹理的图片，纹理类型选择"图片"，可以根据需要调整其他参数。

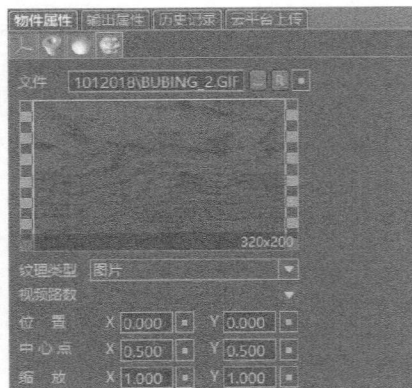

添加纹理

20）物件 20

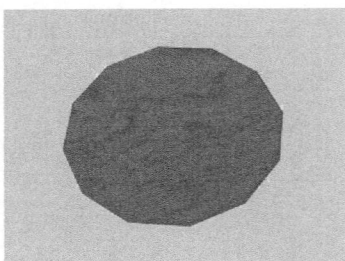

添加圆柱体

步骤 1：添加三维物件【圆柱体】到【物件树】，在"结构参数"中高度调整为 0.500，水平分割调整为 12。"倒角控制"中倒角类型选择线性，切角大小调整为 0.300。

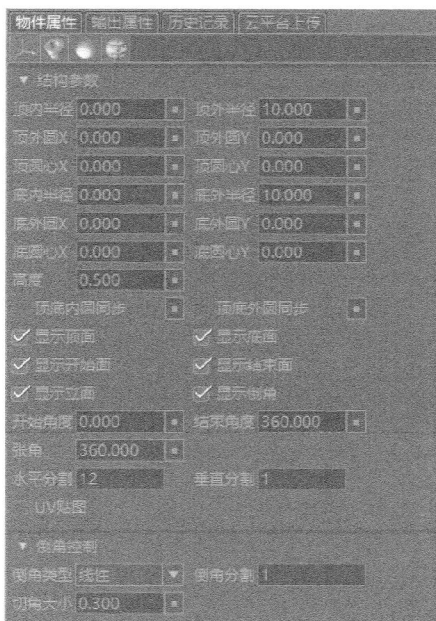

调整结构参数

步骤 2：对材质中的参数进行调整，漫反射中的 R、G、B 都调整为 255；环境光中的 R、G、B 都调整为 0；高光中的 R、G、B 都调整为 17。

步骤 3：添加纹理物件【平面纹理】到步骤 2 制作好的圆柱体上，在物件属性的【文件】框内添加平面纹理的图片，可以根据需要调整其他参数。

调整材质参数

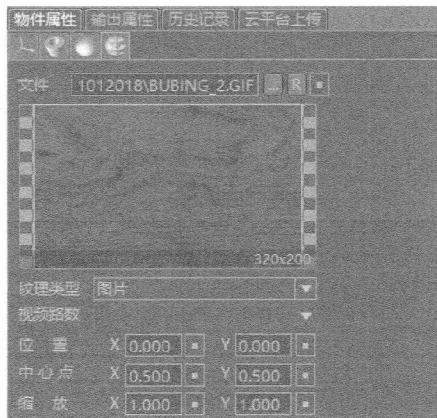

添加纹理

21）物件 21

添加圆柱体

步骤 1：添加三维物件【圆柱体】到【物件树】，在"结构参数"中高度调整为 28.5。在"倒角控制"中倒角类型选择"线性"，切角大小调整为 1.900。

步骤 2：添加纹理物件【反射纹理】到步骤 1 制作好的圆柱体上，在物件属性的【文件】框内添加反射纹理的图片，纹理类型选择"图片"。

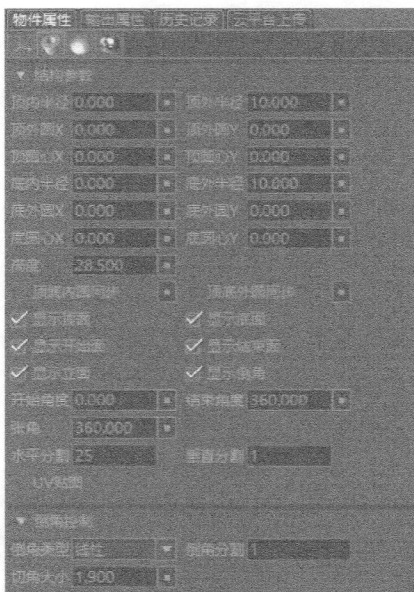

调整结构参数

添加纹理

22）物件 22

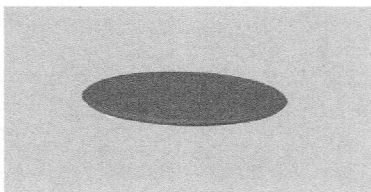

添加圆柱体

　　步骤 1:添加三维物件【圆柱体】到【物件树】,在"结构参数"中高度调整为 0.600,水平分割调整为 50。在"倒角控制"中倒角类型选择"线性",切角大小调整为 0.300。

　　步骤 2:对材质中的参数进行调整,漫反射中的 R、G、B 都调整为 51;环境光中的 R、G、B 都调整为 0;高光中的 R、G、B 都调整为 17。

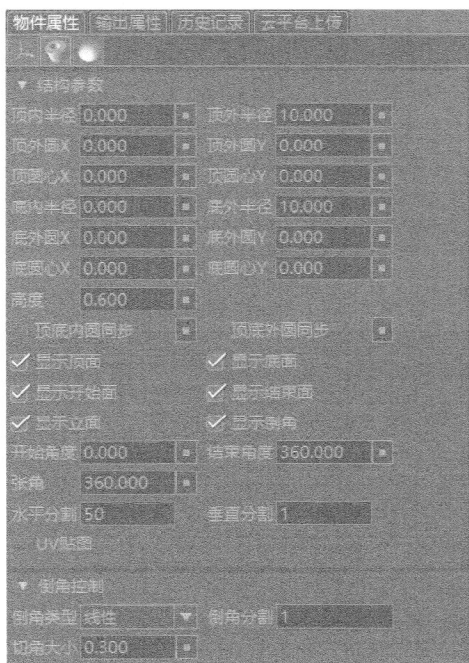
　　　　调整结构参数

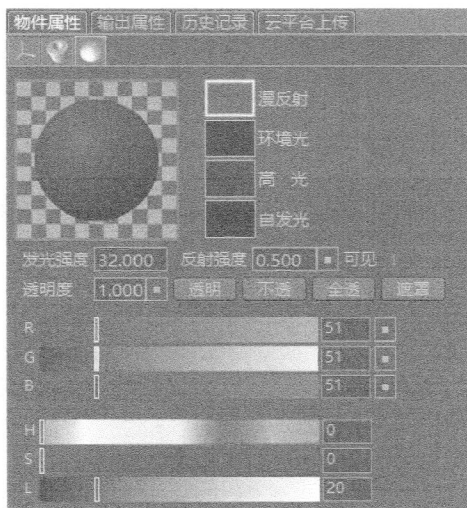
　　　　调整材质参数

23) 物件 23

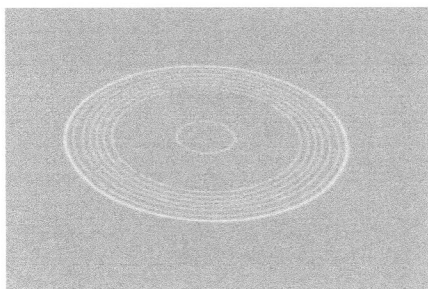
添加圆形

　　步骤 1:添加二维物件【圆形】到【物件树】,不需要调整参数。

　　步骤 2:对材质中的参数进行调整,漫反射中的 R、G、B 都调整为 17;环境光中的 R、G、B 都调整为 38;高光中的 R、G、B 都调整为 17。

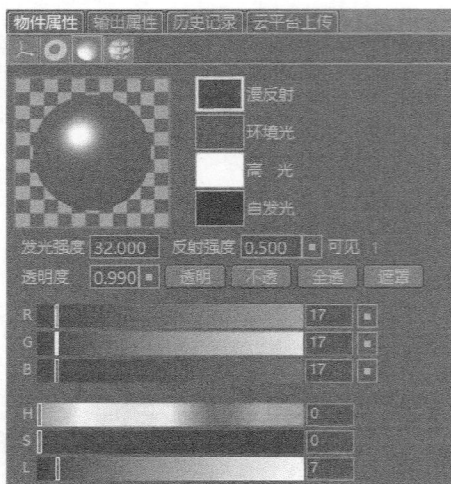

调整材质参数

步骤3：添加纹理物件【平面纹理】到步骤1添加的圆形上，在物件属性的【文件】框内添加平面纹理的图片，纹理类型选择"图片"。

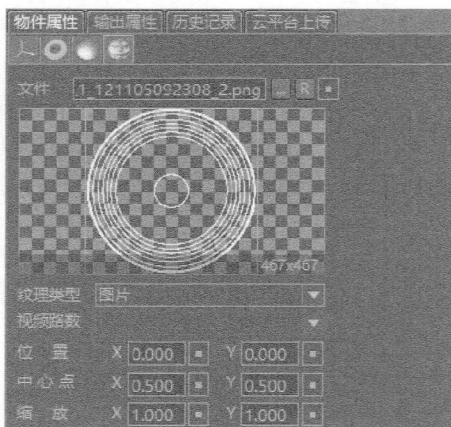

添加纹理

24）物件24

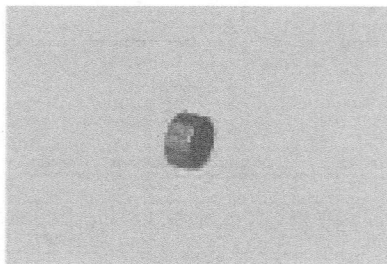

添加圆柱体

步骤 1：添加三维物件【圆柱体】到【物件树】，在"结构参数"中高度调整为 10.000。在"倒角控制"中倒角类型选择"线性"，切角大小调整为 0.800。

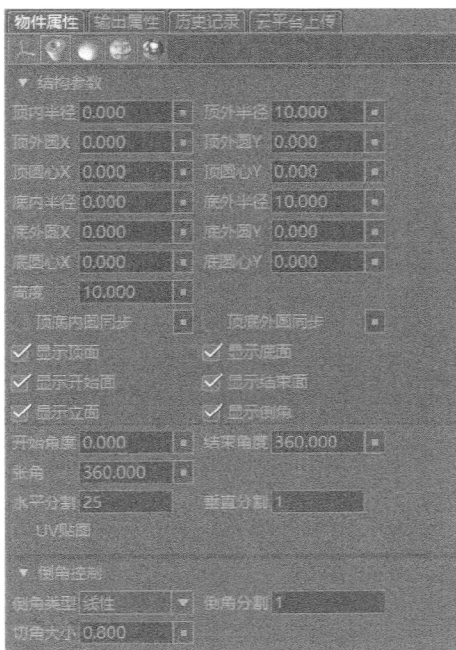

调整结构参数

步骤 2：对材质中的参数进行调整，发光强度调整为 8.533，漫反射中的 R 调整为 249，G 调整为 174，B 调整为 0；环境光中的 R 调整为 25，G 调整为 17，B 调整为 0；高光中的 R 调整为 140，G 调整为 133，B 调整为 84。

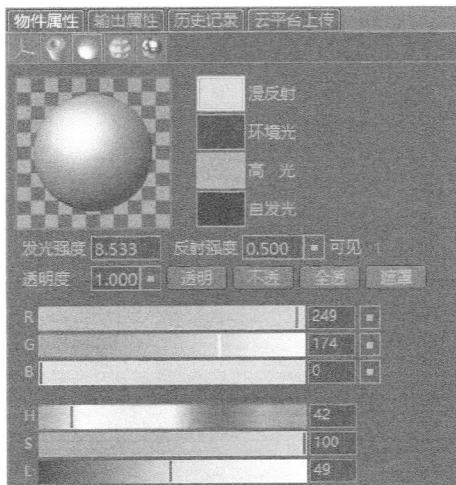

调整材质参数

步骤3：添加纹理物件【平面纹理】到步骤2制作好的圆柱体上，在物件属性的【文件】框内添加平面纹理图片，纹理类型选择"图片"，纹理方式选择"镜面"，可以根据需要调整其他参数。

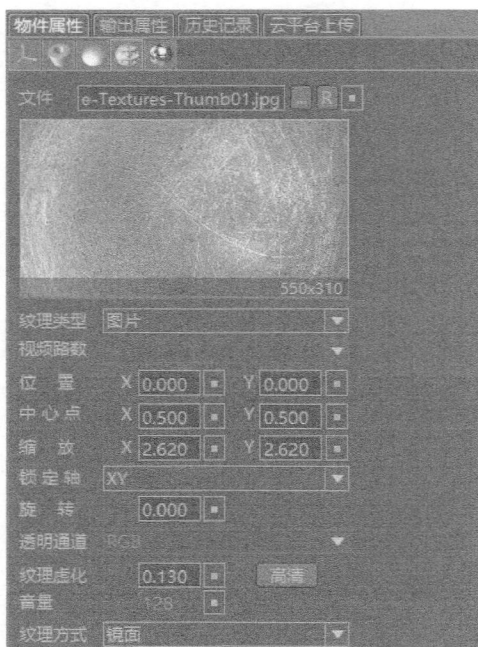

添加平面纹理

步骤4：添加纹理物件【反射纹理】到步骤3制作好的圆柱体上，在物件属性的【文件】框内添加反射纹理的图片，纹理类型选择"图片"。

添加反射纹理

25）物件 25

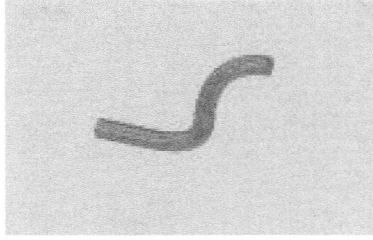

添加路径体

步骤 1：添加三维物件【路径体】到【物件树】，在"参数"中路径点数调整为 80，曲线点数调整为 30，形状选择"自定义"，在截面曲线上画出所需物件的截面形状，在路径曲线上画出路径体的路径，根据需要调整缩放变化曲线。

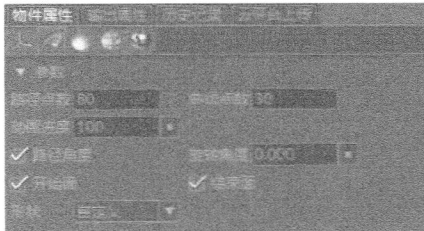

调整参数

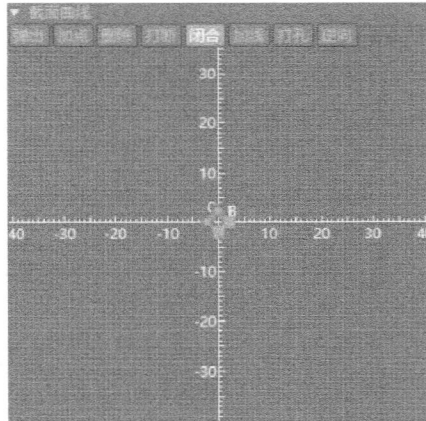

绘制截面曲线

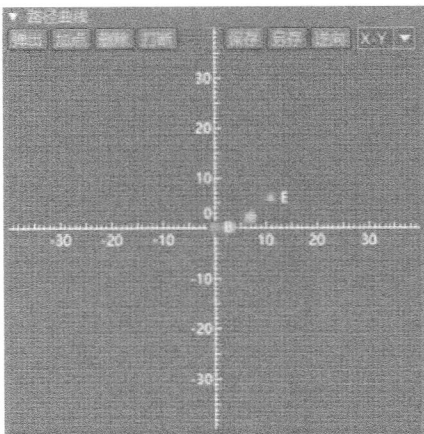

绘制路径曲线

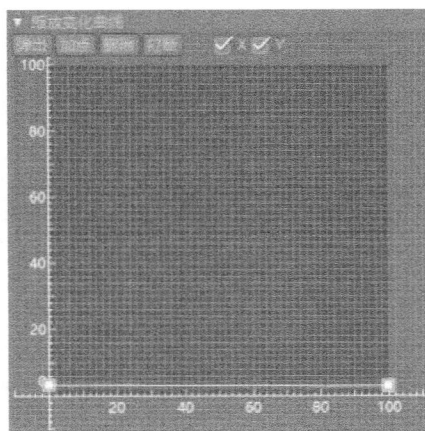

调整缩放变化曲线

步骤 2:对材质中的参数进行调整,发光强度调整为 16.326,漫反射中的 R、G、B 都调整为 95;环境光中的 R、G、B 都调整为 24;高光中的 R 调整为 227,G 调整为 226,B 调整为 227。

步骤 3:添加纹理物件【平面纹理】到步骤 2 制作好的路径体上,在物件属性的【文件】框内添加平面纹理图片,纹理类型选择"图片",纹理方式选择"镜面",可以根据需要调整其他参数。

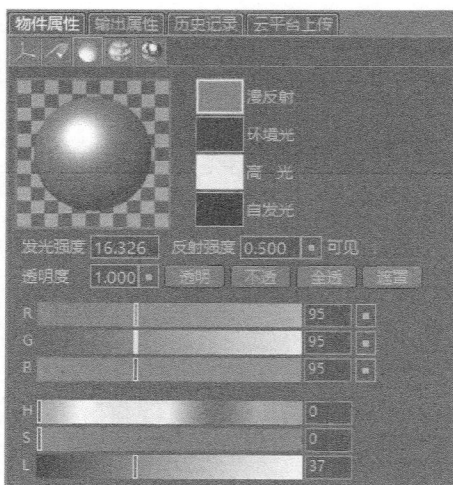

调整材质参数

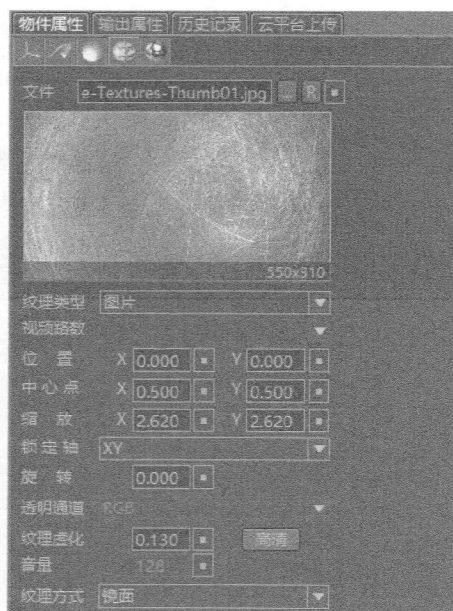

添加平面纹理

步骤 4:添加纹理物件【反射纹理】到步骤 3 制作好的路径体上,在物件属性的【文件】框内添加反射纹理的图片,纹理类型选择"图片"。

添加反射纹理

26）物件 26

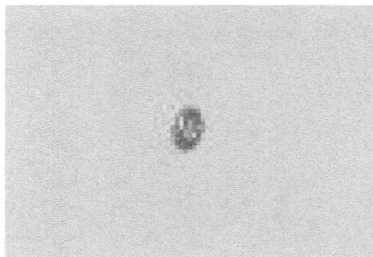

添加圆环体

步骤 1：添加三维物件【圆环体】到【物件树】，不需要调整参数。

步骤 2：对材质中的参数进行调整，发光强度调整为 16.326，漫反射中的 R、G、B 都调整为 95；环境光中的 R 调整为 25，G 调整为 17，B 调整为 0；高光中的 R 调整为 140，G 调整为 133，B 调整为 84。

步骤 3：添加纹理物件【平面纹理】到步骤 2 制作好的圆环体上，在物件属性的【文件】框内添加平面纹理图片，纹理类型选择"图片"，纹理方式选择"镜面"，可以根据需要调整其他参数。

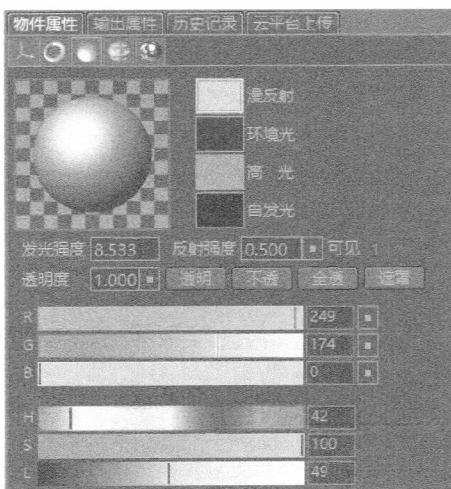

调整材质参数

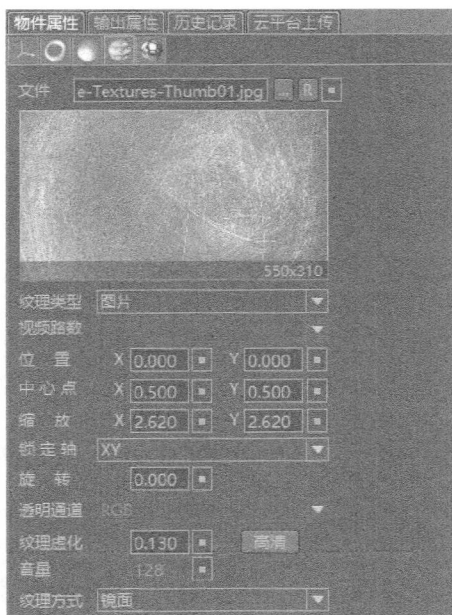

添加平面纹理

步骤 4：添加纹理物件【反射纹理】到步骤 3 制作好的圆环体上，在物件属性的【文件】框内添加反射纹理的图片，纹理类型选择"图片"。

添加反射纹理

27）物件 27

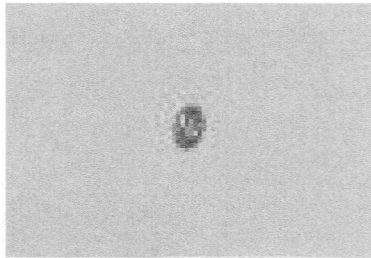

添加圆环体

步骤 1：添加三维物件【圆环体】到【物件树】，不需要调整参数。

步骤 2：对材质中的参数进行调整，发光强度调整为 16.326，漫反射中的 R、G、B 都调整为 95；环境光中的 R 调整为 25，G 调整为 17，B 调整为 0；高光中的 R 调整为 140，G 调

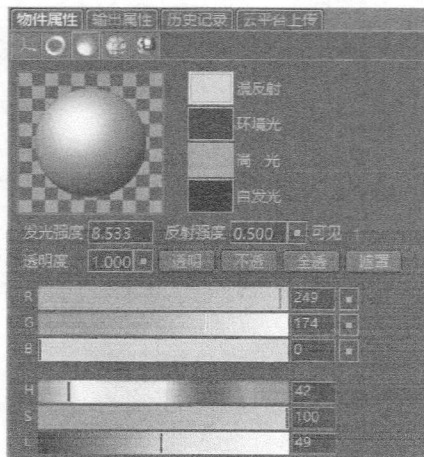

调整材质参数

整为 133，B 调整为 84。

　　步骤 3：添加纹理物件【平面纹理】到步骤 2 制作好的圆环体上，在物件属性的【文件】框内添加平面纹理图片，纹理类型选择"图片"，纹理方式选择"镜面"，可以根据需要调整其他参数。

　　步骤 4：添加纹理物件【反射纹理】到步骤 3 制作好的圆环体上，在物件属性的【文件】框内添加反射纹理的图片，纹理类型选择"图片"。

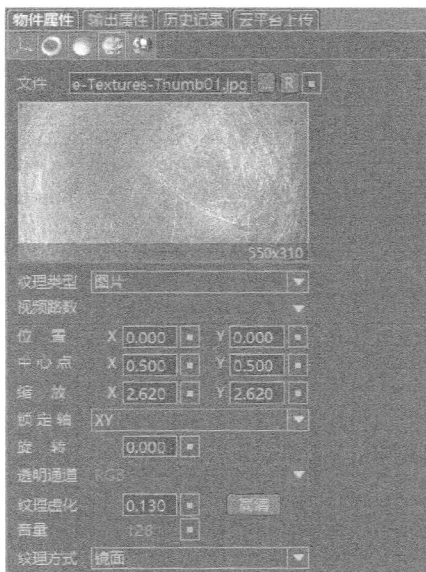

添加平面纹理

添加反射纹理

28）物件 28

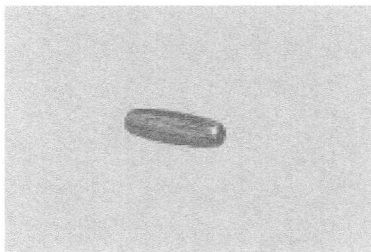

添加圆柱体

　　步骤 1：添加三维物件【圆柱体】到【物件树】，在"结构参数"中高度调整为 62.9。在"倒角控制"中倒角类型选择整体外圆弧，切角大小调整为 4.400。

　　步骤 2：对材质中的参数进行调整，发光强度调整为 8.533，漫反射中的 R 调整为 249，G 调整为 174，B 调整为 0；环境光中的 R 调整为 25，G 调整为 17，B 调整为 0；高光中的 R 调整为 140，G 调整为 133，B 调整为 84。

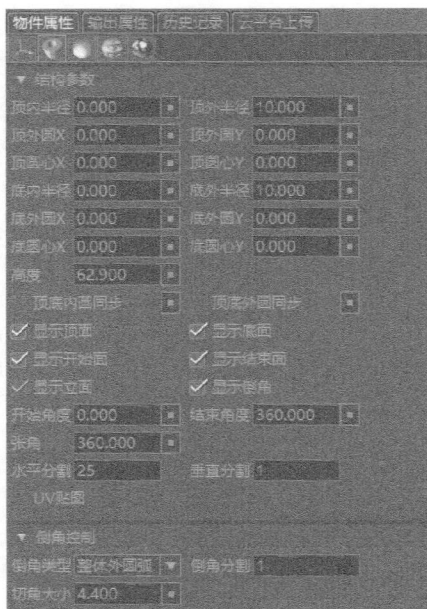

调整结构参数

调整材质参数

步骤 3：添加纹理物件【平面纹理】到步骤 2 制作好的圆柱体上，在物件属性的【文件】框内添加平面纹理图片，纹理类型选择"图片"，纹理方式选择"镜面"，可以根据需要调整其他参数。

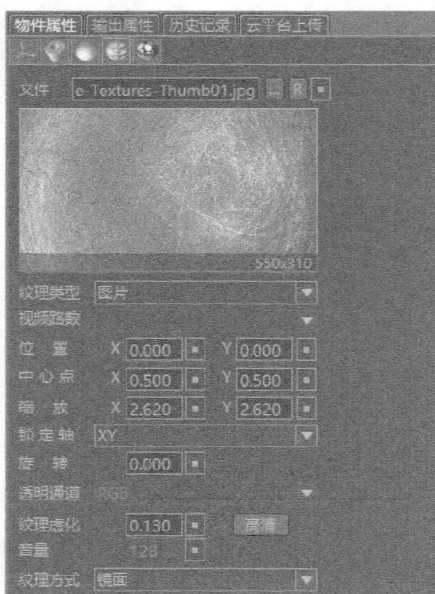

添加平面纹理

步骤 4：添加纹理物件【反射纹理】到步骤 3 制作好的圆柱体上，在物件属性的【文件】框内添加反射纹理的图片，纹理类型选择"图片"。

添加反射纹理

29）物件 29

添加圆柱体

步骤 1：添加三维物件【圆柱体】到【物件树】，在"结构参数"中高度调整为 0.200，水平分割调整为 60。在"倒角类型"中倒角类型选择"线性"，切角大小调整为 0.300。

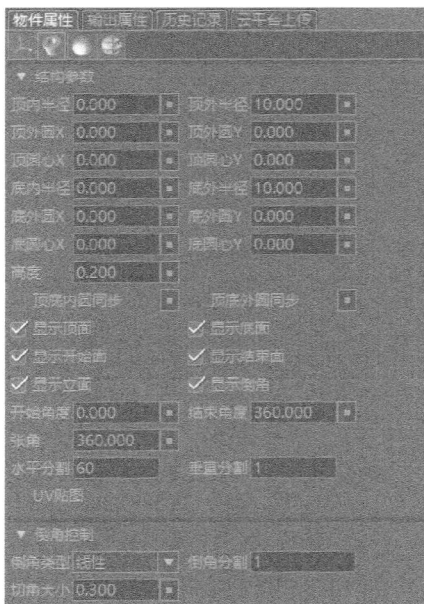

调整结构参数

步骤 2:对材质中的参数进行调整,环境光中的 R、G、B 都调整为 150。

步骤 3:添加纹理物件【平面纹理】到步骤 2 制作好的圆柱体上,在物件属性的【文件】框内添加平面纹理图片,纹理类型选择"图片",纹理方式选择"边界",可以根据需要调整其他参数。

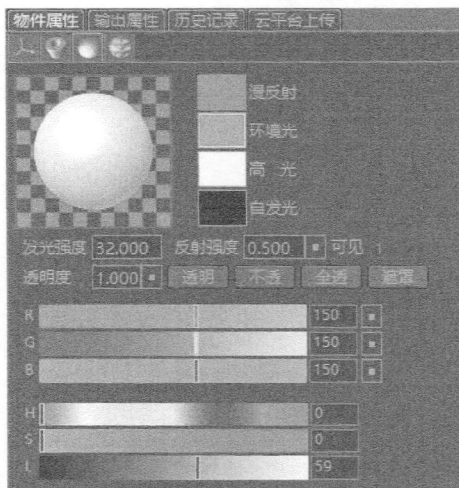

调整材质参数　　　　　　　　　　　　添加纹理

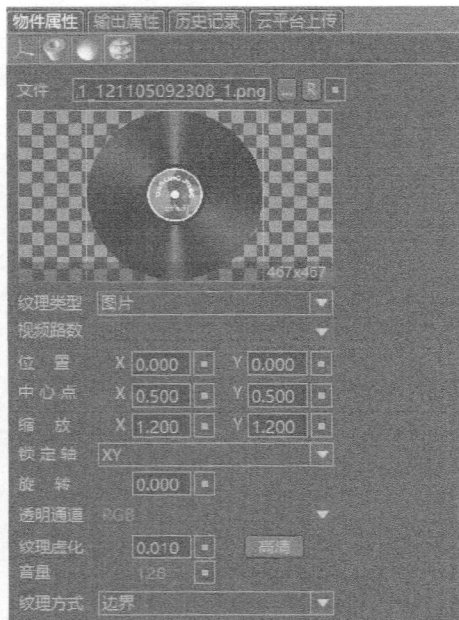

3.13.2　景深演示

3.13.2.1　物件制作

1)物件 1

步骤 1:添加三维物件【立方体】到【物件树】,在"结构参数"中宽度调整为 1 000.000,高度调整为 600.000,厚度调整为 2 000.000;"倒角控制"中倒切角大小调整为 0.180,倒角分割调整为 20。

步骤 2:对材质中的参数进行调整,发光强度调整为 5.400,反射强度调整为 0.000,透明度调整为 0.990,高光中的 R、G、B 调整为 77,其他参数不变。

2)物件 2

步骤 1:添加二维物件【矩形】到【物件树】,在"结构参数"中宽度调整为 200.000,高度调整为 200.000,"四角变化"中,分割数调整为 66,其他参数不变。

步骤 2:对材质中的参数进行调整,发光强度调整为 5.400,反射强度调整为 0.000,透明度调整为 0.990,漫反射中的 R、G、B 调整为 128,环境光中的 R、G、B 调整为 38,高光中的

R、G、B 调整为 77。

步骤 3：添加其他特效【阴影接受】到步骤 2 制作好的【矩形】上，在物件属性的"阴影接受参数"中阴影强度调整为 0.700，阴影虚化调整为 0.150。

步骤 4：添加其他特效【镜面反射】到步骤 3 制作好的【矩形】上，在物件属性的"镜面反射参数"中反射强度调整为 0.120，反射位置调整为 1.700，反射范围调整为 21.300。

3）物件 3

步骤 1：添加三维物件【立方体】到【物件树】，在"结构参数"中宽度调整为 80.000，高度调整为 80.000，厚度调整为 80.000；"倒角控制"中倒切角大小调整为 0.080，倒角分割调整为 6。

步骤 2：对材质中的参数进行调整，发光强度调整为 21.527，漫反射中的 R 调整为 145，G、B 调整为 148，环境光中的 R 调整为 34，G、B 调整为 35，高光中的 R、G、B 调整为 192。

步骤 3：添加纹理物件【平面纹理】到步骤 2 制作好的立方体上，在物件属性的【文件】框内添加平面纹理的图片，纹理类型选择图片。

步骤 4：添加其他特效【阴影生成】到步骤 3 制作好的立方体上。

4）物件 4

步骤 1：添加三维物件【球体】到【物件树】，在"结构参数"中外半径调整为 30.000，水平分割和垂直分割都调整为 40。

步骤 2：对材质中的参数进行调整，发光强度调整为 21.527，漫反射中的 R 调整为 145，G、B 调整为 148，环境光中的 R 调整为 34，G、B 调整为 35，高光中的 R、G、B 调整为 192。

步骤 3：添加纹理物件【平面纹理】到步骤 2 制作好的球体上，在物件属性的【文件】框内添加平面纹理的图片，纹理类型选择图片。

步骤 4：添加纹理物件【反射纹理】到步骤 3 制作好的球体上，在物件属性的【文件】框内添加反射纹理的图片，纹理类型选择图片，位置 X、Y 调整为 −0.020，缩放 X、Y 调整为 0.570，纹理虚化调整为 0.010，纹理方式选择镜面。

步骤 5：添加其他特效【阴影生成】到步骤 4 制作好的球体上。

5）物件 5

步骤 1：添加三维物件【球体】到【物件树】，在"结构参数"中外半径调整为 15.000，水平分割和垂直分割都调整为 40。

步骤 2：对材质中的参数进行调整，发光强度调整为 21.527，漫反射中的 R 调整为 145，G、B 调整为 148，环境光中的 R 调整为 34，G、B 调整为 35。

步骤 3：添加纹理物件【平面纹理】到步骤 2 制作好的球体上，在物件属性的【文件】框内添加平面纹理的图片，纹理类型选择"图片"。

步骤 4：添加纹理物件【反射纹理】到步骤 3 制作好的球体上，在物件属性的【文件】框内添加反射纹理的图片，纹理类型选择"图片"，纹理方式选择"镜面"。

步骤 5：添加其他特效【阴影生成】到步骤 4 制作好的球体上。

6) 物件 6

步骤1:添加三维物件【球体】到【物件树】,在"结构参数"中外半径调整为 20.000,水平分割和垂直分割都调整为 40。

步骤2:对材质中的参数进行调整,发光强度调整为 21.527,漫反射中的 R 调整为 145,G、B 调整为 148,环境光中的 R 调整为 34,G、B 调整为 35。

步骤3:添加纹理物件【反射纹理】到步骤2制作好的球体上,在物件属性的【文件】框内添加反射纹理的图片,纹理类型选择"图片",纹理方式选择"镜面"。

步骤4:添加其他特效【阴影生成】到步骤3制作好的球体上。

7) 物件 7

步骤1:添加二维物件【矩形】到【物件树】。

步骤2:对材质中的参数进行调整,透明度调整为 0.400,环境光中的 R、G、B 分别调整为 0、46、51。

3.13.2.2 动画制作

1) 入动画

步骤1:对【物件树】中摄像机参数进行调整,位置中的 X、Y、Z 分别调整为 -91.100、113.500、449.100,方向中的摇、俯仰分别调整为 14.000、9.800,镜头中的变焦调整为 25.000,选择景深生效,焦点位置、焦点范围分别调整为 200.000、50.000。

步骤2:选中【时间线】中的"入动画",单击【播出时间线】中的【录制】按钮,【物件树】中第一行单击"隐藏显示物件"(眼睛关闭),【动画调节窗】内显示动画轨起始端,播放头向右拖动 2 帧,单击"隐藏显示物件"(眼睛打开),入动画制作完成。

2) 动画 1

步骤1:单击【时间线】中的【添加】按钮添加"动画 1",单击【物件树】中的"摄像机",单击【录制】按钮,将播放头拖至【动画调节窗】最左端,在【物件属性】中调整摄像机位置中的 X、Y、Z 分别为 -91.100、113.500、449.100,将播放头拖至第 50 帧位置,调整摄像机位置中的 X、Y、Z 分别为 -91.100、113.500、400.00,右击单击 X、Y、Z 动画开头的关键帧,将"类型"调整为"动态"。

步骤2:将播放头拖至【动画调节窗】最左端,在【物件属性】中调整摄像机方向中的摇、俯仰分别为 14.000、9.800,将播放头拖至第 50 帧位置,调整摄像机方向中的摇、俯仰分别为 14.000、9.800,右击动画开头关键帧,将"类型"调整为"动态"。

步骤3:将播放头拖至【动画调节窗】最左端,在【物件属性】中调整摄像机镜头中的变焦为 25.000,将播放头拖至第 50 帧位置,调整摄像机镜头中的变焦为 25.000,右击动画开头关键帧,将"类型"调整为"动态"。

步骤4:复制入动画中的动画轨粘贴至动画 1 内。

3）动画 2

步骤 1：单击【时间线】中的【添加】按钮添加"动画 2"，单击【物件树】中的"摄像机"，单击【录制】按钮，将播放头拖至【动画调节窗】最左端，在【物件属性】中调整摄像机位置中的 X、Y、Z 分别为 -91.100、113.500、449.100，将播放头拖至第 50 帧位置，调整摄像机位置中的 X、Y、Z 分别为 -21.900、41.800、176.399，右击单击 X、Y、Z 动画开头的关键帧，将"类型"调整为"动态"。

步骤 2：将播放头拖至【动画调节窗】最左端，在【物件属性】中调整摄像机方向中的摇、俯仰分别为 14.000、9.800，将播放头拖至第 50 帧位置，调整摄像机方向中的摇、俯仰分别为 14.000、3.500，右击动画开头关键帧，将"类型"调整为"动态"。

步骤 3：将播放头拖至【动画调节窗】最左端，在【物件属性】中调整摄像机镜头中的变焦为 25.000，将播放头拖至第 50 帧位置，调整摄像机镜头中的变焦为 25.000，右击动画开头关键帧，将"类型"调整为"动态"。

4）动画 3

步骤 1：单击【时间线】中的【添加】按钮添加"动画 3"，将播放头拖至【动画调节窗】最左端，在【物件属性】中调整摄像机中的焦点位置、焦点范围分别为 200.000、50.000。

步骤 2：将播放头拖至第 50 帧位置，调整摄像机中的焦点位置、焦点范围分别为 350.000、100.220，右击动画开头关键帧，将"类型"调整为"动态"。

5）动画 4

步骤 1：单击【时间线】中的【添加】按钮添加"动画 4"，将播放头拖至【动画调节窗】最左端，在【物件属性】中调整摄像机中的焦点位置、焦点范围分别为 350.000、100.220。

步骤 2：将播放头拖至第 50 帧位置，调整摄像机中的焦点位置、焦点范围分别为 200.000、50.000。

6）动画 5

步骤 1：单击【时间线】中的【添加】按钮添加"动画 5"，将播放头拖至【动画调节窗】最左端，在【物件属性】中调整摄像机中的位置 X、Y、Z 分别为 -21.900、41.800、176.399，方向中的摇、俯仰分别为 14.000、3.500，镜头中的变焦为 25.000。

步骤 2：将播放头拖至第 50 帧位置，调整摄像机中的位置 X、Y、Z 分别 325.700、64.500、-35.901，方向中的摇、俯仰分别为 -63.600、7.400，镜头中的变焦为 23.820，右击动画开头关键帧，将"类型"调整为"动态"。

7）动画 6

步骤 1：单击【时间线】中的【添加】按钮添加"动画 6"，将播放头拖至【动画调节窗】最左端，在【物件属性】中调整摄像机中的位置 X、Y、Z 分别为 325.700、64.500、-35.901，方向中的摇、俯仰分别为 -63.600、7.400，镜头中的变焦为 23.820。

步骤 2：将播放头拖至第 50 帧位置，调整摄像机中的位置 X、Y、Z 分别 257.400、34.500、-218.001，方向中的摇、俯仰分别为 -119.900、1.600，镜头中的变焦为 25.000，右击动画开头关键帧,将"类型"调整为"动态"。

8)出动画

步骤:复制"入动画"粘贴到"出动画",单击【时间线】内"翻转动画"按钮。

注 关键帧类型由"正常"调整为"动态",形状由圆形变为菱形。

3.13.3 空间应用

3.13.3.1 物件制作

步骤1:制作背景图,添加二维物件【矩形】到【物件树】,添加纹理【平面纹理】到【矩形】,纹理类型选择图片,在物件属性的【文件】框内添加平面纹理的图片,纹理虚化调整为0.010,此图作为背景。

步骤2:制作背景网格png格式图片叠加效果,添加二维物件【矩形】到【物件树】,添加纹理【平面纹理】到【矩形】,纹理类型选择图片,在物件属性的【文件】框内添加平面纹理的图片,纹理虚化调整为0.010,透明度调整为0.99。

添加网格地面

步骤3:添加网格地面,旋转中X调整为-90,添加像素特技"划像"到【网格】和【网格地面】上,调整划像形状、进度、边比例,如上图所示。

步骤4:做表格标题,添加【文字】到【物件树】,文字类型选择"复杂二维文字",选择【面色显示】,渐变类型选择"单体渐变",渐变角度为-90,颜色变化曲线两端颜色左RGB为147,81,0,右RGB为196,115,1,选择边显示,渐变类型选择"整体单色",边宽度为25,边颜色RGBA均为255,边界大小为25。

步骤 5：制作表格背景，添加二维物件【矩形】到【物件树】，添加纹理【平面纹理】到【矩形】，纹理类型选择"图片"，在物件属性的【文件】框内添加平面纹理的图片，透明度调整为 0.99。

步骤 6：叠加丰富表格的背景，添加二维物件【矩形】到【物件树】，添加纹理【平面纹理】到【矩形】，纹理类型选择"图片"，在物件属性的【文件】框内添加平面纹理的图片，纹理虚化调整为 0.010，透明度调整为 0.99，复制出该【矩形】6 个编为一组。

步骤 7：制作横坐标内容在表格下方，添加 6 个【文字】到【物件树】编为一组，【组】命名为横坐标内容。

步骤 8：制作纵坐标数据在表格下方，添加 4 个【文字】到【物件树】编为一组，【组】命名为纵坐标数据。

步骤 9：制作三维曲线，添加三维物件【曲线】到【物件树】，点集数值分别改一下，线类型为平均分割，选择显示信息，字号 30，选择三维，线宽为 1。在【曲线】上加特效【遮罩】。

步骤 10：制作三维点，添加三维物件 6 个【圆柱体】到【物件树】，旋转 X 轴为 90，一个圆柱对应一个曲线点（见下图）。

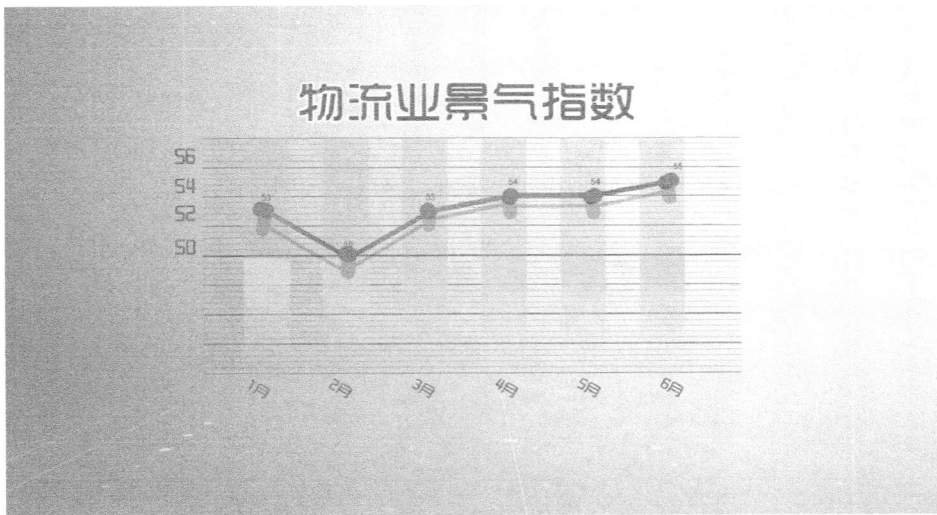

制作三维曲线

步骤 11：将所有物件（除背景）编成一个【大组】。

3.13.3.2　动画制作

1）入动画

步骤 1：录制动画，将【标题】第一帧闭眼，下一帧睁眼，位置 Y 轴数值 K 帧，从 55 到 33.5。

步骤 2：将 6 个圆柱体逐个 K 帧，第 1 帧闭眼，下一帧睁眼，缩放 X 轴数值 K 帧，从 0 到 1。

步骤 3:给【曲线】的【遮罩】K 帧,右到左的进度从 1 到 0。

步骤 4:给【大组】K 状态帧,透明度 0.99,缩放 xyz 均为 1。

步骤 5:给【大组】的位置 K 帧,位置 xyz 帧第 1 帧为 73.600,8.6,77.2,第 48 帧为 45.5,－6.5,147.31,第 106 帧为 33.6,2,157.41,第 156 帧为 1.67,－7,142,第 196 帧均为 0。

步骤 6:给【大组】的旋转 K 帧,位置 xyz 帧第 1 帧为－20,54,3,第 106 帧为－15,38,1.349,第 196 帧均为 0。

步骤 7:给摄像机 K 帧,录制动画,第 1 帧闭眼,第 2 帧睁眼。

2) 出动画

翻转入动画,缩短时间轨为 10 帧。

3.13.4 钻石

3.13.4.1 物件制作

1) 物件 1

步骤:添加组物件【组】到【物件树】。

2) 物件 2

步骤 1:添加三维物件【旋转体】到【组】,在旋转体"结构参数"中水平分割、垂直分割分别调整为 32、4。

步骤 2:在"截面曲线"界面绘制下图所示曲线。

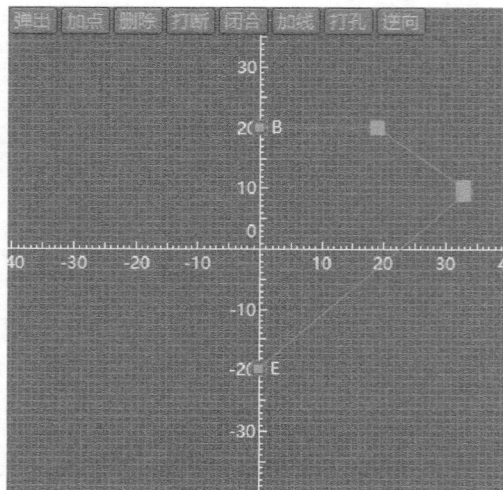

绘制截面曲线

步骤 3:对材质中的参数进行调整,透明度调整为 0.900,漫反射中的 R、G、B 调整为 255,环境光中 R、G、B 调整为 0。

步骤 4:添加二维物件【反射纹理】到步骤 3 制作好的旋转体,纹理类型选择"图片",纹理虚化调整为 0.100,纹理方式调整为"裁剪"。

步骤 5:添加其他特效【辉光效果】到步骤 4 制作好的旋转体,辉光强度调整为 0.500。

3.13.4.2　动画制作

1) 入动画

步骤 1:选中【时间线】中的"入动画",单击【播出时间线】中的【录制】按钮,【物件树】中第一行单击"隐藏显示物件"(眼睛关闭),【动画调节窗】内显示动画轨起始端,播放头向右拖动 1 帧,单击"隐藏显示物件"(眼睛打开)。

步骤 2:选中物件树中组的物件属性中的"位置",R 右侧调整为"相对",单击【播出时间线】中的【录制】按钮,Cy 输入 0.000,将播放头拖至 100 帧处,修改 Ry 为 100。

步骤 3:选中旋转动画中 Y 轴动画轨,右击结尾关键帧,循环方式选择普通循环,选择无限循环。

2) 出动画

步骤:复制入动画中步骤 1 所做动画至出动画的【动画调节窗】,单击【时间线】内的【翻转动画】。

3.13.5　粒子

3.13.5.1　物件制作

1) 物件 1

步骤 1:添加组物件【组】到【物件树】,添加两个二维物件【矩形】到【组】内。

步骤 2:对两【矩形】材质参数进行调整,漫反射的 R、G、B 分别调整为 31、58、75,其他参数不变。

步骤 3:添加像素特技【镜头光晕】到第一个【矩形】,进度调整为 0.970,初始坐标 x 调整为 0.390,初始坐标 y 调整为 0.500,运行方向调整为 186.600,运行速度调整为 0.390。

2) 物件 2

步骤 1:添加三维物件【粒子】到【物件树】,在"结构参数"中最大个数调整为 100,生命周期容差调整为 50.000,最大个数调整为 100,单次发射个数调整为 5,选择排序、广告版模式;调整尺寸变化曲线;在"环境作用力"中重力大小调整为 0.100,空气阻力调整为 0.300;在"粒子发射源"中发射源类型选择平面,发射位置容差调整为 100.000,平面宽、平面高均调整为 100.000,速度调整为 0.100,速度容差调整为 100.000,X 方向容差、Y 方向容差、Z 方向容差均调整为 100.000;调整颜色变化曲线。

步骤 2:添加纹理物件【平面纹理】到步骤 1 制作好的【粒子】上,在物件属性的【文件】框内添加平面纹理的图片,纹理类型选择"图片"。

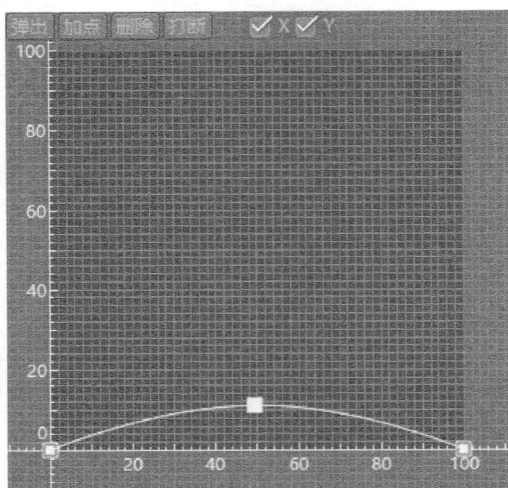

调整尺寸变化曲线

调整颜色变化曲线

3）物件 3

步骤 1：添加组物件【组】到【物件树】，添加三维物件【粒子】到【组】内。在"结构参数"中调整粒子生命为 400，生命周期容差调整为 50.000，最大个数调整为 200，单次发射个数调整为 160，发射个数容差调整为 50.000，选择跟随包络框、广告版模式、按运动方向旋转；调整尺寸变化曲线；在"环境作用力"中空气阻力调整为 0.300，其余参数均为 0.000；在"粒子发射源"中发射源类型选择手绘发射源，发射位置容差调整为 100.000，速度调整为 0.010，速度容差调整为 100.000，X 方向容差、Y 方向容差、Z 方向容差均调整为 360.000，其余参数均为 0.000；调整路径曲线、颜色变化曲线。

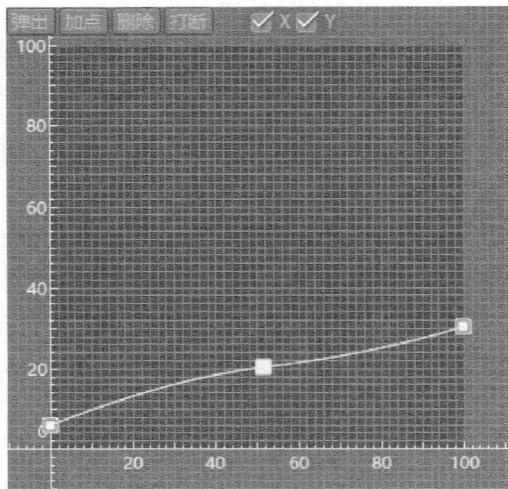

调整尺寸变化曲线

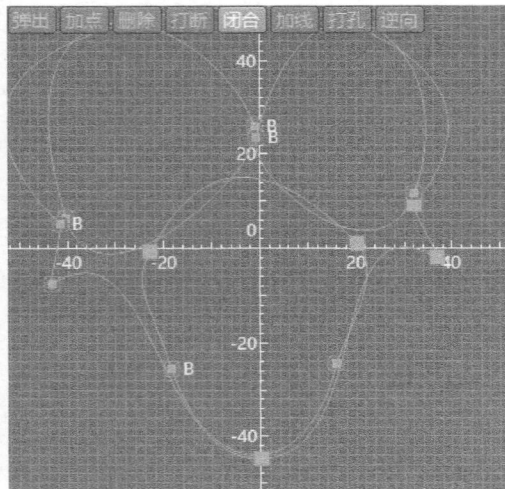

调整路径曲线

调整颜色变化曲线

步骤 2：添加纹理物件【平面纹理】到步骤 1 制作好的【粒子】上，在物件属性的【文件】框内添加平面纹理的图片，纹理类型选择"图片"。

4）物件 4

步骤 1：添加组物件【组】到【物件树】，添加两个二维物件【矩形】到【组】内，第一个【矩形】宽度、高度均调整为 120.000，第二个【矩形】宽度、高度均调整为 150.000。

步骤 2：添加纹理物件【平面纹理】到步骤 1 制作好的两个【矩形】上，在物件属性的【文件】框内添加平面纹理的图片，纹理类型选择"图片"，将第一个【矩形】旋转调整为 180.000。

步骤 3：对两【矩形】材质参数进行调整，透明度均调整为 0.990，第一个【矩形】环境光的 R、G、B 均调整为 145，第二个【矩形】环境光的 R、G、B 均调整 178，两个【矩形】高光的 R、G、B 均调整为 255。

5）物件 5

步骤 1：添加组物件【组】到【物件树】，添加 4 个组物件【组】到【组】内，在 4 个【组】中分别添加 4 个、5 个、4 个、4 个二维物件【矩形】。

步骤 2：添加纹理物件【平面纹理】到步骤 1 制作好的 17 个【矩形】上，在物件属性的【文件】框内添加平面纹理的图片，纹理类型选择"图片"，根据制作需要调整纹理的旋转参数。

步骤 3：对所有【矩形】材质参数进行调整，所有【矩形】高光的 R、G、B 均调整为 255，环境光的 R、G、B 参数根据制作需要进行调整。

3.13.5.2　动画制作

1）入动画

步骤 1：单击选中【物件树】最上一行整个素材，单击【播出时间线】中的【录制】按钮，修改摄像机参数，Y、Z 均调整为 200.000，将播放头拖至 150 帧出，调整 Y 为 - 20.000，Z 为 3.000。

步骤 2：选中【时间线】中的"入动画"，【物件树】中第一行单击"隐藏显示物件"（眼睛关闭），【动画调节窗】内显示动画轨起始端，播放头向右拖动 1 帧，单击"隐藏显示物件"（眼睛打开）。

步骤 3：单击选中【物件树】中的【镜头光晕】，将播放头拖至 73 帧处，将【镜头光晕】运行方向调整为 286.000，将播放头拖至 150 帧处，将【镜头光晕】运行方向调整为 186.600。

2）出动画

步骤：选中【时间线】中的"出动画"，单击【播出时间线】中的【录制】按钮，【物件树】中第一行单击"隐藏显示物件"(眼睛打开),【动画调节窗】内显示动画轨起始端,播放头向右拖动1帧,单击"隐藏显示物件"(眼睛关闭)。

3.13.6 球体天气预报

本案例讲解球体天气预报动画案例,前期部分主要涉及 GIS 定位物件的基本知识,内容相对简单;后期部分是本例的重点,会详细讲解天气特效等的使用。

1)建立模型

步骤 1:启动 iArtist,在左侧的【应用工具栏】中选择【GIS】选项卡中的【GIS 球】物件,直接将物件拖动到【素材渲染窗】。此时在右侧的【属性显示窗】中可以看到这个 GIS 球默认的空间属性和物件属性。

步骤 2:在【物件树】中右击【GIS 球】物件,在弹出的选项卡中选择【添加平面纹理】。此时右侧【属性显示窗】中的【物件属性】窗口将弹出【平面纹理】属性窗,单击【平面纹理】属性窗中文件地址栏后的【…】选项,即可从本地文件中选择世界地图作为贴图贴到 GIS 球上,纹理类型一栏选择"图片"。

提示 安装 iArtist 之后,在【本地档案】的【本地纹理】中可以置入世界地图,也可在数字图形资产云平台中下载和使用世界地图。

步骤 3:在【属性显示窗】中调整球体的空间大小,旋转球体达到一个合适的位置。

2)创建天气点

步骤 1:单击【应用工具栏】中【组物件】里的第一个选项【组】,直接拖动到【物件树】中GIS 球所在栏的空白处,创建一个包含我们建立的 GIS 球模型的组。

步骤 2:单击【应用工具栏】中【三维物件】里的【球体】,将其拖动到【物件树】中 GIS 球所在栏的空白处,将新建的球体添加进组。同时给球体添加无图案贴图,在【空间属性】中将球体缩放到合适大小,在【物件属性】中将其颜色做进一步调整。

步骤 3:单击【应用工具栏】中【其他特效】里的【天气点】,将其拖动到【物件树】中球体所在栏的空白处,即球体物件上添加天气点。

步骤 4:在【球体】的【物件属性】栏中选择【天气点】,选择【GIS 生效】选项框,输入坐标点。我们以北京(北纬 $39°54'27''$,东经 $116°23'17''$)为例,输入准确经度和纬度,天气点就会在 GIS 球上出现。它是步骤 2 中创建的球体,同时也是以经纬度为坐标依附在我们创建出的 GIS 球上的天气点。

注意 在输入坐标时,东经和北纬为正向,西经和南纬为负向。故输入西经和南纬时需要添加"-"。

3)放置天气标

步骤 1:单击【应用工具栏】中【二维物件】里的【矩形】,将其拖动到【物件树】中球体所在栏的空白处,使矩形与球体相连接。

步骤 2:通过【空间属性】改变矩形的大小、形状和位置,使它在空间位置上漂浮在天气点上方。右击【物件树】中的矩形,选择【添加平面纹理】,在右侧【物件属性】窗口选择天气图作为上传的贴图文件,即可完成天气标的放置。

步骤 3(非必要步骤):在完成以上步骤后,单击【物件属性】中所选贴图的文件位置最右侧小方块,可将天气标设为引出项。我们可以将其命名为"北京天气标"。

注意 设为引出项后,在其他软件上进行数据连接和更新,即可实时替换该天气标。

4) 添加其余天气标

与 2)创建天气点、3)放置天气标的步骤相同,可以继续在 GIS 球上创建其他城市的天气标,最后完成当日的天气预报。保存后在播控系统中即可播放。

3.13.7　光源与灯光

3.13.7.1　建立整体结构

步骤 1:打开 iArtist,在左侧【应用工具栏】中【组物件】按钮里选择【组】,将其直接拖动至【物件树】中,并重命名为【凡·高的卧室】。同时删除物件树中默认的灯光物件。

步骤 2:连续在【组物件】中选择【组】,将其拖动至物件树中,形成自动命名的【组 1】、【组 2】。将新建的两个组并列放置在【凡·高的卧室】组下,并依次重命名为【y】和【lighty】。

步骤 3:在【y】组内添加组,重命名为【yx】。在【yx】组内添加【圆柱体】物件,并重命名为【lightcenter_null】。调整【圆柱体】物件参数,将其【顶外半径】或者【底外半径】中任意一个数值调整为 0,同时将【水平分割】调整为 6,【填充模式】调整为网格填充,【材质】的四种光线全部调整为白光,可大致得到如【多棱锥物件】所示物件。

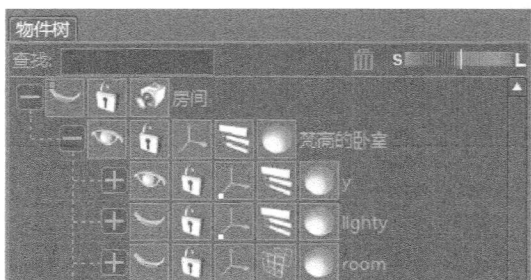

物件树窗口

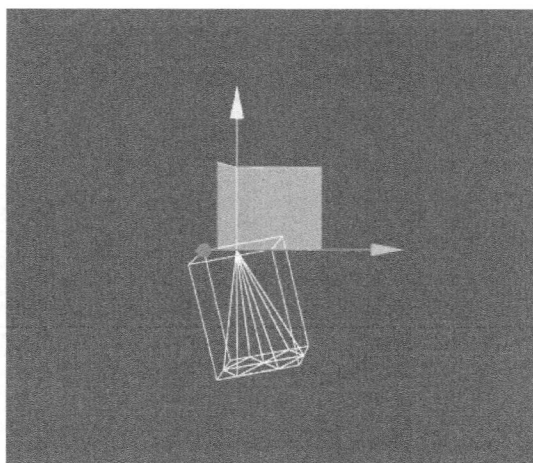

多棱锥物件

步骤 4:在【lighty】组内添加组,重命名为【lightx】。在【lightx】组内添加【灯光】物件,重命名为【light_spot】,将灯光参数调整为【聚光灯】。随后在【lightx】组内添加【圆柱体】物件,并重命名为【lightcenter】。调整【圆柱体】物件参数,与步骤3类似。为了便于区分两个【圆柱体】物件,将【lightcenter】的高度缩短,同时【材质】的四种光线全部调整为黄光,此时渲染窗口如下图所示。

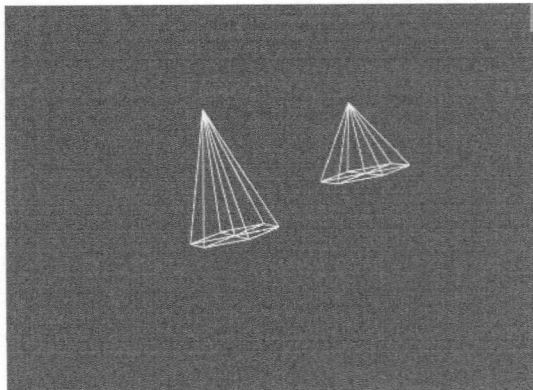

两个物件示意

3.13.7.2 创建卧室

步骤1:在【应用工具栏】中【三维物件】按钮里选择【网格】,将其拖动到【物件树】中【凡·高的卧室】组内并重命名为【room】。打开网格的【结构参数】栏,选择相应文件导入。

注意 因本案例重点在于实际场景中光源与灯光的使用,故场景搭建部分较为简略,素材来自 CG SaaS 数字图形资产云平台。

步骤2:调整导入的图形文件的位置及参数。以【FLOOR】为例,导入后可适当添加平面纹理、法线纹理、凹凸纹理,同时添加阴影接受效果使整体更逼真。添加完的效果如下图所示。

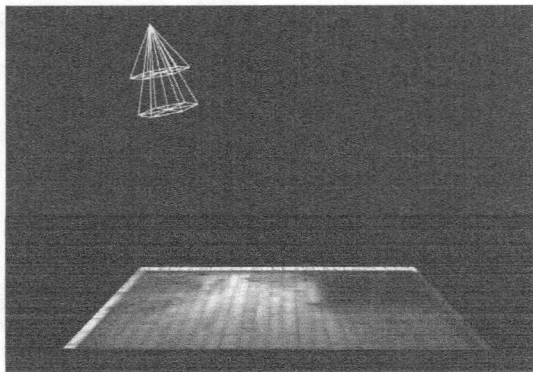

FLOOR 添加效果示例

步骤 3：调整整个场景的物件位置、色彩及效果。调整完毕后【物件树】中【room】栏下状态如图 1，场景整体如图 2 所示。

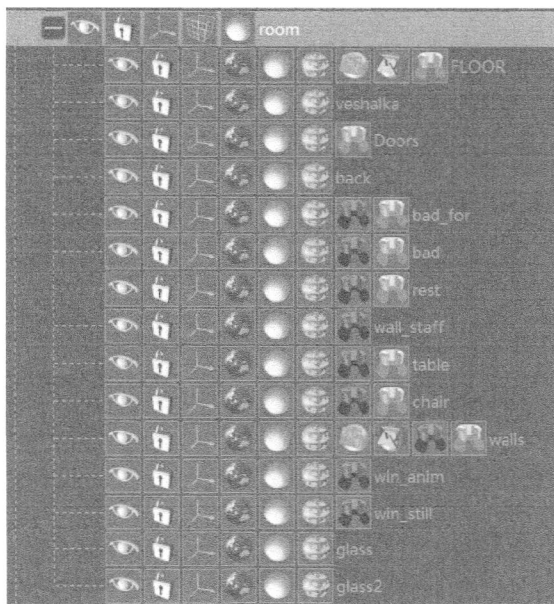

图 1　物件树窗口

图 2　渲染窗口

3.13.7.3　创建数据连接

步骤 1：在【凡·高的卧室】组下添加新的【三维物件】—【立方体】，并重命名为【x】。将立方体的结构参数长宽高均改为 0.01 使之变到极小。

步骤 2：在【凡·高的卧室】组下添加【数据计算】—【数据范围】，重复添加 5 次，将所有的数据范围物件依次重命名为【y_Hori】、【 y_Height】、【 y_Depth】、【 light_intensity】、【 light_colour】。如下图所示。

数据计算添加示例

步骤 3：单击菜单中的【数据管理】，点开【参数连接管理】窗口，进行参数的连接。在【内部连接】中依次选择【目标物件】、【目标参数】、【源物件】、【源参数】并选择【操作符】，设置【操作数】和【精度】，单击【连接】。

本案例中，为了实现光源与灯光的调控，一共要实现 22 次参数连接。具体操作如下，完成后如下图所示。

参数连接示例

（1）单击目标物件【light_spot】、目标参数【位置\X】、源物件【y】、源参数【位置\X】,选择操作符【＝】,设置操作数为 0.100,调整精度为 3,单击【连接】。

（2）单击目标物件【light_spot】、目标参数【位置\Y】、源物件【y】、源参数【位置\Y】,选择操作符【＝】,设置操作数为 0.000,调整精度为 3,单击【连接】。

（3）单击目标物件【light_spot】、目标参数【位置\Z】、源物件【y】、源参数【位置\Z】,选择操作符【＝】,设置操作数为 0.100,调整精度为 3,单击【连接】。

（4）单击目标物件【lighty】、目标参数【旋转中心\X】、源物件【y】、源参数【位置\X】,选择操作符【＝】,设置操作数为 0.000,调整精度为 3,单击【连接】。

（5）单击目标物件【lighty】、目标参数【旋转中心\Y】、源物件【y】、源参数【位置\Y】,选择操作符【＝】,设置操作数为 0.000,调整精度为 3,单击【连接】。

（6）单击目标物件【lighty】、目标参数【旋转中心\Z】、源物件【y】、源参数【位置\Z】,选择操作符【＝】,设置操作数为 0.000,调整精度为 3,单击【连接】。

（7）单击目标物件【lighty】、目标参数【位置\X】、源物件【lighty】、源参数【旋转中心\X】,选择操作符【＝】,设置操作数为 0.000,调整精度为 3,单击【连接】。

（8）单击目标物件【lighty】、目标参数【位置\Y】、源物件【lighty】、源参数【旋转中心\Y】,选择操作符【＝】,设置操作数为 0.000,调整精度为 3,单击【连接】。

（9）单击目标物件【lighty】、目标参数【位置\Z】、源物件【lighty】、源参数【旋转中心\Z】,选择操作符【＝】,设置操作数为 0.000,调整精度为 3,单击【连接】。

（10）单击目标物件【lightx】、目标参数【旋转中心\X】、源物件【y】、源参数【位置\X】,选择操作符【＝】,设置操作数为 0.000,调整精度为 3,单击【连接】。

（11）单击目标物件【lightx】、目标参数【旋转中心\Y】、源物件【y】、源参数【位置\Y】,选择操作符【＝】,设置操作数为 0.000,调整精度为 3,单击【连接】。

（12）单击目标物件【lightx】、目标参数【旋转中心\Z】、源物件【y】、源参数【位置\Z】,选择操作符【＝】,设置操作数为 0.000,调整精度为 3,单击【连接】。

（13）单击目标物件【lightx】、目标参数【位置\X】、源物件【lightx】、源参数【旋转中心\X】,选择操作符【＝】,设置操作数为 0.000,调整精度为 3,单击【连接】。

（14）单击目标物件【lightx】、目标参数【位置\Y】、源物件【lightx】、源参数【旋转中心\Y】,选择操作符【＝】,设置操作数为 0.000,调整精度为 3,单击【连接】。

（15）单击目标物件【lightx】、目标参数【位置\Z】、源物件【lightx】、源参数【旋转中心\Z】,选择操作符【＝】,设置操作数为 0.000,调整精度为 3,单击【连接】。

（16）单击目标物件【lighty】、目标参数【旋转\Z】、源物件【y】、源参数【旋转\Z】,选择操作符【＝】,设置操作数为 0.000,调整精度为 3,单击【连接】。

（17）单击目标物件【lightx】、目标参数【旋转\X】、源物件【yx】、源参数【旋转\X】,选择操作符【－】,设置操作数为 90.000,调整精度为 3,单击【连接】。

（18）单击目标物件【y】、目标参数【位置\X】、源物件【y_Hori】、源参数【参数\当前值】,

选择操作符【=】,设置操作数为 0.000,调整精度为 3,单击【连接】。

(19)单击目标物件【y】、目标参数【位置\Y】、源物件【y_Height】、源参数【参数\当前值】,选择操作符【=】,设置操作数为 0.000,调整精度为 3,单击【连接】。

(20)单击目标物件【y】、目标参数【位置\Z】、源物件【y_Depth】、源参数【参数\当前值】,选择操作符【=】,设置操作数为 0.000,调整精度为 3,单击【连接】。

(21)单击目标物件【light_spot】、目标参数【灯光参数\线性衰减】、源物件【light_intensity】、源参数【参数\当前值】,选择操作符【=】,设置操作数为 0.000,调整精度为 3,单击【连接】。

(22)单击目标物件【light_spot】、目标参数【灯光参数\漫反射】、源物件【light_colour】、源参数【参数\当前值】,选择操作符【-】,设置操作数为 90.000,调整精度为 3,单击【连接】。

3.13.7.4　欣赏灯光效果

步骤 1:在左侧【物件树】窗口中选中立方体【x】,此时渲染窗口如下图所示。

选中立方体

步骤 2:通过鼠标拖动或者改变空间属性来变更【x】的位置,此时可以发现灯光跟随【x】的变化而变化。当【x】移到左侧时,场景光线如图 1 所示;当【x】移到右侧时,场景光线如图 2 所示;当将【x】的 Z 轴数据变大时,场景光线如图 3 所示。

图 1　光源偏移至左侧

图 2　光源偏移至右侧

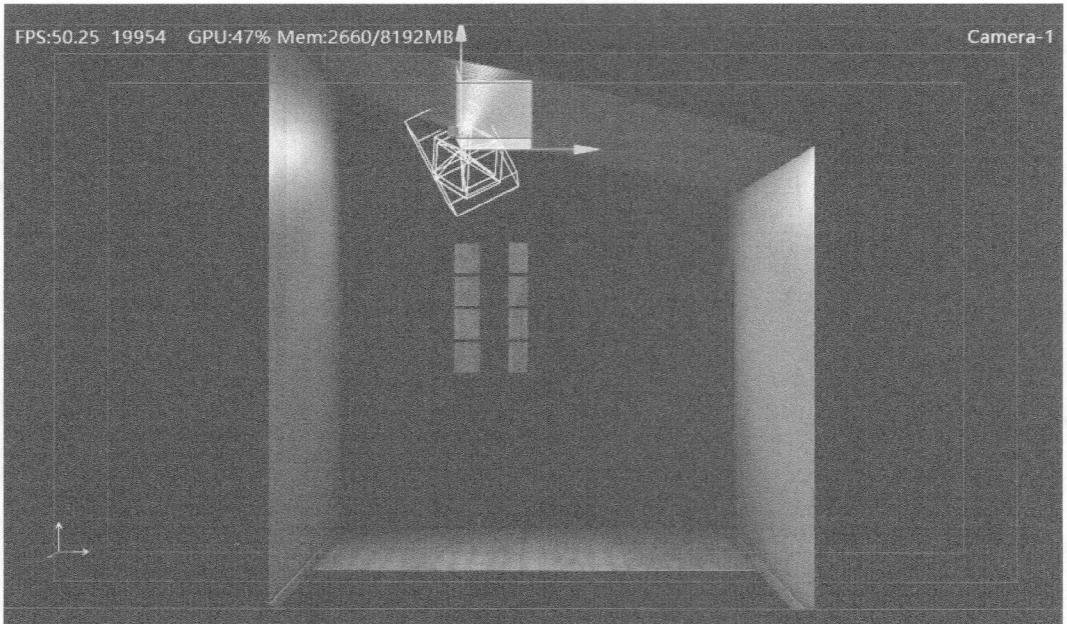

图3　光源偏移至上方

步骤3：此外，还可以在【light_spot】物件中【灯光参数】栏调整光源的类型、范围、漫反射、线性衰减等数值，从而改变场景整体的效果。

3.13.8　金属尺

本案例操作简单，主要用于学习如何展现物件的材质以及增强物件的真实感。通过制作两根旋转的金属尺了解纹理与贴图的使用。

3.13.8.1　制作尺子(1)

步骤1：从左侧【应用工具栏】中选择【组物件】—【组】，拖动到【物件树】窗口，作为后续操作的基础。

步骤2：从左侧【应用工具栏】中选择【三维物件】—【立方体】，拖动到组内并重命名为【metal_ruler1】。在右侧【物件属性】—【特有属性】窗口中将参数调整至合适。本案例中可以将宽度改成35.000，高度改成3.000，厚度改成0.100，切角大小改成0.000，倒角分割为6，选择切角选项。

步骤3：右击【metal_ruler1】，选择【添加平面纹理】。在右侧的【物件属性】中添加纹理图片，选择纹理类型为【图片】，尺子图片如图1所示，属性框状态如图2所示。

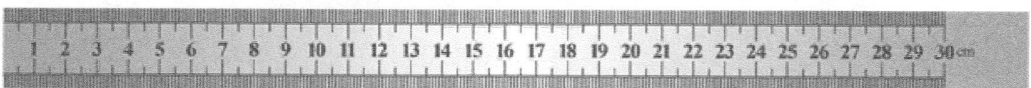

图1　尺子图片示例

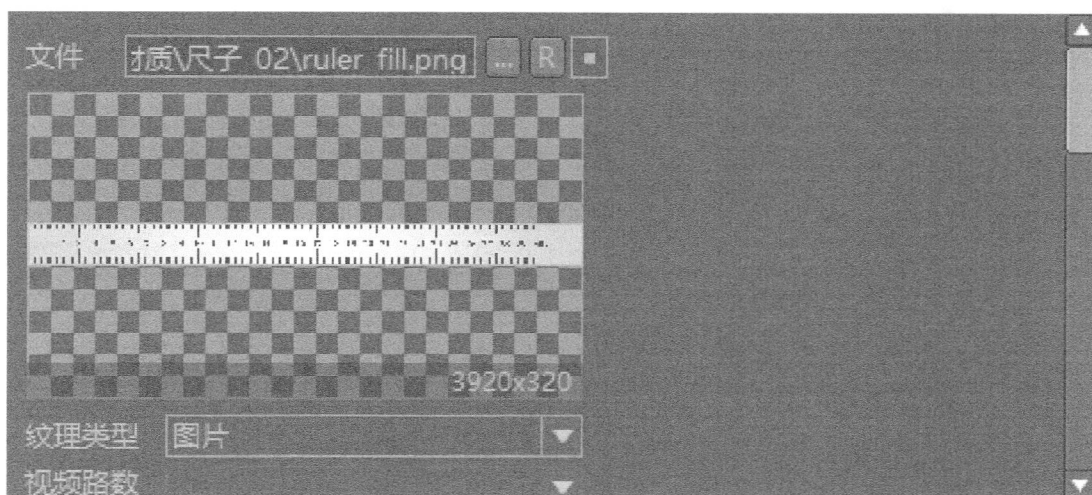

图 2　属性框示例

步骤 4：右击【metal_ruler1】，选择【添加法线纹理】。在右侧的【物件属性】中添加纹理图片，选择纹理类型为【图片】，图片如下图所示。

法线纹理图片

步骤 5：右击【metal_ruler1】，选择【添加反射纹理】。在右侧的【物件属性】中添加纹理图片，选择纹理类型为【图片】，图片如下图所示。

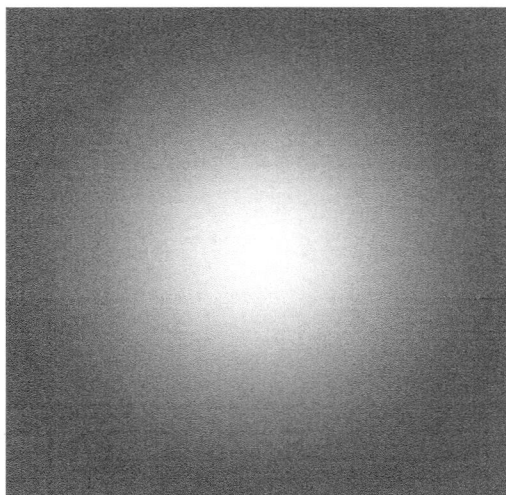

反射纹理图片

3.13.8.2 制作尺子(2)

步骤1:从左侧【应用工具栏】中选择【三维物件】—【立方体】,拖动到组内并重命名为【metal_ruler2】。在右侧【物件属性】—【特有属性】窗口中将参数调整至合适。本案例中可以将宽度改成35.000,高度改成3.000,厚度改成0.100,切角大小改成0.000,倒角分割改成6,选择切角选项。

步骤2:右击【metal_ruler2】,选择【添加平面纹理】。在右侧的【物件属性】中添加纹理图片,选择纹理类型为【图片】图片与尺子图片示例相同。

步骤3:右击【metal_ruler2】,选择【添加法线纹理】。在右侧的【物件属性】中添加纹理图片,选择纹理类型为【图片】,图片与法线纹理图片相同。

步骤4:右击【metal_ruler2】,选择【添加反射纹理】。在右侧的【物件属性】中添加纹理图片,选择纹理类型为【图片】,图片如下图所示。

反射图片示例(2)

步骤5:观察此时两把尺子在材质与反射上的区别。

3.13.8.3 制作尺子动画(1)

步骤1:单击【物件树显示窗】中【metal_ruler1】物件的【位置】按钮,在右侧【属性显示窗】中单击【Rx】选项后的输入框,同时按"Ctrl + K"键,即可在下方【时间线】窗口看到一个建立在【metal_ruler1】—【旋转】—【X】的关键帧。

步骤2:将【时间线】窗口中的黄色光标向右侧拉至任一位置,再次单击【Rx】选项后的输入框,添加动画的第二个关键帧。

步骤 3：在【metal_ruler1】这个关键帧组中，单击【X】的第一个关键帧（显示为圆点而非倒三角标），此时 Frame = 0，Value = 0；随后单击【X】的第二个关键帧，将其 Frame 和 Value 均改为 360。修改时，只需在【时间线】窗口顶部找到帧数和曲线值窗口，直接修改数值即可。

步骤 4：单击【素材渲染窗】下方的【播放】按钮，观察动画是否可以正常播放。

3.13.8.4　制作尺子动画(2)

步骤 1：单击【物件树显示窗】中【metal_ruler2】物件的【位置】按钮，在右侧【属性显示窗】中单击【Rx】选项后的输入框，同时按"Ctrl + K"键，即可在下方【时间线】窗口看到一个建立在【metal_ruler2】—【旋转】—【X】的关键帧。

步骤 2：将【时间线】窗口中的黄色光标向右侧拉至任一位置，再次单击【Rx】选项后的输入框，添加动画的第二个关键帧。

步骤 3：在【metal_ruler2】这个关键帧组中，单击【X】的第一个关键帧，此时 Frame = 0，Value = 0；随后单击【X】的第二个关键帧，将其 Frame 和 Value 均改为 360。修改时，只需在【时间线】窗口顶部找到帧数和曲线值窗口，直接修改数值即可。

步骤 4：单击【素材渲染窗】下方的【播放】按钮，观察两个尺子动画是否可以同时正常播放。

3.13.9　数据生成图表

本案例较为简单，主要涉及的知识点是关联动画。通过关联动画直接将数据转化成简单的柱状图，使数据更简明直白，通俗易懂。

3.13.9.1　建立整体结构

步骤 1：在左侧【应用工具栏】的【组物件】中选择【组】，在【物件树】中建立并自动命名为【组】、【组 1】、【组 2】、【组 3】、【组 4】、【组 5】。将【组 5】提到所有组前，使其他组都并列位于【组 5】之下。

步骤 2：在【应用工具栏】的【三维物件】中选择【立方体】，拖动进入【组】；随后从【文字】中选择【文字】，拖动进入【组】。在【组】中【文字】物件的下方再次拖入一个文字物件，自动命名为【文字 1】，从属于【文字】物件。完成后如下图所示。

步骤 3：在【应用工具栏】的【三维物件】中选择【立方体】，拖动进入【组 1】，自动命名为【立方体 1】；随后从【文字】中选择【文字】，拖动进入【组 1】，自动命名为【文字 2】。在【组 1】中【文字 2】物件的下方再次拖入一个文字物件，自动命名为【文字 3】，从属于【文字 2】物件。

步骤 4：在【应用工具栏】的【三维物件】中选择【立方体】，拖动进入【组 2】，自动命名为【立方体 2】；随后从【文字】中选择【文字】，拖动进入【组 2】，自动命名为【文字 4】。在【组 1】中【文字 4】物件的下方再次拖入一个文字物件，自动命名为【文字 5】，从属于【文字 4】

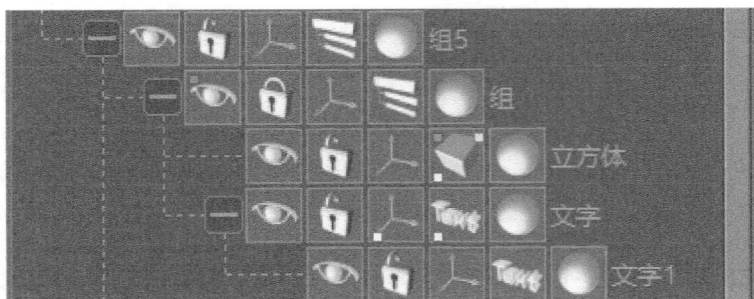

物件树窗口示意

物件。

步骤5：在【应用工具栏】的【三维物件】中选择【立方体】，拖动进入【组3】，自动命名为【立方体3】；随后从【文字】中选择【文字】，拖动进入【组3】，自动命名为【文字6】。在【组3】中【文字6】物件的下方再次拖入一个文字物件，自动命名为【文字7】，从属于【文字6】物件。

步骤6：在【应用工具栏】的【三维物件】中选择【立方体】，拖动进入【组4】，自动命名为【立方体4】；随后从【文字】中选择【文字】，拖动进入【组4】，自动命名为【文字8】。在【组4】中【文字8】物件的下方再次拖入一个文字物件，自动命名为【文字9】，从属于【文字8】物件。

3.13.9.2　建立数据连接

步骤1：单击【菜单栏】中【数据管理】按钮，打开【参数连接管理】，并进行相应参数的连接。

步骤2：本案例中为了实现数据和柱状图形状的连接，共要进行10次内部连接，具体操作为：

（1）单击目标物件【文字】，选择目标参数【文字参数\文本】；单击源物件【立方体】，选择源参数【结构参数\高度】，选择操作符【＝】，输入操作数0，设置精度为0，单击【连接】。

（2）单击目标物件【文字】，选择目标参数【位置\Y】；单击源物件【立方体】，选择源参数【Object\Top】，选择操作符【＋】，输入操作数13，设置精度为0，单击【连接】。

（3）单击目标物件【文字2】，选择目标参数【文字参数\文本】；单击源物件【立方体1】，选择源参数【结构参数\高度】，选择操作符【＝】，输入操作数0，设置精度为0，单击【连接】。

（4）单击目标物件【文字2】，选择目标参数【位置\Y】；单击源物件【立方体1】，选择源参数【Object\Top】，选择操作符【＋】，输入操作数13，设置精度为0，单击【连接】。

（5）单击目标物件【文字4】，选择目标参数【文字参数\文本】；单击源物件【立方体

2〗,选择源参数【结构参数\高度】,选择操作符【＝】,输入操作数 0,设置精度为 0,单击【连接】。

（6）单击目标物件【文字 4】,选择目标参数【位置\Y】;单击源物件【立方体 2】,选择源参数【Object\Top】,选择操作符【＋】,输入操作数 13,设置精度为 0,单击【连接】。

（7）单击目标物件【文字 6】,选择目标参数【文字参数\文本】;单击源物件【立方体 3】,选择源参数【结构参数\高度】,选择操作符【＝】,输入操作数 0,设置精度为 0,单击【连接】。

（8）单击目标物件【文字 6】,选择目标参数【位置\Y】;单击源物件【立方体 3】,选择源参数【Object\Top】,选择操作符【＋】,输入操作数 13,设置精度为 0,单击【连接】。

（9）单击目标物件【文字 8】,选择目标参数【文字参数\文本】;单击源物件【立方体 4】,选择源参数【结构参数\高度】,选择操作符【＝】,输入操作数 0,设置精度为 0,单击【连接】。

（10）单击目标物件【文字 8】,选择目标参数【位置\Y】;单击源物件【立方体 4】,选择源参数【Object\Top】,选择操作符【＋】,输入操作数 13,设置精度为 0,单击【连接】。

3.13.9.3　创建关键帧动画

步骤 1:选择【立方体】,在【顶部工具栏】的【轴心对齐】的【TB】栏选择【下对齐】。

步骤 2:在【结构参数】的【高度】栏设置为 0,按 K 键设置第一个关键帧。

步骤 3:将【时间线】窗口中的黄色光标向右侧拉至任意位置后,在【结构参数】的【高度】栏设置任意数值,再次按 K 键设置第二个关键帧。

步骤 4:单击【素材渲染窗】下方的【播放】按钮,观察是否可以正常播放。

3.13.10　动态关键帧

本案例用于了解动态关键帧的作用和使用方法。

动态关键帧的作用是将不同动画段的动画无缝衔接,随机要播放的某一段动画的起始帧状态和上一段动画末尾帧状态是一样的。

步骤 1:第 1 个动画段,入动画,创建两个矩形【A】和【B】,编组（如下图）。

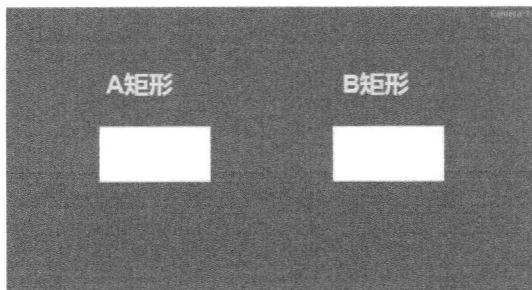

创建矩形

给【组】K 帧"透明度",从 0.01 到 0.99（如下图）。

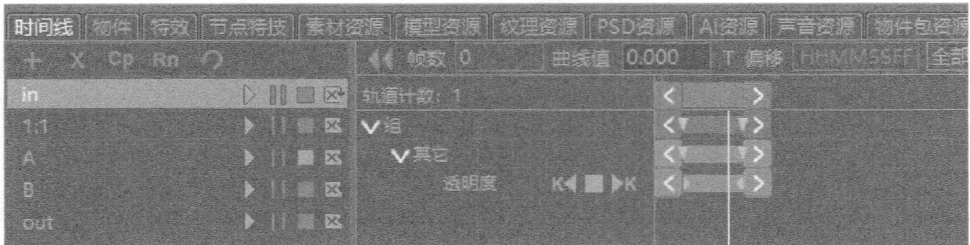

K 帧

步骤 2:第 2 个动画段,给矩形 AB 的"缩放"K 帧,两矩形同样大小。AB 矩形分别 K 帧,第 1 帧状态,【缩放 Sx,y,z】为 0,第 8 帧状态,【缩放 Sx,y,z】为 1。

步骤 3:第 3 个动画段,给矩形 AB 的"缩放"K 帧,A 矩形放大,B 矩形不变。A 矩形 K 帧,第 1 帧状态,【缩放 Sx,y,z】为 1,第 8 帧状态,【缩放 Sx,y,z】为 2。B 矩形 K 帧,【缩放 Sx,y,z】为 1(这个是状态帧)。

步骤 4:第 4 个动画段,给矩形 AB 的"缩放"K 帧,A 矩形缩小,B 矩形放大。A 矩形 K 帧,第 1 帧状态,【缩放 Sx,y,z】为 2,第 8 帧状态,【缩放 Sx,y,z】为 1。B 矩形 K 帧,第 1 帧状态,【缩放 Sx,y,z】为 1,第 8 帧状态,【缩放 Sx,y,z】为 2。

步骤 5:将第 2、3、4 个动画段的首帧动画类型换成动态关键帧。右击第 2、3、4 个动画段的首帧,每个发生改变的物件【缩放 Sx,y,z】,【类型】改为动态,变成动态关键帧。

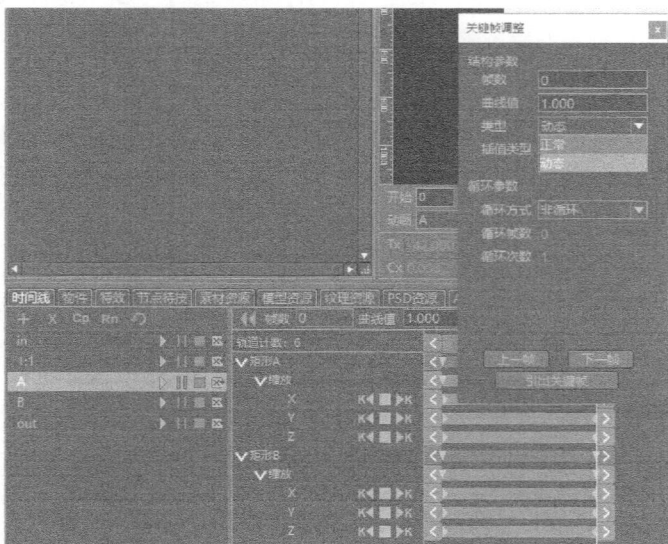

设置动态关键帧

3.13.11　交互案例

步骤 1:下载素材。在 CG SaaS 云平台下载中搜索"故宫"。

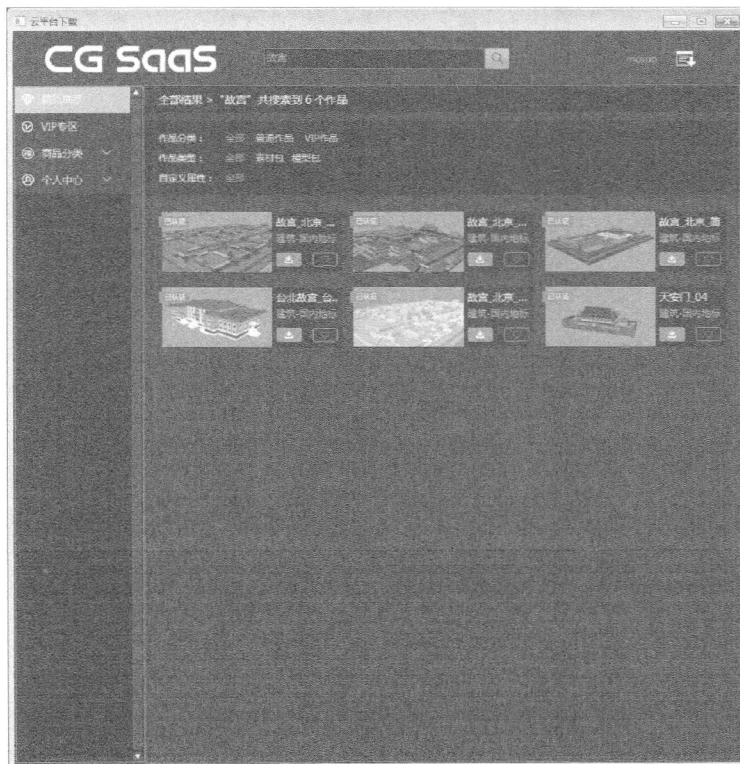

下载素材

步骤 2:在【本地下载管理】中查看素材下载进度。

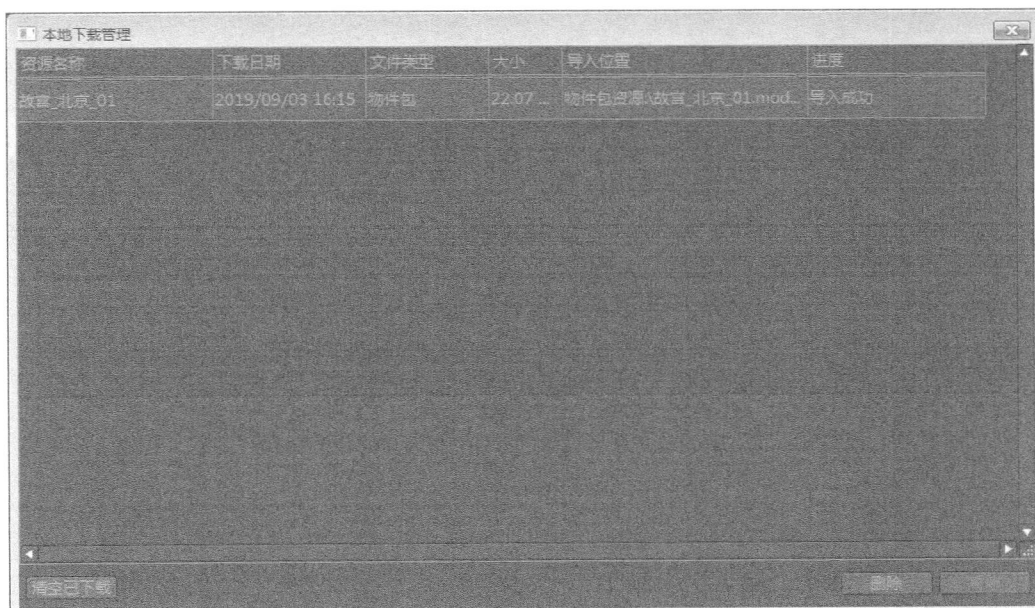

查看下载进度

步骤3：在操作界面下方的【物件包】选项卡中找到下载好的素材"故宫"，将其拖至左侧【物件树】面板。

将素材添加至物件树

步骤4：添加"组物件"至"故宫"，调整中心点和摄像机位置。

调整素材

注 对"故宫"进行"缩放"操作与上述操作类似，通过添加"组物件"进行操作。

第4章

iArtist 进阶

课程概述

本章内容：

- 进阶视觉艺术效果制作
- 进阶质感效果制作
- 进阶动画效果制作
- 进阶虚拟现实制作
- 进阶数据/信息可视化制作
- 进阶数据连接
- 进阶交互制作
- 进阶输出配置
- 进阶脚本技巧
- 案例

本章学习时长约为 20 小时。

4.1　进阶视觉艺术效果制作

4.1.1　灯光及光效模拟效果

灯光是模仿太阳光对物件场景进行的光线照射功能,使物件场景产生阴影效果,从而增加场景的真实感,渲染场景气氛,使场景物件看上去更加真实、丰富。

iArtist 中的灯光有三种:点光源、聚光灯、方向光。

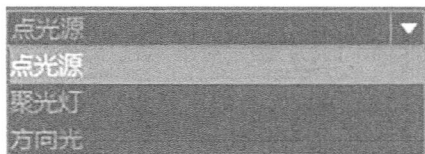

灯光类型

点光源的发光体是一个点,所发射的光呈球面放射状向各个方向发散,可以调节的参数包括光源照射范围、漫反射颜色、线性衰减系数、平方衰减系数、指数衰减系数等。

聚光灯,顾名思义,可以模拟舞台聚光灯的效果,可以调节的参数和点光源类似,除了点光源的参数,聚光灯增加了内角和外角的参数调节。

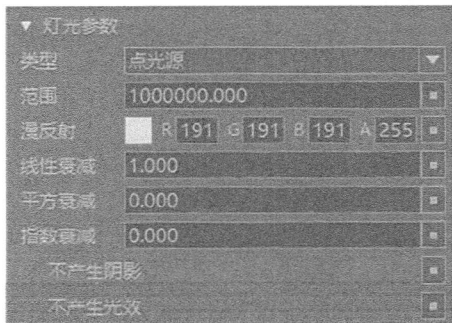

点光源参数

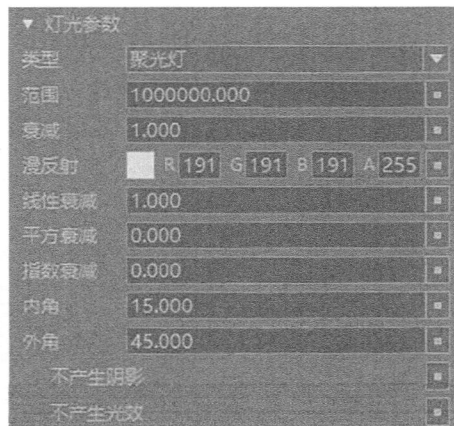

聚光灯参数

方向光即平行光,唯一可以调节的参数为漫反射系数。灯光的调节除了本身物体的参数以外,自身的坐标参数同样可以调节。

方向光参数

4.1.2　景别及景深设置

　　景别和景深是摄影中的两个概念：景别是指由于摄像机与被摄体的距离不同，而影响被摄体在摄影机寻像器中所呈现出的范围大小；景深是指在摄影机镜头或其他成像器前，在被摄主体（对焦点）前后，其影像仍然有一段清晰范围。

　　iArtist 中的摄像机可以通过变焦改变景别，通过选择"景深生效"模拟景深。通过调节焦点位置和焦点范围，可以产生不同的景深效果。

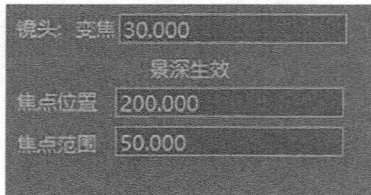

景深设置

4.1.3　动态镜头与空间配合效果

　　动态镜头是指通过调整摄像机的推拉摇移俯仰，可以呈现出不同的画面空间效果和视觉效果，从而增强画面的节奏感和连贯感，呈现不同的画面艺术效果。

　　iArtist 中的动态镜头通过调整摄像机在三维空间的位置和方向，模拟真实摄像机的运动轨迹来产生推拉摇移俯仰的效果，从而呈现接近真实的画面效果。

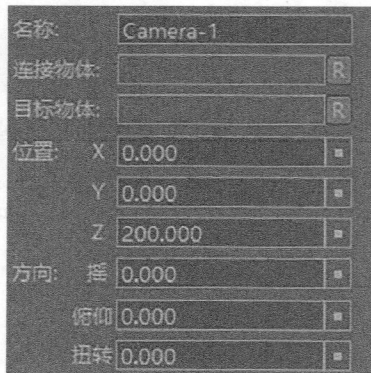

动态镜头设置

4.2　进阶质感效果制作

4.2.1　预制材质

iArtist 中有很多预制材质，方便用户快速使用。预制材质软件内的调取位置为"本地档案—材质预制"，里面包含丝绸、光辉、冬天、夏天、春天、洛可可式、热带、玻璃、秋天、艺术装饰、金属、霓虹灯等不同类型的材质预制，每种类型的材质预制中包含多个子选择。通过选择不同的预制材质，结合相对应的纹理贴图，可以制作出金属、木头、石材、玻璃、钻石等材质效果。

除了软件预制材质球以外，用户也可以通过调节物件本身的"材质"属性实现自定义材质调节。

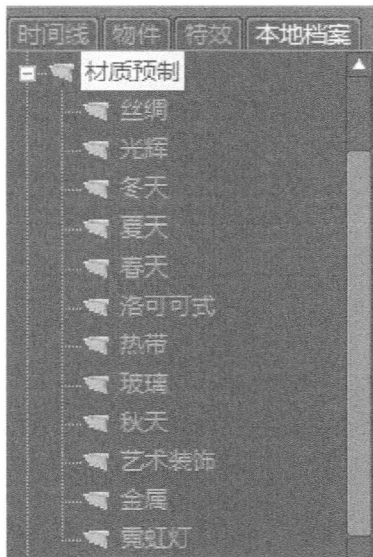

预制材质

4.2.2　水、火及云

iArtist 的二维物件"海洋"可以用于制作水的效果。可以调节宽度、长度、幅度、速度、波浪、网格密度、覆盖面积的结构参数来控制海洋的呈现效果。宽度和长度用于调节水体的面积大小，幅度用于调节水体整体振幅大小，速度用于调节水体的流动速度，波浪用于调节水体起伏形态的变化，网格密度用于调节水体的精细程度，覆盖面积用于调节水体的表面形态。通过调节"海洋"物件的材质属性，结合不同的纹理、反射贴图等，可以制作不同的水体流动的效果。

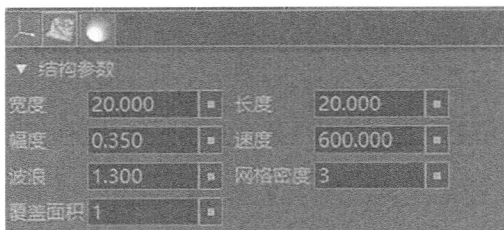

海洋结构参数

火与云的制作均基于 iArtist 中的"粒子"物件，通过在"粒子"物件上添加对应效果的纹理，如平面纹理、通道纹理等，可以产生不同形态的粒子效果。具体来讲，平面纹理用于塑造粒子的特征,如火、云、雾、烟等,通道纹理则用于调节粒子的显示范围,类似于 PhotoShop 中的图层蒙版。

物件"粒子"的特有属性比较复杂,可调节参数包括结构参数、旋转参数、尺寸变化曲线、环境作用力、粒子发射源、路径曲线、颜色变化曲线。

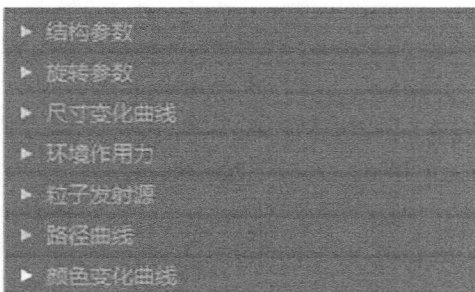

粒子物件属性

结构参数中可调节选项有粒子生命、生命周期容差、最大个数、发射间隔、单次发射个数、发射个数容差等。其中粒子生命是指每个粒子的生命时长;生命周期容差是指粒子生命时长的变化量;最大个数是指允许的粒子的最大数量;发射间隔是指粒子生成的时间间隔;单次发射个数是指每次生成粒子的个数;发射个数容差是指每次生成粒子数的变化量。可以通过调节结构参数中所需要进行变化的选项参数来控制粒子的呈现效果。

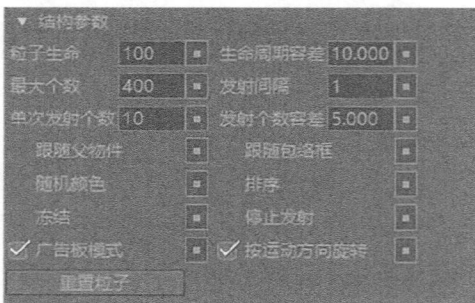

粒子结构参数

旋转参数中可调节选项包括起始角度、起始角度容差、旋转角度、旋转角度容差。其中起始角度即粒子生成时的初始角度,起始角度容差对应变化量;旋转角度指粒子运动过程中的角度变化,旋转角度容差对应变化量。可以通过调节旋转参数中的数值,对粒子进行旋转角度的控制。

粒子旋转参数

尺寸变化曲线用于调节粒子的大小随粒子生命值的时间变化,通过调节曲线弧度大小,可以控制粒子在某段时间内的尺寸变化。

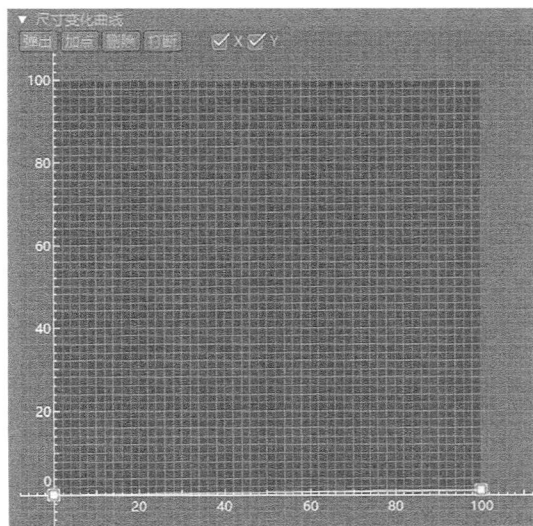

粒子尺寸变化曲线

环境作用力用来模拟真实环境中的作用力,如重力、空气阻力、风力等。具体可调整参数包括重力大小、空气阻力、风力大小、风向 X、风向 Y、风向 Z、乱流、乱流方向 X、乱流方向 Y、乱流方向 Z。重力大小用于模拟由于地球引力产生的重力,空气阻力用于模拟粒子运动过程中受到的空气阻力,风力大小用于模拟由于空气流动对粒子运动产生的作用力,风向 X、风向 Y、风向 Z 用于调节风力的偏移方向,乱流用于模拟由于各种随机因素产生的气层内空气块的不规则运动,乱流方向 X、乱流方向 Y、乱流方向 Z 用于调节乱流的偏移方向。

环境作用力

粒子发射源用于控制粒子的发射方式,具体可调整参数包括发射源类型、发射位置容差、速度、速度容差、发射方向 X、X 方向容差、发射方向 Y、Y 方向容差、发射方向 Z、Z 方向容差。发射源类型的可选项包括手绘发射源、容器发射源、平面、立方体、球体,其中手绘发射源是通过路径曲线手动绘制发射源的形状;发射位置容差是指粒子发射时坐标的偏移变化;速度是指发射粒子的速度;速度容差对应变化量;发射方向用于调节三维空间中粒子起始方向,方向容差对应变化量。

粒子发射源

当发射源类型为"手绘发射源"时,可以通过路径曲线中加点的方式绘制发射源的形状,类似于 PhotoShop 中的路径。

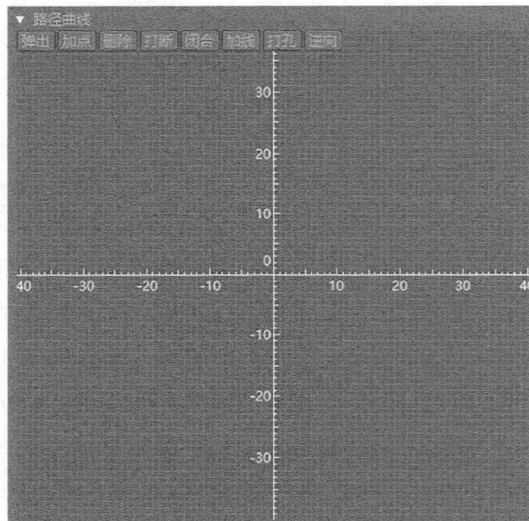

路径曲线

颜色变化曲线用于调节粒子从生成到消失的色彩变化过程,通过调节色条上方的ALPHA(透明度)滑标,可以调节粒子的透明度变化,通过调节色条下方的 RGB(颜色)滑标,可以调节粒子的颜色变化。

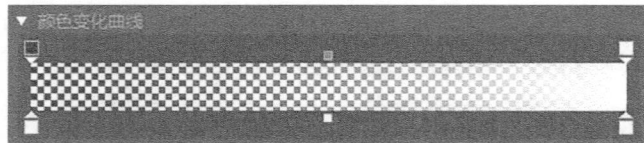

颜色变化曲线

4.2.3　阴影、倒影、反射、折射及干扰

iArtist 通过阴影生成、阴影接受这一组特效可以模拟物体在灯光下的阴影效果。

阴影生成特效的对象是需要生成阴影的物件,其可调节参数只有一个"生效"选择项。

阴影生成

阴影接受特效的对象是可以接受阴影的物件,其可调节参数包括阴影强度、阴影虚化、阴影偏移等。

阴影接受

镜面反射特效可以模拟倒影和地面环境的反射,其可调节参数包括反射强度、反射位置、反射范围以及"透明度生效"和"重新排序"两个选择项。

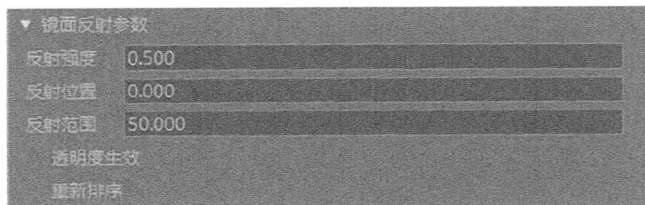

镜面反射

4.3　进阶动画效果制作

4.3.1　动态关键帧

iArtist 可以通过添加关键帧的方式方便快捷地进行动画制作。添加动画关键帧的方式有两种:方法一,单击工作渲染显示区下方圆形的【关键帧录制】按钮(快捷键 Ctrl + D),改变

需要记录关键帧的属性参数,拖动时间线到下一关键帧时间,重复修改属性参数操作,即完成动画关键帧的制作,单击时间线上的动画播放键即可播放动画;方法二,改变需要记录关键帧的属性参数,按"Ctrl + D"键,拖动时间线到下一关键帧时间,修改属性参数按"Ctrl + D"键,即完成动画关键帧的制作,单击时间线上的动画播放键即可播放动画。

iArtist 中的动态关键帧是可以承接上一个动画段的任何状态,所以最少需要两个动画段才能使用动态关键帧的选项。动态关键帧的使用,需要在动画关键帧制作完成的前提下。在需要进行动态关键帧选项的动画段起始帧,单击鼠标右键弹出关键帧调整窗口,把结构参数中的类型"正常"改为"动态"即为动态关键帧(结构参数类型默认为正常,更改为动态以后,关键帧默认的圆点形状会更改为菱形)。

4.3.2　惯性动画

iArtist 内置模拟惯性的算法,在动画关键帧制作结束后,选择符合条件的关键帧循环方式,可以实现不同的惯性效果。

关键帧调整参数包括结构参数和循环参数。

结构参数包括帧数、曲线值、类型、插值类型。

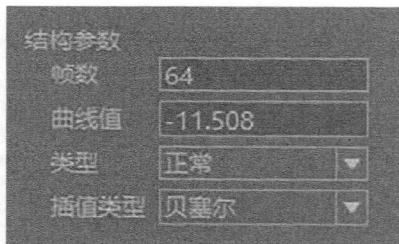

关键帧结构参数

循环参数包括循环方式、循环帧数、循环次数。

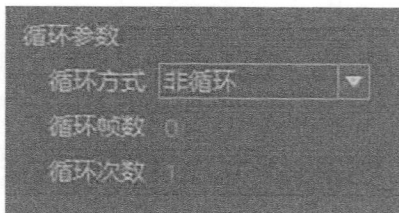

关键帧循环参数

当循环方式为"惯性循环"时,相应的可调节参数包括惯性方向、惯性幅度、惯性次数以及"惯性阻尼"选择项,通过调节这些参数,可以实现不同摆动幅度的惯性动画效果。

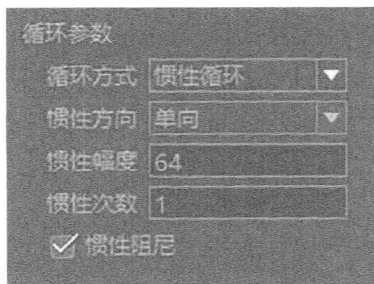

惯性循环参数

4.3.3　关联动画

关联动画可以实现不同物件之间动画效果的关联,通过"参数连接管理"进行设置。设置方式包括三种:内部连接、表达式、条件语句。内部连接是直接将目标物件参数与源物件参数进行数值计算连接,可以进行的计算方式包括加、减、乘、除、等于。表达式是将目标物件参数与物件参数通过表达式连接,表达式类型包括三角函数、数值计算、类型转换、字符串处理函数以及其他,每一类的表达式在 iArtist 中均有内置函数,可以直接通过下拉菜单选择。条件语句将目标物件参数和操作物件参数通过条件语句连接,可以根据操作物件参数满足的不同条件分情况对目标物件参数进行设置。

4.4　进阶虚拟现实制作

iArtist 具有的模型场景搭建功能和支持其他三维模型的导入功能可以实现虚拟场景的制作,并且已经在虚拟演播领域有了广泛应用。与传统演播室相比,虚拟演播的主持人所处的现场已不再是五颜六色的舞台,取而代之的是一个全部带有绿幕或蓝幕的房间。除了主持人本人外,其他所有场景均由计算机图形学技术生成。虚拟演播室的优势是显而易见的,它可以制作出实际不存在的或现实中难以实现的场景,并可以快速进行场景切换与场景调整,其空间不受物理环境限制,还可以引入虚拟环境和虚拟前景道具,创作出更丰富更新颖的节目。另外,由于场景元素的制作、修改、保存等都在计算机上进行,所以为后期节目内容制作和更换场景素材等节省了大量的时间、人力、物力、财力,缩短了节目制作周期。

4.4.1　虚拟场景

虚拟场景的制作包括所需环境的三维场景搭建、二维场景搭建和所需前景元素的制作,还包括场景中用到的贴图、特效等。在虚拟场景制作过程中,确定摄像机的状态信息非常关键,理想情况下在制作虚拟场景时,摄像机角度为默认零点的状态下即可,场景制作完成后,需进行现场摄像机与虚拟场景的摄像机以及主持人位置的相机校对,即虚拟摄像机之间的距离必须与真实摄像机之间的距离相等,且推拉、摇移的初始量与真实摄像机的位置方向关系保持一致,以保证虚拟场景与现场摄像机的匹配。主持人需要站在虚拟场景的地面位置,当演播室有两台以上摄像机切换时,保证主持人和景物在虚拟场景中的位置不会出现较大偏差,也就是与虚拟景物的关系不变。否则在切换角度时,会看到主持人在虚拟场景中从某个地方跳到另一个地方,在视觉上会造成画面穿帮的不真实效果。由于真实物体与主持人是由真实摄像机给出,场景由虚拟摄像机给出,所以必须锁定虚拟摄像机位置。实际拍摄时,摄像机的焦点需要跟踪主持人,如果此时前景和背景都聚焦得十分清楚,会产生画面景深的不自然。尤其在拍特写镜头时,背景与主持人或者前景应该是前实后虚的画面关系,使前景、背景显示出出自同一摄像机的状态,否则,这种虚拟合成画面是不成功的。

4.4.2　虚拟前景

虚拟前景的制作除了要满足虚拟场景的制作要求外,前景的中心点位置也是需要注意的,正常操作完成后的虚拟前景中心点坐标位于整组素材的中间靠下方位置,方便在虚拟场景中摆放位置时,调整虚拟前景与场景的位置关系;除此之外还要考虑制作过程中可能存在的遮挡、穿插、错位等情况。由于虚拟前景是在主持人之前(画面的最前方),主持人在做各种动作和走位的过程中,有可能会越过虚拟前景的位置,这种情况会导致画面穿帮。要避免此类情况的发生,一方面在摆放虚拟前景的位置过程中要充分考虑主持人的活动范围,尽量给足空间;另一方面在实际录制过程中要提醒主持人,提前做好主持人与前景、场景位置的位置校对,尽量在规定的空间范围内活动。

4.4.3　虚实交互

虚拟前景与主持人的交互可分为两种:非接触型交互和接触型交互。非接触型交互是指虚拟前景与主持人不发生视觉上的直接接触,主持人主要以解说或者手势的形式与虚拟前景交互,这种交互的关键在于同步性。在现场录制的过程中,主持人要根据反馈显示器所显示的合成后的图像,在和虚拟场景的交互过程中尽量做到同步自然。接触型交互是指主持人和虚拟前景发生视觉上的直接接触,如主持人的手臂放在其前方虚拟的桌子上,或者手里拿了一个虚拟的物件等。这种虚拟合成要求较高,需要主持人的动作位置与虚拟场景或前景严格对齐,不然就会发生穿插和错位,导致镜头画面穿帮。

真实物件与虚拟物件的交互类似于主持人与虚拟前景的交互,只不过交互的双方由主持人和虚拟前景变成了真实物件和虚拟物件,制作的关键在于保持真实物件和虚拟物件空间相对位置和透视的一致性。

4.4.4　虚拟装戴设备

虚拟装戴设备包括摄像机、虚拟现实头盔、可以提供触觉反馈的手柄、数据手套、画面反馈显示器等。摄像机用于捕捉现实场景,虚拟现实头盔可以提供全视野的空间场景,使体验者有很强的身临其境的感觉,头盔上的耳机则可以提供音频输出。手柄主要用来和虚拟场景进行交互操作,通过手柄上的按键、摇杆等,可以与虚拟场景中的物体互动。数据手套主要用来提供触觉反馈,如拿起虚拟场景中的一个杯子时,通过数据手套的反馈作用力,使画面有真实的力的感觉。

iArtist 提供的全景渲染模式,可以将普通场自动渲染成全景场景。在 iArtist 的菜单栏中点选"自定义"—"系统设置",弹出系统设置窗口,点选左侧的"虚拟现实渲染状态",即进入渲染状态设置窗口,当选择"不生效"时,即为普通场景。其他选项如全景渲染、分屏幕、全景渲染 3D、分屏幕 3D,分别对应不同的渲染算法,可以对普通场景进行自动渲染计算。我们可根据所需要呈现的画面效果,选择对应的渲染模式。

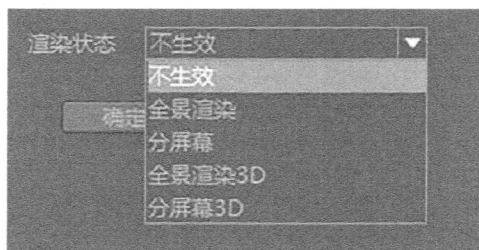

渲染状态设置

4.5　进阶数据/信息可视化制作

4.5.1　图文类

图文翻版是一种类似翻页日历的信息呈现形式,它可以将重点信息分页呈现。而 iArtist 中图文翻版的最大优势是可以乱序播放,将每一页翻版分别制作一个播出动画,在实际录制过程中可以根据需要任意调整播放顺序,这极大提高了节目录制的灵活性和多样性。对于实时解说或讲解类节目而言,演讲者可以根据现场需要直接调出任一页的翻版,而不需要按照顺序播放直至指定页。

为了实现图文翻版的乱序播放,需要在制作的过程中事先考虑到可能的顺序变化,对每一页翻版单独制作播放动画。

图文类主要是把文字信息以简单易懂的画面方式呈现给大家。通常使用最多的是图文并茂的形式。

图文版简单的解释就是"图文并茂"。将所需要呈现的文字信息与图片,在画面结构中按照设计稿的样子摆放,再进行动画节奏的设计制作即可。iArtist 中最大的优势之一是可以实时修改替换图片跟文字内容(替换生效的前提是要对替换的图片与文字信息进行引出项的设置,没有替换项的引出,实时替换功能将不生效。)iArtist 针对图文类的另外优势之一是动画的播放方式。既可以按常规顺序播放,还可以实时洞悉动画段播放内容顺序(播放顺序的实时调整,在动画制作时,对动画段进行动画首帧的动态关键帧设置即可)。这样在实际录制过程中可以根据需要任意调整播放顺序,这极大提高了节目录制的灵活性和多样性。对于实时解说或讲解类节目而言,演讲者可以根据现场需要直接调出任一页的翻版,大大节省了因为突发状况出现的模板调整时间。

4.5.2 图表类

4.5.2.1 使用可视化统计图的优势

可视化统计图有直观、形象、生动、具体等特点。好的可视化是会讲故事的,它可以使复杂的统计数字简单化、通俗化、形象化,使人一目了然,便于理解和比较。借此可以揭示数据背后的规律。例如折线图能清晰地显示数据的增减变化趋势,扇形图能清楚地看出各部分所占比例及之间的比重关系,雷达图能直观地感受到分析对象各项指标数据的强弱等。因此,可视化统计图大多被用来作为数据部分的表现方式之一。

4.5.2.2 常见可视化统计图的种类及特点

常见的可视化统计图包括柱状图、折线图、饼图、散点图、气泡图、雷达图等。

柱状图是最常见的图表,也最容易解读。它是一种以长方形的长度为变量的表达图形的统计报告图,由一系列高度不等的纵向条纹表示数据的分布情况,用来比较两个及两个以上的价值(不同时间或者不同条件),只有一个变量。柱状图利用柱子的高度,反映数据的差异。肉眼对高度差异很敏感,辨识效果非常好。柱状图亦可横向排列,或用于多维方式表达。柱状图的局限在于只适用于中小规模的数据集。

折线图适用于排列在工作表列或行的数据的绘制,可以显示随时间或其他变量连续变化的数据,非常适用于显示在相等时间间隔下数据的趋势。在折线图中,类别数据沿水平轴均匀分布,所有数据沿垂直轴均匀分布。折线图适合三维的大数据集,尤其是趋势比单个数据点更重要的场合,同时也适合多个二维数据集的比较。

饼图显示一个数据系列(数据系列:在图表中绘制的相关数据点,这些数据源自数据表的行或列。图表中的每个数据系列具有唯一的颜色或图案并且在图表的图例中表示。可以在图表中绘制一个或多个数据系列。饼图只有一个数据系列)中各项的大小与各项总和的比例,饼图中的数据点(数据点:在图表中绘制的单个值,这些值由条形、柱形、折线、饼图或圆环图的扇面、圆点和其他被称为数据标记的图形表示。相同颜色的数据标记组成一个数据系列)显示为整个饼图的百分比。

散点图是指在回归分析中,数据点在直角坐标系平面上的分布图,散点图表示因变量随自变量而变化的大致趋势,据此可以选择合适的函数对数据点进行拟合。用两组数据构成多个坐标点,考察坐标点的分布,判断两变量之间是否存在某种关联或总结坐标点的分布模式。散点图将序列显示为一组点,值由点在图表中的位置表示,类别由图表中的不同标记表示。散点图通常用于比较跨类别的聚合数据。散点图适用于三维数据集,由于同时考虑了三个变量,常常可以发现在二维图形中发现不了的信息。

气泡图可用于展示三个变量之间的关系。它与散点图类似,绘制时将一个变量放在横轴,另一个变量放在纵轴,第三个变量则用气泡大小表示。排列在工作表的列中的数据(第一列中列出 x 值,在相邻列中列出相应的 y 值和气泡大小的值)可以绘制在气泡图中。气泡图与散点图不同之处在于:气泡图允许在图表中额外加入一个表示大小的变量进行对比。

雷达图是以从同一点开始的轴上表示的三个或更多个定量变量的二维图表的形式显示多变量数据的图形方法。轴的相对位置和角度通常是无信息的。雷达图也称为网络图、蜘蛛图、星图、蜘蛛网图、不规则多边形、极坐标图或 Kiviat 图。它相当于平行坐标图,轴径向排列。适用于四维以上的多维数据,且每个维度必须可以排序。雷达图的局限性在于数据点不能过多(一般不超过 6 个),否则难以辨别,因而使用场合有限。

4.5.2.3　可视化统计图的使用

iArtist 内置五种统计图:饼图、带字饼图、柱图、曲线、图表。它们均属于三维物件。

饼图的特有属性分为结构参数、饼图数据、截面曲线三类。

饼图物件属性

结构参数包括水平分割、垂直分割、进度、进度步长、旋转体类型。

饼图结构参数

水平分割和垂直分割参数用于调节饼图的精细程度,分割数越大,饼图越精细,相应地也会消耗更多的 GPU 资源,在实际的设置过程中,应根据具体精度需要,合理权衡精细程度和 GPU 资源消耗。进度和进度步长用于设置饼图的动画效果,进度类型包括无动画、张开、集中、排队,通过在所需要的进度步长设置关键帧,可以方便快捷地制作饼图的动画效果。旋转体类型指饼图的旋转切面,包括自定义、圆锥、圆柱、球形、圆盘、环形,不同的旋转体类型对应不同的截面曲线,其中圆锥、圆柱、球形、圆盘、环形的截面曲线是内置的,用户可以对这些截面曲线进行调节,也可以选择自定义自行绘制需要的截面曲线。

饼图数据用于填入数据,iArtist 默认最多支持 10 个数据,每个数据具有值和颜色两个属性,数据值为相对值,即每个数据占总体的百分比的小数表示,颜色属性为 RGB 值,分别对应红、绿、蓝三原色的不同数值，A 为透明度，0 表示全透明，255 表示不透明。

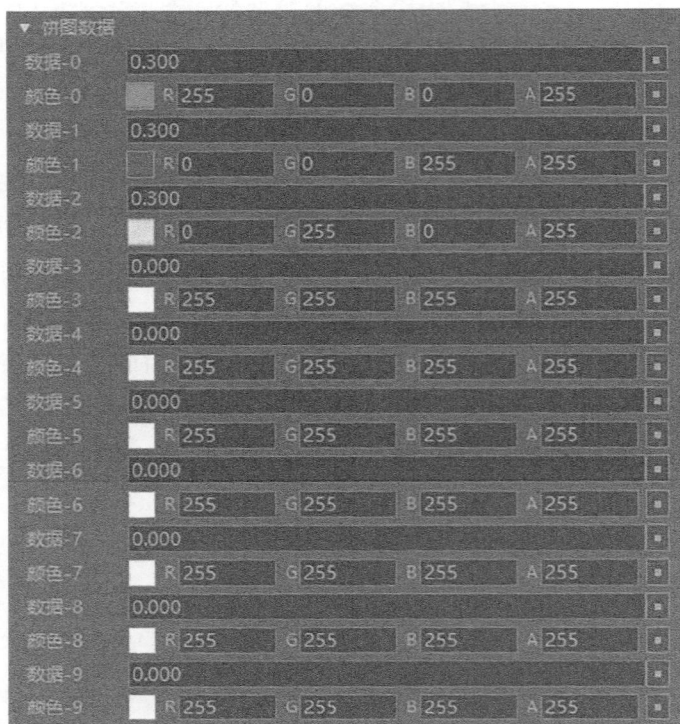

饼图数据参数

截面曲线用来绘制饼图的截面形状。

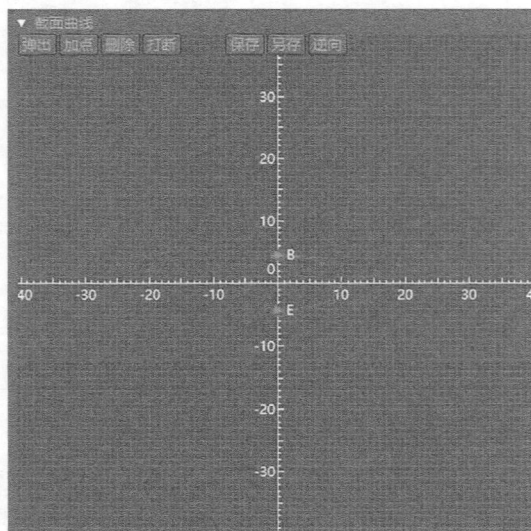

饼图截面曲线

带字饼图与饼图表现形式类似,但特有属性有着较大的差别。

带字饼图的特有属性主要分为结构参数、截面曲线两部分。文字信息的部分需要在"结构参数"中选择"显示文字信息"才可生效。

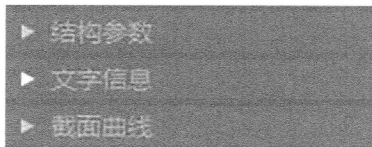

带字饼图物件属性

结构参数包括饼图数据、圆角分割、旋转角度、旋转体类型、"显示文字信息"选择项、动画类型(默认动画类型为无动画,当改变动画类型方式后,动画操作项才可生效)、"开始面"选择项、"结束面"选择项等。

带字饼图结构参数

饼图数值的更改项在结构参数菜单,饼图数据选项直接填入需要更改的数据值,数值与数值之间需用空格分开,iArtist 会根据所给的值数据自动计算出每个值的相对比例,在饼图对应的位置显示出来。

圆角分割用于调整带字饼图的精细程度,分割数越大带字饼图越精细,同时也会消耗更多的 GPU 资源,在实际设置过程中满足画面所需的精细度即可,不宜过大,否则会导致渲染速度变慢,运算量增加。旋转角度用于设置带字饼图的总角度,范围为 0—360。

旋转体类型与饼图的旋转体类型属性相同,可以调整饼图的外观形状,当选择"显示文字信息"时,带字饼图周围会显示相对应的数值文字信息,这是带字饼图和饼图的最大区别。

动画类型的下拉菜单中包括无动画、张开、集中、排队,通过调整动画进度添加动画关键帧,选择显示文字后,文字内容会跟随动画效果进行动画生长。

选中"启动文字透明度动画"后,通过设置文字透明度动画的起始位置和文字透明度动画的结束位置,然后调整动画进度,文字的动画方式就会以不同程度透明度的形式出现。文字透明度动画起始位置的范围为 -100 到 0,文字透明度动画结束位置的范围为 0 到 100。

当选择结构参数中的"显示文字信息"项后,在结构参数菜单下会出现文字信息菜单,包括"自适应位置"选择项、"公告板"选择项、字号、偏移范围、"三维文字"选择项、"图标"选择项、"名称"选择项、"显示前缀"选择项、前缀、"数据"选择项、"显示后缀"选择项、后缀、"百分比"选择项、"底板"选择项。

文字信息中的"自适应位置"默认为选择状态,文字会自适应地分布在对应信息饼图周围;"公告板"选择后,文字信息会始终面向摄像机,不随饼图旋转;"字号"用于调节文字字体大小;"偏移范围"用于调节文字与饼图之间的距离;"三维文字"选择后,文字会由二维变成三维立体文字,图标和名称用于给数据添加图片样式和分类名称。

"显示前缀"选择后,可在前缀文本框中输入前缀信息,带字饼图中会显示编辑好的数据前缀,后缀与前缀功能类似;"数据"默认为选择,文字信息中显示为饼图原始数据,饼图数据如发生更改,信息内容会随之更改;"百分比"选择后,数据信息将以百分比的形式显示;"底板"选择后,文字信息底部会添加与数值相对应颜色的底板。

截面曲线的功能和使用方法与饼图中的截面曲线相同。

柱图的物件属性包括结构参数、倒角控制、文字信息三类。

柱图物件属性

结构参数包括数据、柱图类型、柱类型、高度、柱宽、柱间隔、组间隔、"显示文字"选择项、水平分割数、"限定宽度"选择项、宽度、进度。

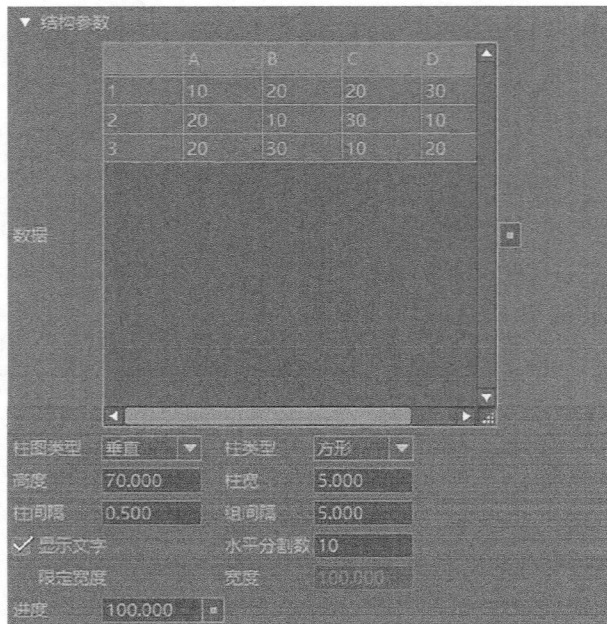

柱图结构参数

柱图的数据是一个类似 Excel 表的数据呈现形式,表的每一行可以表示每一组不同数据、名称、分类等,表的每一列可以表示每一组数据中同一类数据,在行首/列首单击鼠标右键,会弹出"加行""删行"/"加列""删列"选项,双击对应的数值,可以修改数值。

柱图类型包括垂直、水平和空间三种,柱类型分为方形和圆台两种。方形柱的设置参数包括高度和柱宽,圆台柱的设置参数包括高度、顶半径、底半径。

柱间隔用于调整同一组数据柱图之间的间隔距离;组间隔用于调整组与组之间柱图的间隔;"显示文字"为默认选择项,柱图中会显示相对应的数据信息,如不需要文字信息,单击选择项去掉即可;水平分割数用于调整柱图的精细程度,分割数越大柱图越精细,消耗的 GPU 资源也越多,当柱类型为方形时,设为 1 即可,当柱类型为圆台时,至少为 2,否则柱图无法显示,分割数越大,圆台表面越平滑。

选中"限定宽度"选择项后,可以通过设置宽度调节柱图的整体宽度;进度用于柱图的动画录制。

倒角控制用于调整柱图的边缘细化程度。

柱类型为方形时,倒角控制参数包括"切角"选择项、切角大小、分割;"切角"选择后,方形柱侧边(边缘)角将呈切面形状,切角越大,切面越大,可以通过调整分割数来细化切角边缘部分。

方形倒角控制

柱类型为圆台时,倒角控制参数包括倒角类型、切角大小、分割,倒角类型包括正常、线性、内圆弧、外圆弧、切角、整体内圆弧、整体外圆弧,通过设置不同倒角类型的切角大小和分割数,可以使圆台柱图呈现多样形态。

圆台倒角控制

文字信息包括"三维文字"选择项、"公告板"选择项、字号、"同步颜色"选择项、"内容与长度同步"选择项、轴向偏移、切向偏移。

文字信息

"三维文字"选择后,文字会由二维生成三维立体文字;"公告板"选择后,文字始终正面朝向摄像机不会随柱图旋转而旋转;字号用于设置字体大小;"同步颜色"选择后,文字的字体颜色会与对应的柱图的颜色同步;轴向偏移用于设置文字与对应柱图在轴向上的 Y 轴距离;切向偏移用于设置文字与对应柱图在柱图轴向上左右 X 轴距离。

曲线的特有属性包括点集合、字体颜色设置、曲线的上下界、基本属性、3D 显示、曲线属性、颜色七类。

曲线物件属性

点集合参数包括点集、线类型、"显示信息"选择项。

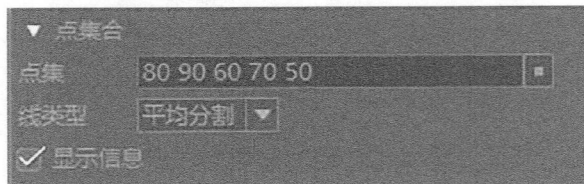

点集合参数

点集是画面效果的数据来源,数据与数据之间用空格隔开即可;线类型包括平均分割、中对齐、左对齐、右对齐,其中平均分割最为常用。

"显示信息"默认为选择项,曲线图中会显示对应数据点的数据值,同时特有属性菜单栏中会显示字体颜色设置菜单,可以设置字体、字号、文字颜色等。

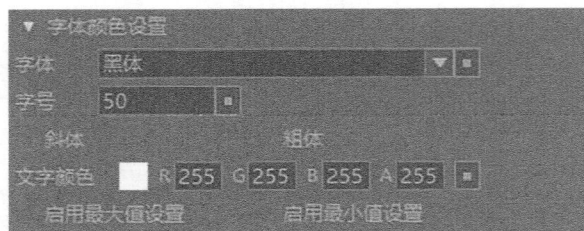

字体颜色设置

曲线的上下界参数包括曲线的上界、曲线的下界以及"显示界限"选择项。

曲线的上下界参数

曲线的上界、下界用于设置曲线的显示范围,选中"显示界限"选择项后,曲线图上会用文字标注出显示范围。

基本属性包括宽度和高度,用于调整曲线图整体的尺寸大小。

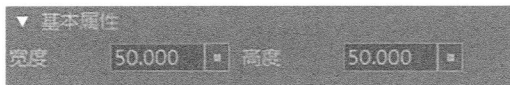

曲线基本属性

3D 显示参数包括"三维"选择项和"填充"选择项。

曲线 3D 显示参数

"三维"选择项后,曲线图将由二维转化为三维;"填充"选择项后,通过设置颜色参数中的填充颜色,可以对曲线以下的部分进行面积填充,填充后的曲线与面积颜色可以分别调整,填充功能在三维选择的情况下与曲线颜色一致。

曲线属性包括线宽和点大小,分别用于调整曲线的宽度和曲线上数据点的大小。

曲线属性

颜色属性包括线颜色、背景颜色、点颜色、填充颜色,每种颜色均由 R、G、B、A 四个值构成,分别对应红、绿、蓝、透明度,其中背景颜色、点颜色、填充颜色仅在"三维"未选择、"填充"已选择时有效。

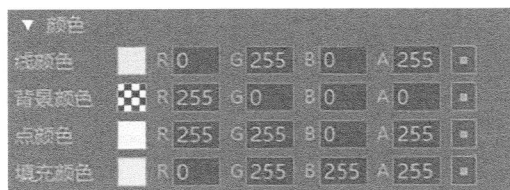

曲线颜色

4.5.3 气象数据类

iArtist 内置有 GIS(Geographic Information System)物件,该物件包含经纬度信息,可以通过经纬度实现城市精准定位,为天气预报或数据播报等提供了极大便捷。

GIS 物件包括 GIS 矩形、GIS 球、GIS 盘 3 种;GIS 物件需要与其他特效中的"天气点""天气图信息"配合使用才可生效。需要将文字或者图标信息上添加特效"天气点"或者"天气图信息",挂在所使用的 GIS 物件下成为它的子物件;调整特效与物件中所需的参数后,选择特效中"GIS 生效",点击"生效测试",所添加特效的文字或者图标信息会根据所输入的经纬度信息进行位置的匹配。如经纬度信息有所更改,需重新点击"生效测试"。

GIS 矩形的特有属性包括地理信息参数和结构参数两部分。

GIS 矩形物件属性

地理信息参数包括开始经度、结束经度、开始纬度、结束纬度、"海拔生效"选择项、海拔开始、海拔结束、深度范围、"隐藏显示"选择项、"边界限制"选择项。

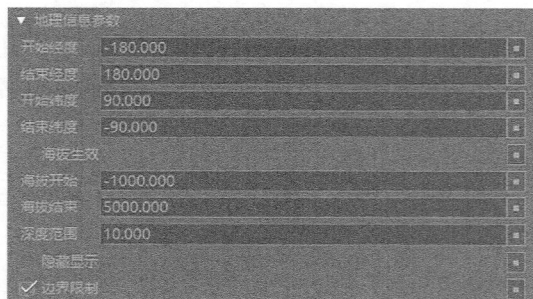

地理信息参数

开始经度、结束经度、开始纬度、结束纬度用于设置 GIS 矩形的经纬度范围;"海拔生效"选择后,将激活海拔信息,可调节参数包括海拔开始、海拔结束、深度范围。"隐藏显示"选择

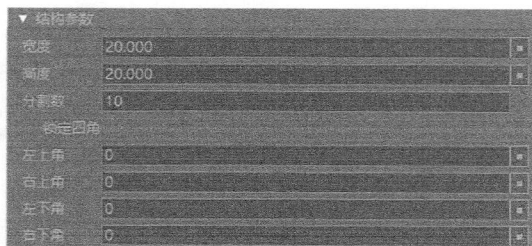

GIS 矩形结构参数

后,可隐藏 GIS 矩形图,同时其下面悬挂的子物件不受影响;"边界限制"默认为选择状态,如需要其他更改项可以改变边界后重新选择该选项。

结构参数包括宽度、高度、分割数、"锁定四角"选择项、左上角、右上角、左下角、右下角。

宽度和高度用来设置 GIS 矩形的大小范围,分割数用于调节 GIS 矩形四角边缘的精细程度,分割数越大矩形四角边缘越圆滑,同时消耗的 GPU 资源也越多,我们只需要根据需要的精细程度进行分割数的设计即可。

GIS 球的特有属性与 GIS 矩形接近,同样包括地理信息参数和结构参数两部分。

GIS 球物件属性

地理信息参数与 GIS 矩形的地理信息参数相同,调整方式也相同,可参考 GIS 矩形相关介绍,包括开始经度、结束经度、开始纬度、结束纬度、"海拔生效"选择项、海拔开始、海拔结束、深度范围、"隐藏显示"选择项、"边界限制"选择项。

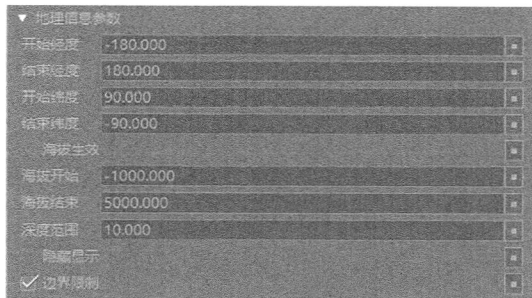

GIS 球地理信息参数

结构参数包括半径、水平分割、垂直分割。

GIS 球结构参数

半径用来设置 GIS 球的大小范围,水平分割和垂直分割用于设置 GIS 球的精细程度,分割数越大 GIS 球越精细,同时消耗的 GPU 资源也越多。

通过在 GIS 球表面添加带有天气点特效的文字或图标信息等物件,可以实现地理信息的精确定位。天气点的特有属性包括名称、"GIS 生效"选择项、经度、纬度、海拔、生效测试。

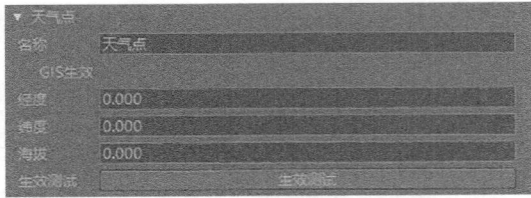

天气点物件属性

名称即为天气点的默认名称,"GIS生效"选择后,通过设置经度、纬度和海拔(需要在所使用的 GIS 属性上选择海拔生效)的参数,然后单击生效测试,即可在 GIS 球上看到所编辑的文字信息等显示在输入的定位点上。常用的天气预报只要在气温、天气等信息上添加天气点的特效,配合 GIS 物件,即可进行天气预报,也可以外接实时天气数据库,即可实现实时天气预报。

GIS 盘与 GIS 矩形、GIS 球的特有属性相同,包括地理信息参数和结构参数两部分。

GIS 盘物件属性

地理信息参数的调整方式与 GIS 矩形、GIS 球的地理信息参数信息相同,调整方式也相同,具体注意事项可参照 GIS 矩形与 GIS 球的解说信息。

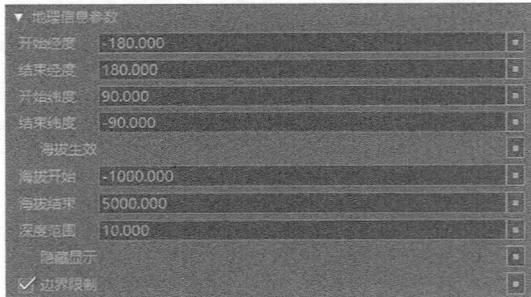

GIS 盘地理信息参数

地理信息参数与 GIS 矩形的地理信息参数相同,调整方式也相同,可参考 GIS 矩形相关介绍,包括开始经度、结束经度、开始纬度、结束纬度、"海拔生效"选择项、海拔开始、海拔结束、深度范围、"隐藏显示"选择项、"边界限制"选择项。

结构参数包括半径、水平分割、垂直分割。

GIS 盘结构参数

半径用来设置 GIS 盘的大小范围,水平分割和垂直分割用于设置 GIS 盘的精细程度,分割数越大 GIS 盘越精细,同时消耗的 GPU 资源也越多。

4.6　进阶数据连接

4.6.1　大数据的特点

现代社会是一个高速发展的社会,科技发达,信息流通,人们之间的交流越来越密切,生活也越来越方便,大数据就是这个高科技时代的产物。

大数据(Big Data)是指无法在一定时间范围内用常规软件工具进行捕捉、管理和处理的数据集合,是需要新处理模式才能具有更强的决策力、洞察力和流程优化能力的海量、高增长率和多样化的信息资产。[①]

IBM 提出了大数据的 5V 特点:volume(大量)、velocity(高速)、variety(多样)、value(低价值密度)、veracity(真实性)。

大数据包括结构化、半结构化和非结构化数据,非结构化数据越来越成为数据的主要部分。大数据的战略意义不在于掌握庞大的数据信息,而在于对这些含有意义的数据进行专业化处理。换而言之,如果把大数据比作一种产业,那么这种产业实现盈利的关键,在于提高对数据的"加工能力",通过"加工"实现数据的"增值"。

大数据的价值体现在以下几个方面:

(1) 对大量消费者提供产品或服务的企业可以利用大数据进行精准营销。

(2) 做小而美模式的中小微企业可以利用大数据做服务转型。

(3) 互联网压力之下必须转型的传统企业需要与时俱进充分利用大数据的价值。

4.6.2　大数据的使用

通过部署先进的分析技术,可以提高现场运营活动的生产力和效率,并能够根据业务和客户需求优化组织人力安排。数据和分析的最佳化使用可以带来端对端的视图,并能够对关键运营指标进行衡量,从而确保持续不断地改进。

以某省 120 急救数据分析为例,通过特定端口接入外部数据中心,该数据分为多个部分。每个部分数据分为多个不同的小数据,如按接听电话量、出车辆、救治患者量、应急床位数、在岗人数等进行相应数据接口的匹配链接即可。结合 iArtist 的实时渲染功能、数据联动的优势,可以实现数据的实时可视化。通过简洁明了的大屏幕信息,即可查看所有数据的

---

① 彭铁元. 大数据背景下的媒体创新——大数据凝聚融媒体核心竞争力[J]. 传媒,2017,000(018):8—12.

具体情况，便于应对任何突发情况的实时调动。

基于触摸控制面板和 iArtist 具有的实时交互功能，可以实现与大量数据来源的实时可视化交互。下图展示了通过 iArtist 呈现的某省 120 急救数据可视化效果。

某省 120 急救数据可视化效果

4.7 进阶交互制作

通常进行交互编辑有两种方式，一种是通过脚本程序编写，另一种是通过可视化的逻辑编辑。iArtist 作为工具软件，使用的是可视化逻辑编辑方式。这种方式相对于脚本程序编写来说，不需要制作人员有编程经验，可以根据自己的设计思路直观地进行可视化的逻辑连接。

4.7.1 什么是节点

iArtist 中的节点是指可视化编辑的最小逻辑单元，其本质是一个程序的封装模块。通过将多个节点进行组合连接可以实现复杂多样的预期效果。每个节点具有各种各样的功能，类似编程当中的函数。可以直观地将每个节点理解为由输入、计算和输出组成的功能单元。输入支持接收外部参数，根据各个节点的功能不同，结合外部参数输入，产生对应的数据计算结果，然后交由输出，输出结果可以是渲染引擎产生的图形结果，可以是数据计算结果，还可以是一次事件触发。

以矩形节点为例,其参数输入包括宽度、高度、纹理、分割数等属性,通过渲染引擎计算后,得到的是一个具有特定属性的矩形。

4.7.2　常见节点分类

iArtist 中的节点类型包括物件类、效果类、逻辑类、交互类四种类型。

物件类节点是指所有添加到渲染引擎的内容,包括二维物件、三维物件、贴图、视频、音频等。

效果类节点是指所有影响物件展示效果的内容,包括空间位置、光效、纹理、材质等,此外还包含对视频、音频、素材的控制等。

逻辑类节点包含基本的运算、逻辑判断、数据管理、事件处理、内容存储等控件,通过这些控件可以编写出一套可执行逻辑。

交互类节点是指外部事件的接口,通过各种各样的接口,可以响应外部触发事件,进而影响渲染的内容,包括触控、手势、鼠标、键盘、外设输入等。

4.7.3　节点编辑的界面及常用操作

节点编辑的界面在工作窗口的右下角"素材列表"旁边,单击"节点编辑"标签即切换到节点编辑窗口。节点编辑窗口是一个浮动窗口,可以随意拖动、放大、缩小,也可以吸附到不同工作区的菜单栏。

节点编辑界面

节点编辑区用来添加节点,比如选中一个矩形后,节点编辑区便会出现一个矩形节点。通过鼠标滚轮可以放大、缩小节点显示。在节点编辑区用鼠标右击选中节点,可以显示右键菜单,可以将节点设置为"永久节点",也可以调整多个节点的布局,如对齐、垂直分布等,通过"编组"功能可以将多个节点编组,每个节点和组的名称都可以自定义。当节点数量比较多的时候,可能会出现当前窗口无法查看全部节点的情况,这个时候可以在节点编辑区鼠标右键选择"智能显示全部节点"。

通过按下鼠标滚轮拖动可以调整节点的位置。在节点编辑区的上方,有一个节点树区域。通过节点树可以方便地查找当前节点的位置、节点之间的连接关系。

4.7.4　节点编辑的方法

节点的编辑方式有三种。

第一种方式是在物件属性窗口找到作为输入的物件属性,鼠标左键选中按下拖动到节点编辑区对应的节点上释放,即弹出该节点的输出属性,选择指定属性,即建立一个连接。

第二种方式是单击节点编辑区节点左上角的引脚图标,展开节点的引脚,左侧引脚为该节点的输入,右侧引脚为该节点的输出,可以通过拖动将该节点的某个输入引脚连接到其他节点的输出引脚。

第三种方式是将物件属性窗口或者节点编辑区的某个输入直接拖到物件树上的对应位置,选择相应属性也可以产生节点连接。

以上三种操作的结果完全一致。

如果需要删除某个连接,单击选中该连线,按键盘上的 Delete 键即可删除。

4.7.5　节点编辑的一些原则

在讲解节点编辑的原则之前,首先介绍一下不同节点的参数类型。iArtist 中的参数类型包括布尔类型、整型、浮点型、字符串、颜色类型、事件类型六类。其中布尔类型、整型、浮点型、字符串之间可以相互转换,颜色类型和事件类型和其他类型之间不能相互转换。

节点编辑的第一个原则是不可以相互转换的类型之间不能连接,如不能把一个事件的输入连到一个布尔类型的输出。

节点编辑的第二个原则是不能用输出去连输入,而是要用输入来连输出。也就是说,节点连接具有方向性。

节点编辑的第三个原则是布尔类型、整型、浮点型、字符串、颜色类型之间的输入和输出的连接不能出现闭环。事件类型可以通过插入事件延时或者事件过滤节点形成闭环连接。

一般来说,参数输入只能有一个输入来源,但事件节点、分支选择、事件过滤等多输入节点除外。

4.7.6　物件节点介绍

对于物件树上的所有物件,单击物件相应的属性,在节点编辑窗口中即显示相应的物件节点,常见的物件节点有位置节点、特有属性节点、材质节点以及附加在其上的纹理节点等。

4.7.7　效果节点介绍

效果节点即为添加在物件之上的效果对应的节点,在物件树中单击物件的效果,在节点编辑窗口即会出现相应的效果节点。

4.7.8　交互节点介绍

交互节点用于用户和物件之间的交互，分为触摸控制和播放控制两类。触摸控制包括按钮、系统按钮、平移、旋转、缩放、触控变换、画笔、橡皮擦、取色器、手势、进度调节、步进滑块、边界信息获取等。播放控制包括动画播放控制、动画组播放控制、互斥组播放控制、素材播放控制、视频播放控制等。

按钮节点的输入为"是否生效"选择项和"标识"。选中"是否生效"选择项后，即可通过触控模拟按钮效果，"标识"用来对按钮进行命名，方便查找。按钮节点的输出包括"点击并按住""离开""进入""抬起""按下""单击""标识""子物件序号""状态""按下""进入"。

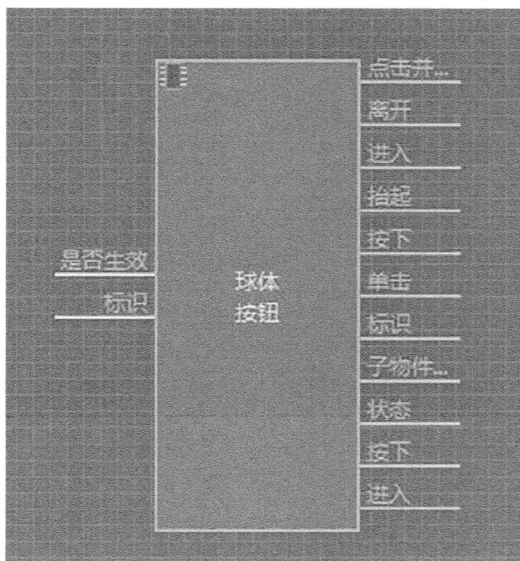

按钮节点输入输出

系统按钮节点的输入包括"是否生效"选择项、按钮类型、连通事件，其中按钮类型包括下一页、上一页、下一拍点、上一拍点、撤销、恢复、清除。系统按钮节点的输出为"单击"事件。

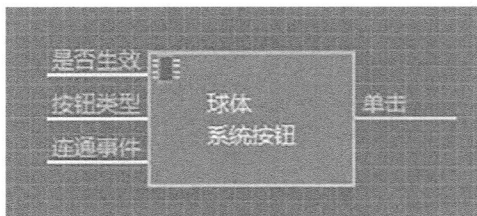

系统按钮节点输入输出

平移节点的输入分为基本参数与重置参数两类。

基本参数包括"是否生效""惯性控制""限制范围""最小 X""最大 X""进度 X""最小 Y""最大 Y""进度 Y""坐标轴"。其中"限制范围"包括 NO、X、Y、XY；"坐标轴"包括 X、Y、XY。

"重置参数"包括"动画""时间（秒）""X""Y""重置"。其中"动画"包括线性、Sin、震荡。

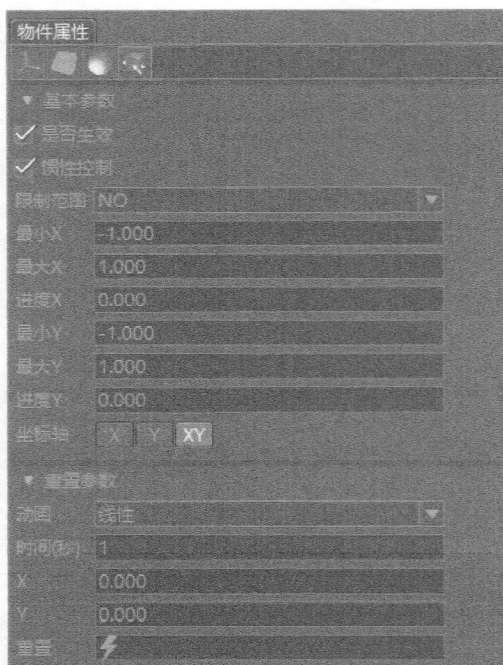

平移节点的输出分为输出状态与输出事件两类。

输出状态包括"进入""按下""拖动""状态""子物件序号""进度 X""进度 Y"。

输出事件包括"单击""按下""抬起""进入""离开""开始拖动""拖动中""结束拖动""点击并按住"。

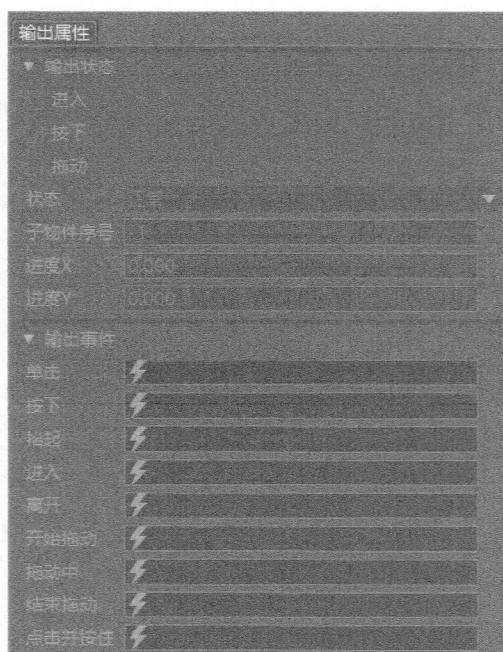

旋转节点的输入分为基本参数和重置参数两类。

基本参数包括"是否生效""惯性控制""限制范围""最小角度""最大角度""坐标轴""旋转系数 X""旋转系数 Y"。其中"坐标轴"包括 X、Y、Z。

重置参数包括"动画""重置原则""时间(秒)""角度""重置"。其中"动画"包括线性、Sin、震荡;"重置原则"包括常规原则、就近原则。

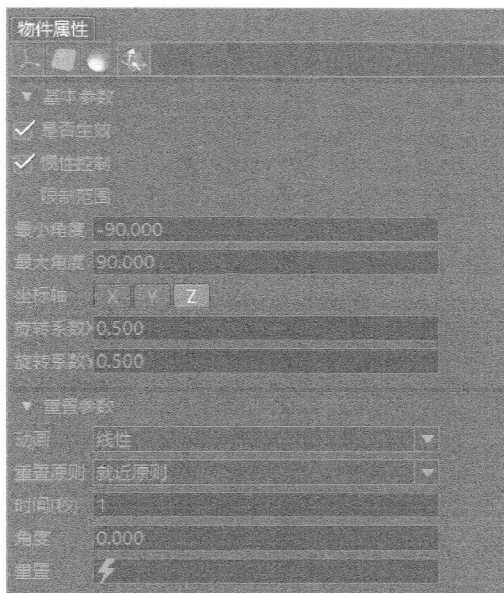

旋转节点的输出分为输出状态、输出事件两类。

输出状态包括"进入""按下""拖动""状态""子物件序号"。

输出事件包括"单击""按下""抬起""进入""离开""开始拖动""结束拖动""点击并按住"。

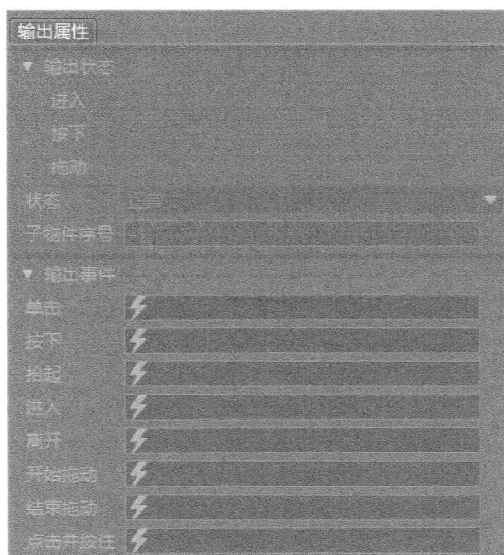

缩放节点没有输入和输出，其属性参数分为基本参数和重置参数两类。

缩放节点的输入分为基本参数和重置参数两类。

基本参数包括"是否生效""限制范围""最小倍数""最大倍数""单击效果""倍数变化"。其中"单击效果"包括不缩放、放大、缩小。

重置参数包括"动画""时间（秒）""缩放倍数""重置"。其中"动画"包括线性、Sin。

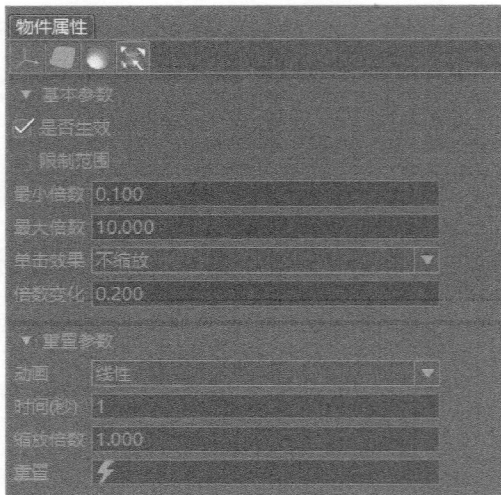

缩放节点的输出分为输出状态和输出事件两类。

输出状态包括"进入""按下""拖动""状态""子物件序号"。

输出事件包括"单击""按下""抬起""进入""离开""开始拖动""结束拖动""点击并按住"。

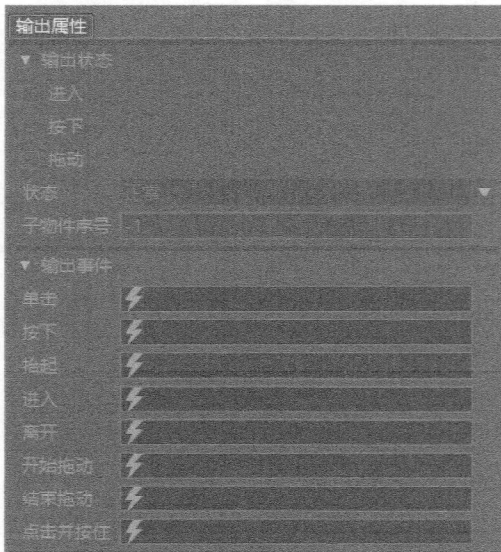

触控变换节点的输入包括"是否生效""惯性控制""限制范围""最小 X""最大 X""最小

Y""最大 Y""最小角度""最大角度""最小倍数""最大倍数""动画""时间（秒）""X""Y""角度""缩放倍数""重置"。触控变换节点的输出包括"点击并按下""结束拖动""拖动中""开始拖动""离开""进入""抬起""按下""单击""子物件序号""状态""拖动""按下""进入"。

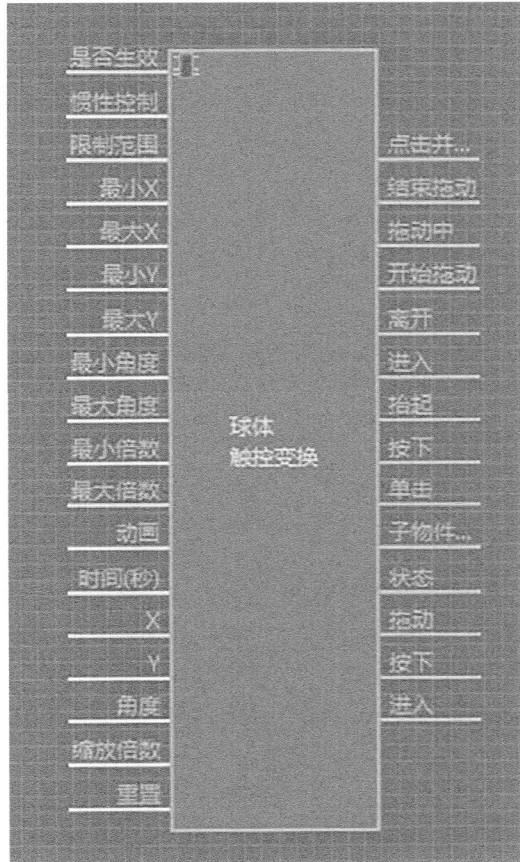

触控变换节点输入输出

画笔节点的输入包括"是否生效""画笔类型""光标类型""颜色""笔宽""清除绘图"。画笔节点的输出包括"正在使用""状态"。

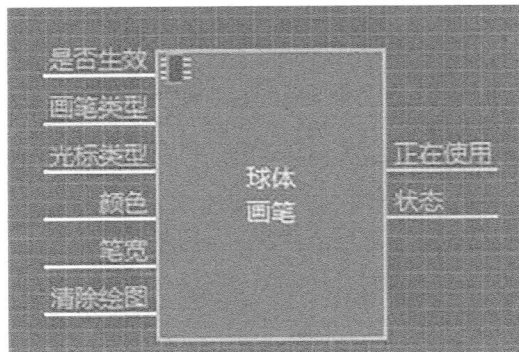

画笔节点输入输出

橡皮擦节点的输入包括"是否生效""尺寸""光标类型"。橡皮擦节点的输出为"正在使用"。

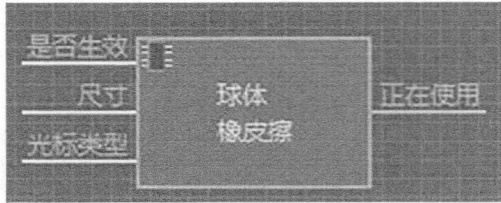

橡皮擦节点输入输出

取色器节点的输入包括"是否生效""光标类型"。取色器节点的输出包括"颜色的 RGB 值""颜色""结束取色""开始取色""正在使用""状态"。

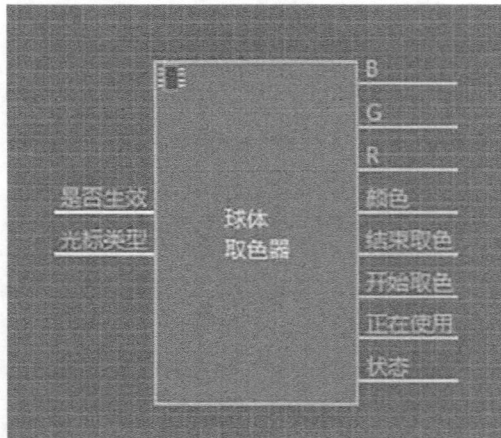

取色器节点输入输出

手势节点的输入包括"是否生效""光标类型"。手势节点的输出包括"向下滑动""向上滑动""向右滑动""向左滑动""结束拖动""开始拖动""正在使用""状态"。

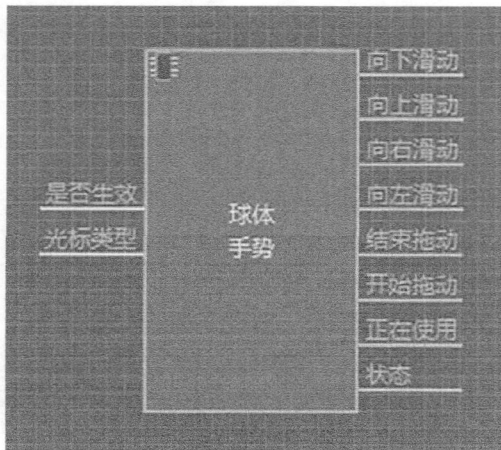

手势节点输入输出

　　进度调节节点的输入为"是否生效"。进度调节节点的输出为"进度变化 Y""进度变化 X""拖动中""单击"。

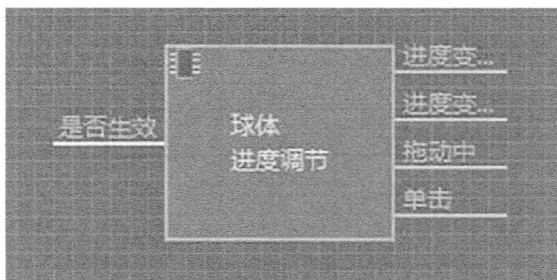

进度调节节点输入输出

　　步进滑块没有输入和输出，其属性参数分为基本参数和重置参数两类。

　　步进滑块节点的输入分为基本参数和重置参数两类。

　　基本参数包括"是否生效""坐标轴""滑动方式""偏移""限制范围""最小值""最大值"。其中"坐标轴"包括 X、Y；"滑动方式"包括：过半运动、方向运动。

　　重置参数包括"动画""时间(秒)""X""Y""重置"。其中"动画"包括线性、Sin、震荡。

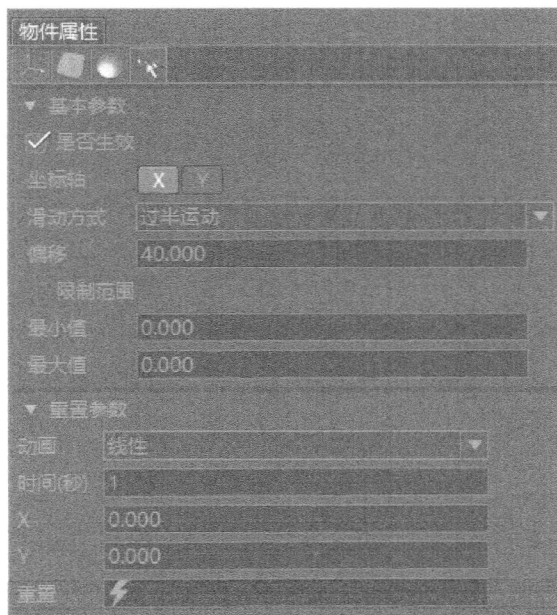

　　步进滑块节点的输出分为输出状态和输出事件两类。

　　输出状态包括"进入""按下""拖动""子物件序号"。

　　输出事件包括"单击""按下""抬起""进入""离开""开始拖动""结束拖动""点击并按住"。

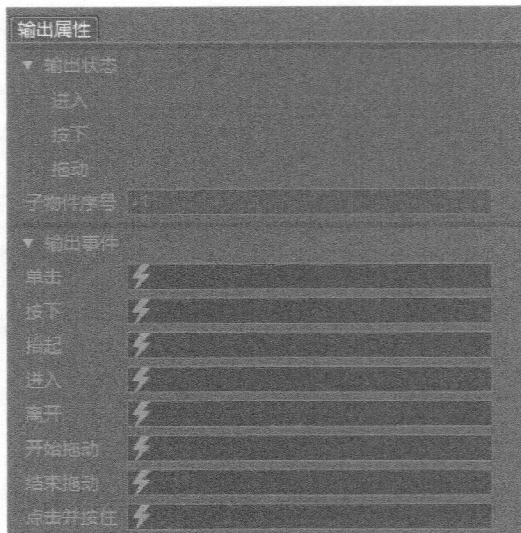

边界信息获取节点的输入为"是否生效"。边界信息获取节点的输出包括"Depth（深度）""Height（高度）""Width（宽度）""Back（后侧）""Front（前侧）""Bottom（底侧）""Top（顶侧）""Right（右侧）""Left（左侧）"。

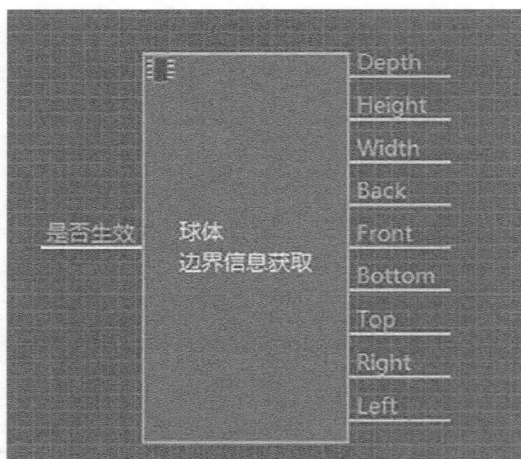

边界信息获取节点输入输出

动画播放控制节点的输入为"播放"，没有输出。

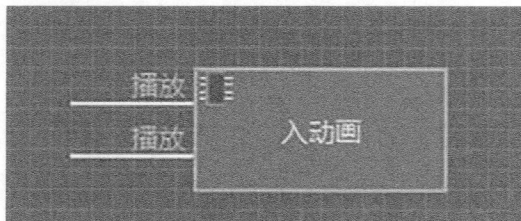

动画播放控制节点输入

动画组播放控制节点分为普通动画组、读报动画组、翻版动画组、走马动画组。

普通动画组节点的输入包括"必须播放入动画""顺序播放""跳播""跳播序号""入动画""出动画""互斥组""数据"。普通动画组节点的输出包括"播放序号"和"播放总数"。

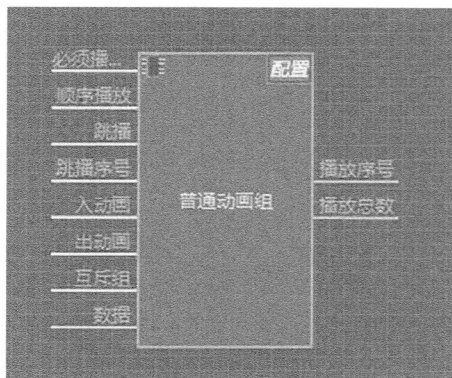

普通动画组节点输入输出

读报动画组节点的输入包括"跳播""读报序号""入动画""出动画""上一个""下一个""数据"。读报动画组节点的输出包括"播放序号"和"播放总数"。

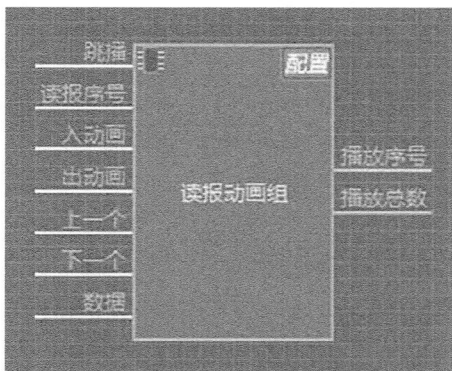

读报动画组节点输入输出

翻版动画组节点的输入包括"顺序播放""入动画""出动画""每页行数""数据"。翻版动画组节点的输出包括"播放序号""播放总数"。

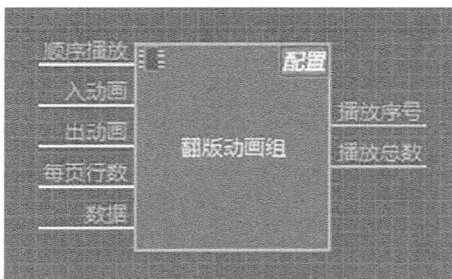

翻版动画组输入输出

走马动画组节点的输入包括"物件名称""循环""顺序播放""播放""停止""每页行数""数据"。走马动画组节点的输出包括"播放序号"和"播放总数"。

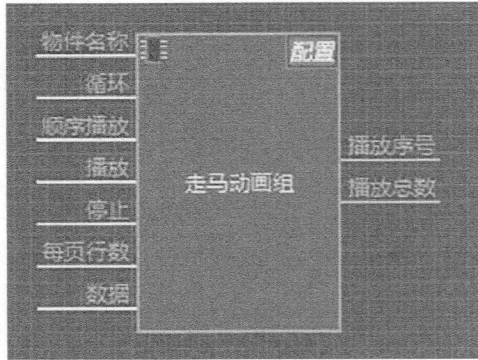

走马动画组输入输出

互斥组播放控制节点的输入为"互斥组",没有输出。

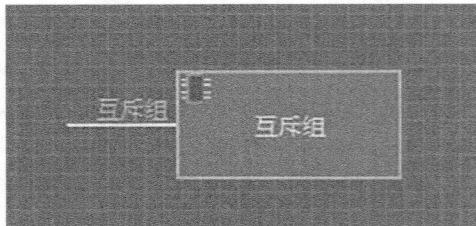

互斥组播放控制节点输入

素材播放控制节点的输入包括"素材路径""入动画""上一个""下一个""出动画",没有"输出"。

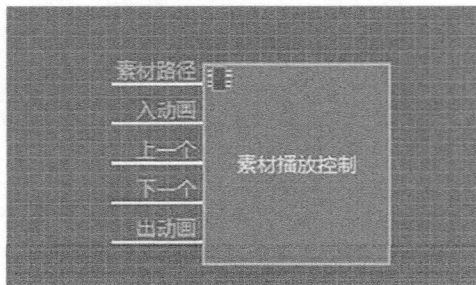

素材播放控制节点输入

视频播放控制节点的输入包括"视频物件""播放/暂停""停止""从头播放""Seek""Seek进度""快进(退)""进退数值"。视频播放控制节点的输出包括"正播""播放进度""当前帧""总帧数"。

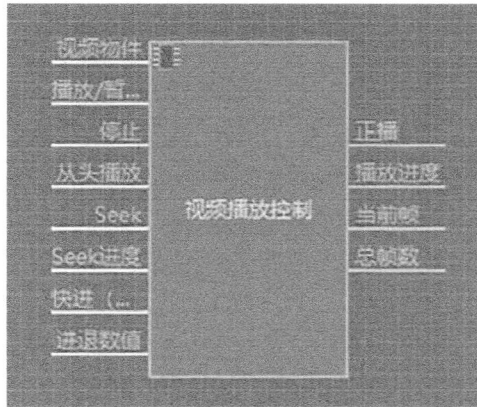

视频播放控制节点输入输出

4.7.9 逻辑计算节点介绍

逻辑计算节点包括变量、随机数、数值转文字、文字转数值、分支选择、数值分发、计数器、事件延时、定时器、日期时间、事件收集器、事件分发器、取反、数值映射、开关、存储器、表达式、条件判断、数值分段、字符串操作、向量、矩阵、排序、统计、BOOL 转事件、数据分离、比较大小。

变量节点的类型包括整型、浮点、字符串、颜色、布尔型。

整型变量节点的输入为"整型",输出为"输出"和"值发生改变"。

整型变量节点输入输出

浮点变量节点的输入类型为"浮点",输出为"输出"和"值发生改变"。

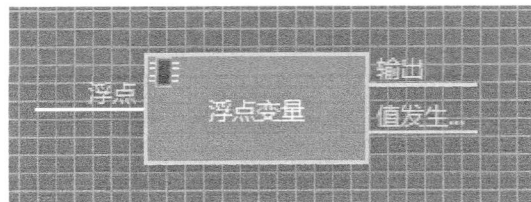

浮点变量节点输入输出

字符串变量节点的输入为"字符串",输出为"输出"和"值发生改变"。

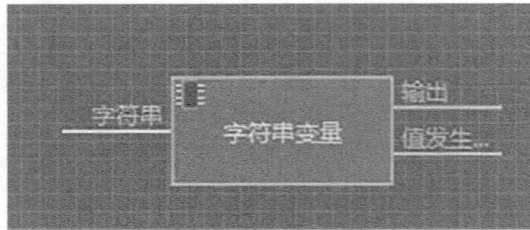

字符串变量输入输出

颜色变量节点的输入为"颜色",输出为"输出"和"值发生改变"。

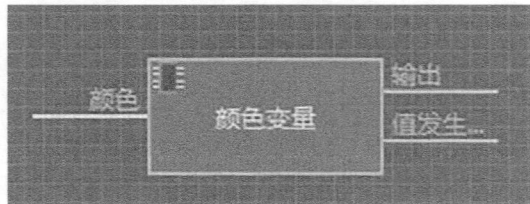

颜色变量输入输出

布尔型变量节点的输入为"布尔型",输出为"输出"和"值发生改变"。

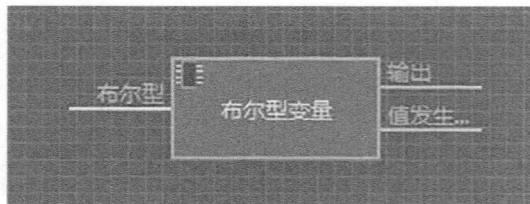

布尔型变量输入输出

随机数节点的输入包括"最大值""最小值""触发"。随机数节点的输出包括"生成结束"和"输出"。

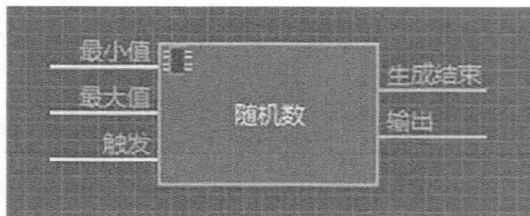

随机数节点输入输出

数值转文字节点的输入包括"数值""小数位数""去除无效 0"。数值转文字节点的输出为"输出文字"。

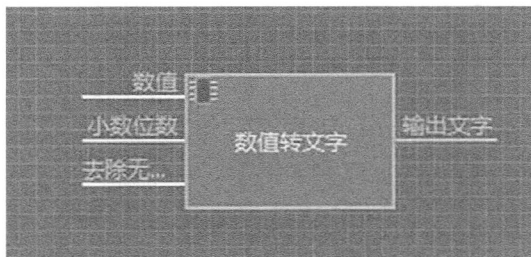

数值转文字节点输入输出

文字转数值节点分为整型和浮点型。两种类型节点的输入均为"文字"，输出为不同类型的输出数值。整型输出为整型数值，可理解为不带小数点的数值；浮点型输出为浮点型数值，可理解为带小数点的数值。

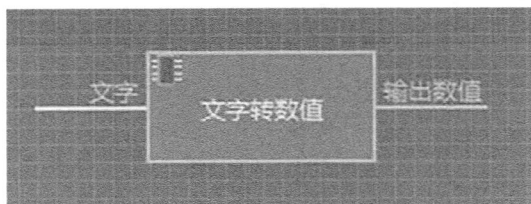

文字转数值节点输入输出

分支选择节点分为整型、浮点、字符串、颜色、布尔型五类。它们的输入均为"选择序号""添加数值""减少数值""数值 0—7"，输出均为不同类型的输出。

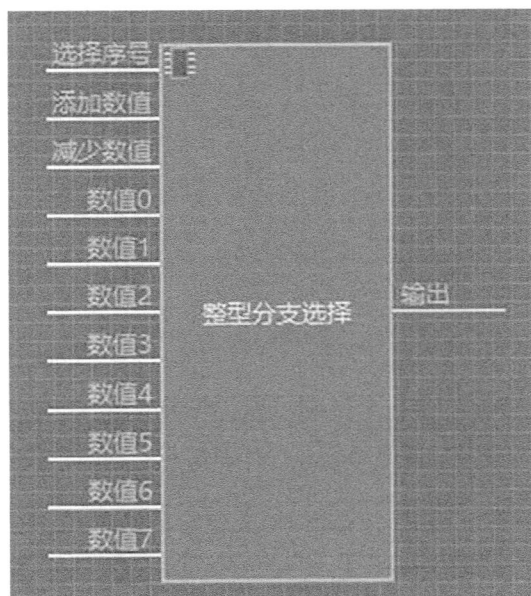

分支选择节点输入输出

数值分发节点分为整型、浮点、字符串、颜色、布尔型五类。它们的输入均为"序号""输入""默认值",输出均为不同类型的数值 0—7。

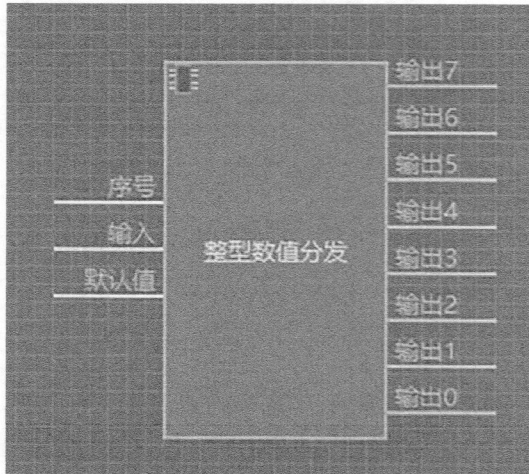

数值分发节点输入输出

计数器节点的输入包括"初始值""最小值""最大值""步长""循环""增加""减少""重置"。

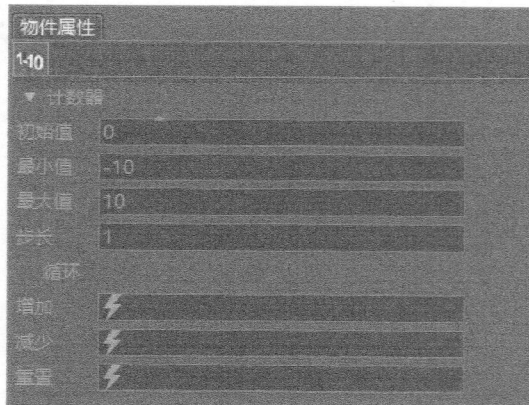

计数器节点的输出包括"输出""计数结束"。

事件延时节点的输入为"延时时间"和"事件"，输出为"延时结束"。

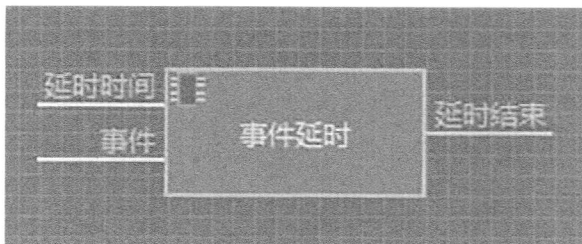

事件延时节点输入输出

定时器节点分为定时触发和倒计时两类。

定时触发节点的输入为"触发时间"，输出为"剩余时间"和"时间到"。

定时触发输入输出

倒计时节点的输入包括"间隔时间""执行次数""触发""取消计时"。倒计时节点的输出包括"剩余次数""剩余时间""时间到"。

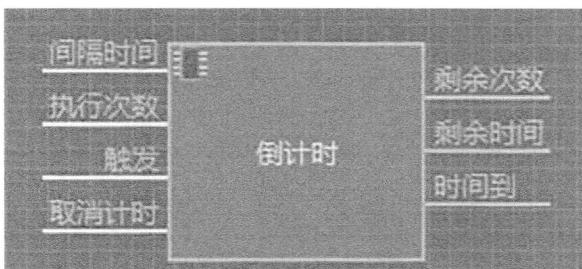

倒计时节点输入输出

日期时间节点的输入包括"小时偏移"和"分钟偏移"。日期时间节点的输出包括"秒""分""时""时间""日""月""年""日期""输出"。

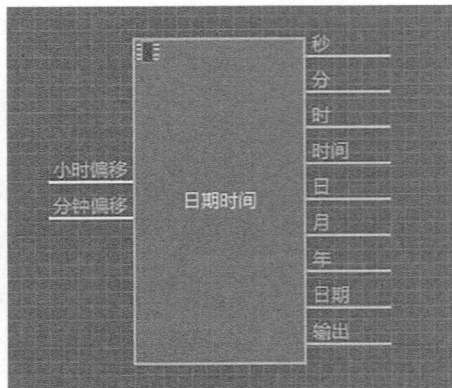

日期时间节点输入输出

事件收集器节点的输入包括"添加事件""减少事件""事件 0—7",输出包括"事件序号"和"触发事件"。

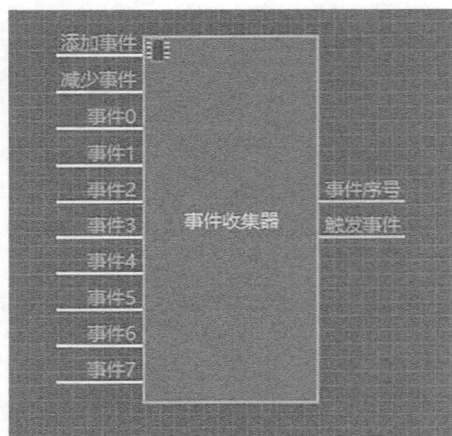

事件收集器节点输入输出

事件分发器节点的输入包括"序号"和"事件",输出包括"事件 0—7"。

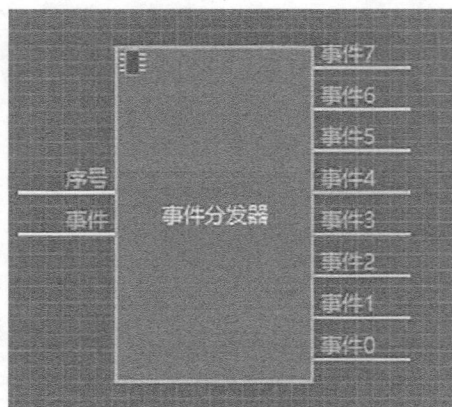

事件分发器节点输入输出

取反节点的作用是将输入取反然后输出。

取反节点输入输出

数值映射节点的输入包括"数值""输入最小值""输入最大值""输出最小值""输出最大值"。数值映射节点的输出包括"触发事件"和"输出"。

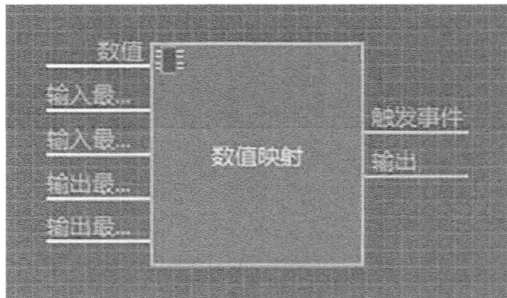

数值映射节点输入输出

开关节点的输入包括"默认状态""开""关""切换"。开关节点的输出包括"关事件""开事件""触发事件""输出"。

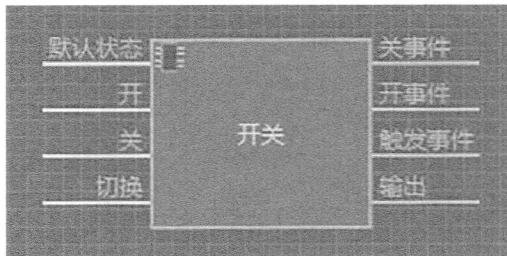

开关节点输入输出

存储器节点的输入包括"数值""默认值""事件""重置",输出为"输出"。

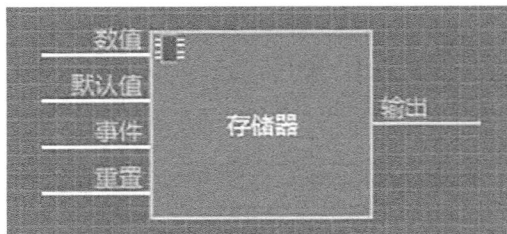

存储器节点输入输出

表达式节点的输入为"A""B""C""D""E""F""G""H""表达式",其中 A、B、C、D、E、F、G、H 为变量,表达式对变量进行运算后输出。

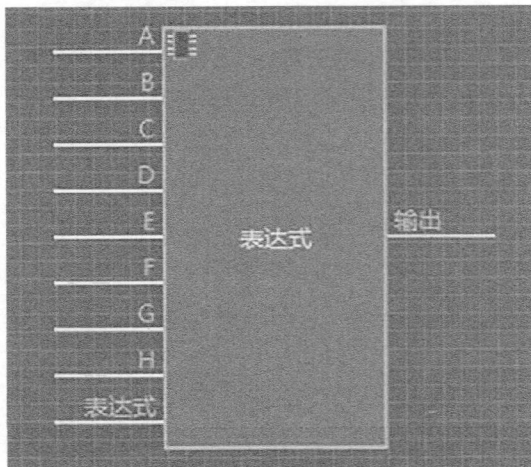

表达式节点输入输出

条件判断节点的输入为"A""B""C""D""E""F""G""H""条件语句""真""假",其中 A、B、C、D、E、F、G、H 为变量,条件语句为含有以上变量的真值表达式,根据表达式的真假输出不同的结果。

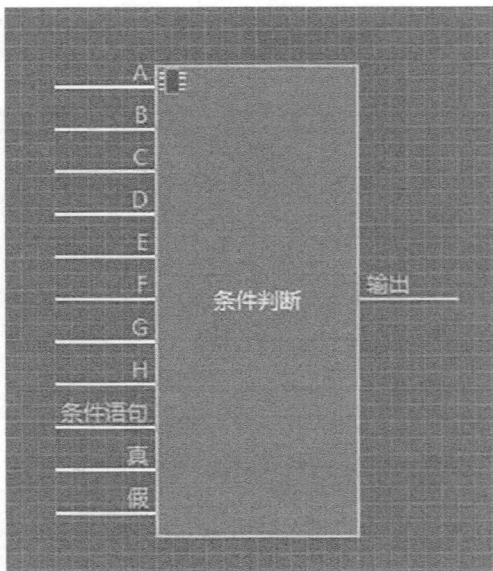

条件判断节点输入输出

数值分段的输入包括"数值""默认输出""添加分段""减少分段"和"不同的分段",每个分段的属性包括包含类型、左端点、右端点、输出。

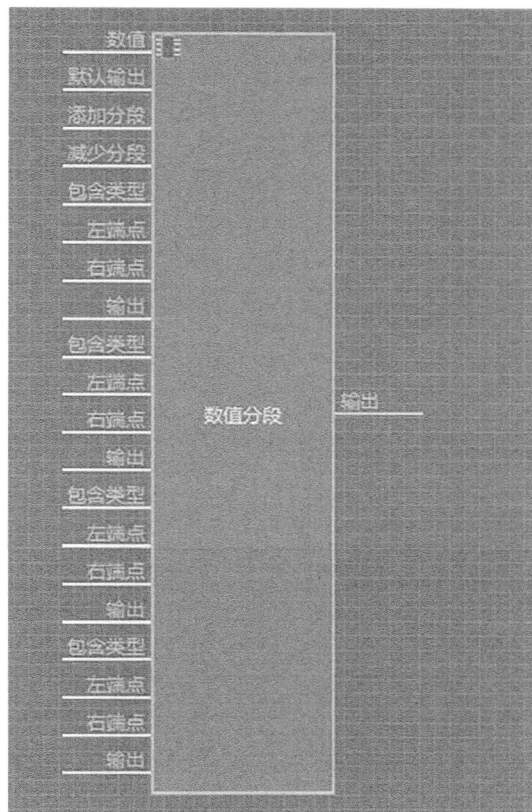

数值分段节点输入输出

字符串操作节点分为获取字符串长度、裁剪字符串、查找字符串、替换字符串、字符串大小写转换、分割字符串、字符串拼接、字符串操作。

获取字符串长度节点的输入即为"字符串本身"，输出包括"去空格为空""为空""长度""输出"。

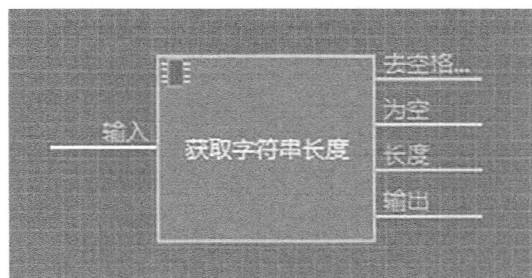

获取字符串长度节点输入输出

裁剪字符串节点的输入包括"字符串本身""头部裁剪""头部字符""尾部裁剪""尾部字符"，输出为"裁剪后的字符串"。

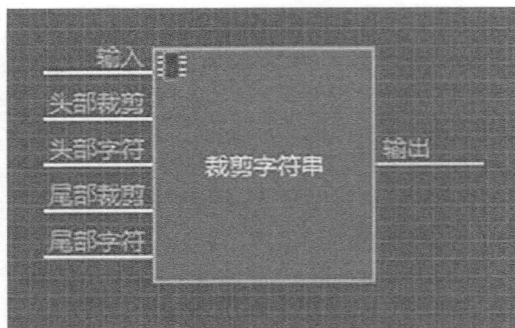

裁剪字符串节点输入输出

查找字符串节点的输入为"字符串本身"和"要查找的字符串",输出包括"是否存在""查找序号""输出"。

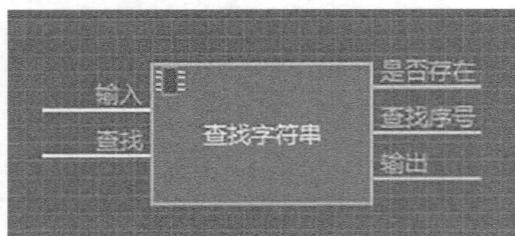

查找字符串节点输入输出

替换字符串节点的输入包括"字符串本身""查找"和"替换",输出为"替换后的字符串"。

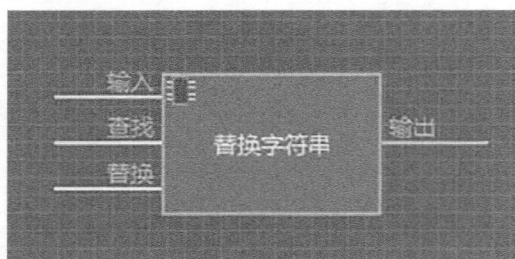

替换字符串节点输入输出

字符串大小写转换节点的输入为"字符串本身"和"转换",输出为"转换后的字符串"。

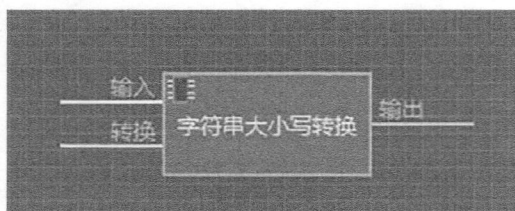

字符串大小写转换输入输出

分割字符串节点的输入包括"字符串本身""选择序号""删除空白项""分隔符",输出包括"分割后的字符串""选择项""分割项数量"。

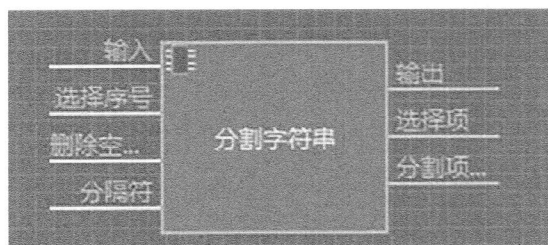

分割字符串节点输入输出

字符串拼接节点的输入包括"添加字符串""删除字符串""字符串 1"和"字符串 2",输出为"拼接后的字符串"。

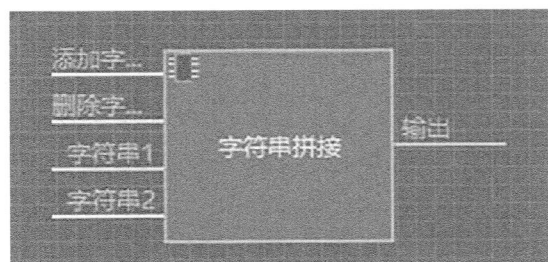

字符串拼接输入输出

字符串删除节点的输入包括"字符串本身""删除方式""开始位置""删除长度",输出即为经过删除后的字符串。

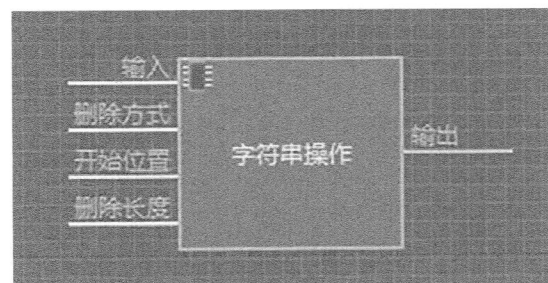

字符串操作输入输出

向量节点分为数值和字符串两种类型。它们的输入均为"增加""开始位置""增加数量""删除""开始位置""减少数量",输出均为"数据"。

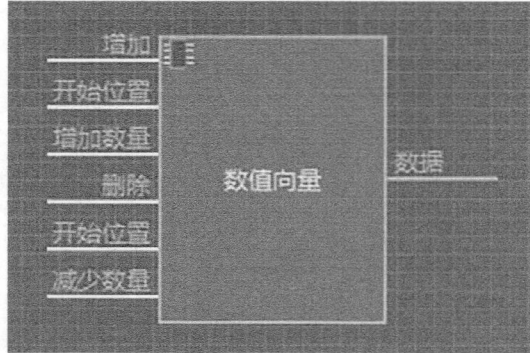

数值向量输入输出

矩阵节点的输入包括"向量纵向排列""增加""开始位置""增加数量""删除""开始位置""减少数量",输出为"数据"。

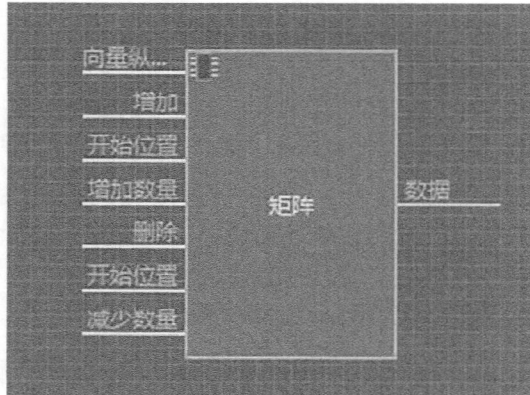

矩阵节点输入输出

排序节点的输入包括"主键列号""排序方式""排序规则""数据",输出为"排序后的数据"。

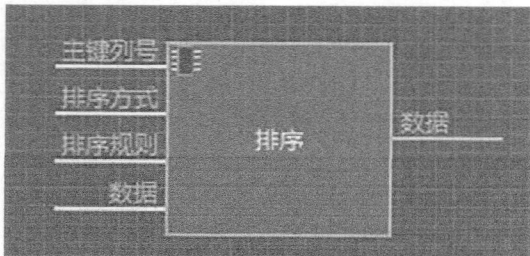

排序节点输入输出

统计节点的输入包括"功能""类型""开始行""结束行""开始列""结束列""小数位数""数据",输出为"数据"。

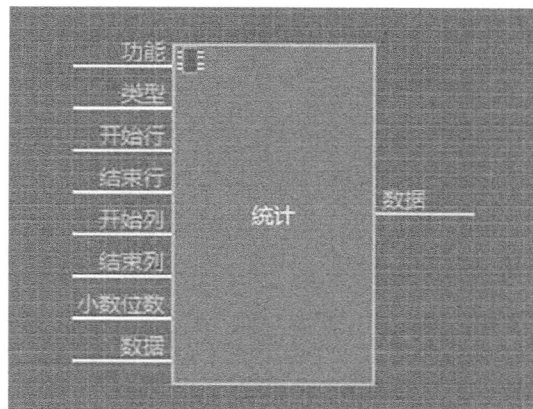

统计节点输入输出

BOOL 转事件节点的输入为"布尔值",输出包括"真事件"和"状态切换"。

BOOL 转事件节点输入输出

数据分离节点的输入包括"开始行""结束行""开始列""结束列""数据",输出为"输出 0—9"。

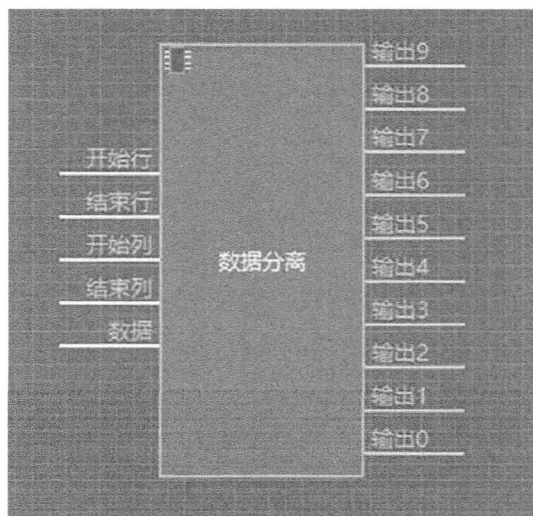

数据分离节点输入输出

比较大小节点分为数值和文本两种类型。

数值比较大小节点的输入为"输入 1""输入 2""小于""等于""大于",输出为"比较结果"。

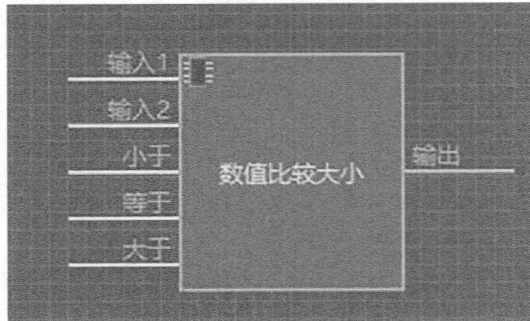

数值比较大小节点输入输出

文本比较大小节点输入为"输入 1""输入 2""小于""等于""大于""区分大小写",输出为"比较结果"。

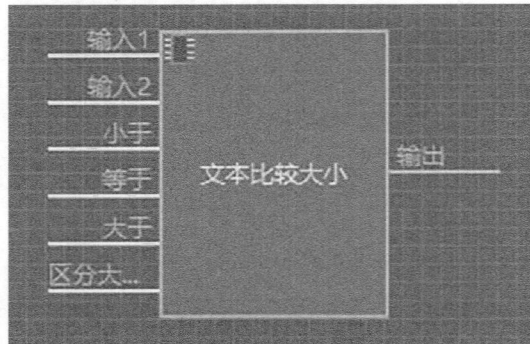

文本比较大小节点输入输出

4.7.10　数据获取节点介绍

数据获取节点分为文本数据、Excel 数据、文件夹数据三种类型。

文本数据节点的输入包括"是否生效""文件路径""分割符",输出为"数据"。

文本数据节点输入输出

Excel 数据的输入包括"是否生效""文件路径""Sheet 序号""起始行""行数""列数",输出为"数据"。

Excel 数据节点输入输出

文件夹数据包括"是否生效""文件夹路径""后缀""刷新间隔(s)""显示类型",输出为"数据"。

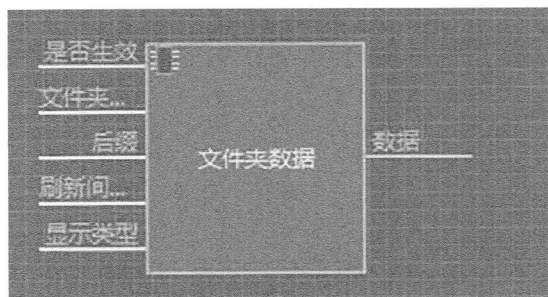

文件夹数据节点输入输出

4.8　进阶输出配置

4.8.1　显示屏输出

对于多显示器、多屏幕的输出,在制作模板的时候需要按照所要求的制作尺寸及比例制作。因此,需要使用者在制作模板前,对 iArtist 的渲染窗口尺寸进行宽高比设置。

在菜单栏中,单击"自定义"菜单,选择"系统设置",然后在左侧选择"宽高比设置"。在"宽高比类型"选项中有常用的几种宽高比格式以及输出制式选项,"16∶9"表示 1 920×

1 080 分辨率,刷新方式为 50p。PAL 与 NTSC 均为广播电视台的标清模式,分辨率为720×576。PAL 制式下,刷新率为 50i,NTSC 制式下,刷新率为 59.97。

如果我们所制作的格式尺寸是默认格式中没有的,那么我们选择选择"自定义",之后,根据制作的实际情况输入参考分辨率的宽和高。

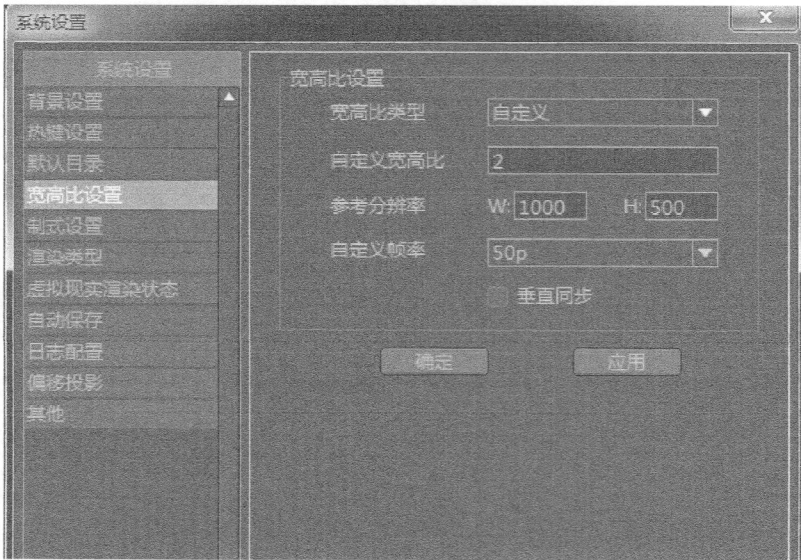

系统设置界面

4.8.2　专业板卡输出

关于板卡的配置,主要配置项在"bin\initFile\"路径下的 Hardware. ini 文件,在配置文件的[Output]段中,列出了所有支持的板卡类型,以下分别介绍。

4.8.2.1　SDI 板卡输出配置

SDI 板卡以 Sever400k 卡以及 MatroxLE4 卡的主要内容为例进行介绍。

Server400k 板卡 2 输入 2 输出:

[Output]

ProlinkServer400PlayStart = 0

ProlinkServer400PlayCount = 1

这里除了 ProlinkServer400 卡以外,还有很多其他的板卡配置。这里需要在其他板卡的配置前端加上"//"以注释 ProlinkServer400PlayStart 的相关配置。

[Output_ProlinkServer400_01]

SystemType = 4

输出制式,高清为 4,标清为 0

GenlockType = 3

同步类型，内同步为 3，外同步为 0

DualLink = 1

DualLink 支持两种设置（DualLink = 0//0：Fill；//1：Fill + Key；）DualLink 为 1 时按对 Fill + Key 输出为 0 时单路输出

CardIndex = 0

IO 卡索引：设定 IO 板卡的序号，当系统只有 1 块板卡时，输入 0。当有多个板卡时，可以根据需求设定不同的板卡序号。

BNCIndex = 3

BNC 索引：设定当前板卡的 BNC 接口编号。参数由 0 开始设置，server400k 最大支持 3。当 DualLink 播出时，只能为 0 或 2 通道索引。

［Capture］

ProlinkServer400Start = 0

ProlinkServer400Count = 2

以上表示使用板卡采集 2 路信号输入，并把其他板卡信息注释掉

［Capture_ProlinkServer400_01］

CaptureType = 4

采集制式，高清为 4，标清为 0

同理配置好［Capture_ProlinkServer400_02］

其余配置部分保持默认配置即可

Server400k 板卡 4 输入：

［Output］中，把所有板卡全部注释掉

［Capture］

ProlinkServer400Start = 0

ProlinkServer400Count = 4

以上表示使用板卡采集 4 路信号输入，并把其他板卡信息注释掉

［Capture_ProlinkServer400_01］

CaptureType = 4

采集制式，高清为 4，标清为 0

同理配置好［Capture_ProlinkServer400_02 - 04］

Matrox LE4 卡 2 输入 2 输出：

［Output］

DSXLE4Mio3Start = 0

DSXLE4Mio3Count = 1

以上表示使用板卡输出一对（2 路）信号，并把其他板卡信息注释掉

DualLink = 1

DualLink 支持两种设置(DualLink = 0//0：Fill；//1：Fill + Key；)DualLink 为 1 时按对 Fill + Key 输出为 0 时单路输出

CardIndex = 0

IO 卡索引：设定 IO 板卡的序号，当系统只有 1 块板卡时，输入 0。当有多个板卡时，可以根据需求设定不同的板卡序号。

BNCIndex = 3

BNC 索引：设定当前板卡的 BNC 接口编号。参数由 0 开始设置，server400k 最大支持 3。当 DualLink 播出时，只能为 0 或 2 通道索引。

[Output_DSXLE4Mio3_01]

SystemType = 4

输出制式，高清为 4，标清为 0

[Capture]

DSXLE4Mio3Start = 0

DSXLE4Mio3Count = 2

以上表示使用板卡采集 2 路信号输入，并把其他板卡信息注释掉

[Capture_DSXLE3Mio2_01]

CaptureType = 4

[Capture_DSXLE3Mio2_02]

CaptureType = 4

采集制式，高清为 4，标清为 0

Matrox LE4 卡 4 输入：

[Output]中，把所有板卡全部注释掉

[Capture]

DSXLE4Mio3Start = 0

DSXLE4Mio3Count = 4

以上表示使用板卡采集 4 路信号输入，并把其他板卡信息注释掉

[Capture_DSXLE3Mio2_01]

CaptureType = 4

采集制式，高清为 4，标清为 0

同理配置好[Capture_DSXLE3Mio2_02 - 04]

4.8.2.2 其他板卡配置

Magewell 的 HDMI 采集卡，仅做采集使用

[Output]中，把所有板卡全部注释掉

[Capture]

MagewellProCaptureStart = 0

MagewellProCaptureCount = 4

以上表示使用板卡采集 4 路信号输入,也可以根据实际情况将第二个参数修改为 1—4 中的任意值,表示对应数量的采集路数,并把其他板卡信息注释掉

［Capture_MagewellProCapture_01］

CaptureType = 4

采集制式,高清为 4,标清为 0

同理,根据需要配置之后的 02—04 段落

4.8.3　流媒体输出

流媒体方式,对于软件来讲,也仅是将其类比为一种板卡进行设置,所以配置依然在 "bin\initFile\" 路径下的 Hardware. ini 文件。

4.8.3.1　RTMP 及 RTSP 输出配置

［Output］

RtmpStart = 0

RtmpCount = 1

以上表示开启 1 路 RTMP 输出,也可根据需要修改数字增加输出路数

［Output_Rtmp_01］

SystemType = 4

输出制式,高清为 4,标清为 0

Url =

UTL 地址处填写真实的 RTMP 推流地址即可

之后,可以根据实际情况,增加填写 02 段等

4.8.3.2　NDI 输出配置

［Output］

NewTekNDIPlayStart = 0

NewTekNDIPlayCount = 1

以上表示开启 1 路 RTMP 输出,也可根据需要修改数字增加输出路数

［Output_NewTekNDI_01］

Name = PGM

名称表示输出的源名

SystemType = 4

输出制式,高清为 4,标清为 0

之后,根据需要增加 02 段落等

［Capture］

NewTekNDIStart = 0

NewTekNDICount = 6

以上表示使用采集 6 路 NDI 输入，也可以根据实际情况设置不同的输入数量

［Capture_NewTekNDI_01］

NDIName = DESKTOP-HSSD1UL(Test Pattern)

采集的 NDI 信号的名称，名称规则为"机器名(源名)"此规则很严格，不能错

CaptureType = 4

采集制式，高清为 4，标清为 0

同理，根据实际情况配置 02 段等

4.8.4 视频渲染输出

iArtist 中制作完成的动画，可以通过软件直接渲染输出成视频文件，便于生成动画小样、序列给其他设备使用。

在菜单栏单击"工具"，选择"输出图像或视频"，弹出图像视频输出对话框。

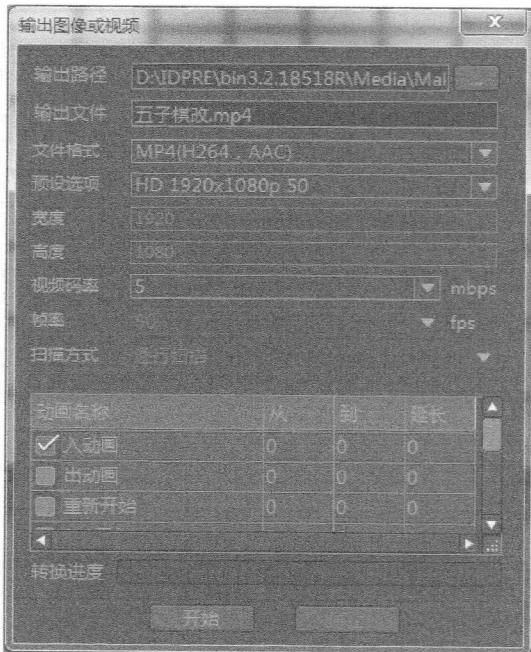

输出图像或视频界面

输出路径：选择输出文件保存的路径。

输出文件：默认为素材文件名称，可自定义。

文件格式：通过下拉菜单，选择文件的输出视频或序列图格式，目前支持格式如下。

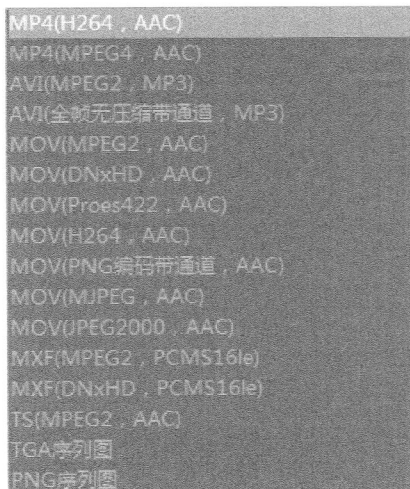

文件格式界面

　　选择我们所需要的格式即可。

　　预设选项：通过下拉菜单，选择视频制式，及帧数，支持如下，其中，当选项为 UserDefine（用户自定义）时为当前画面尺寸，如需要其他定制尺寸，手动输入即可，软件自带一些尺寸制式与帧速率为国内国际常用的格式，可根据制作需求选择，无须再手动修改。

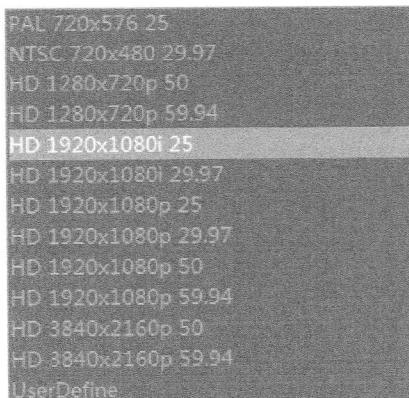

预设选项界面

　　视频码率：通过下拉菜单可选择视频的码率，码率越高视频质量越高，文件越大。该软件常用码率为 5—8，如有特殊要求可根据需求进行选择。

　　扫描方式：逐行扫描、奇数场优先或偶数场优先，可根据需求进行选择。

　　动画选择项，默认入动画为选择状态。输出动画段的多少，与所制作素材的动画段多少一致，在输出视频框选择要进行转换的动画段（只输出选择上的动画段，所以如果要全部输出的话，需要选择全部的动画段），选择多个动画段的时候，动画输出按动画段顺序生成为一个视频文件。

全部选择完毕后,单击开始,即可看到转化进度,转化完成后弹出提示窗口,单击关闭完成视频转化,并可在输出路径下找到相应的视频文件。

4.9 进阶脚本技巧

4.9.1 可编程类脚本编辑

为了支持高级用户灵活深入地控制三维场景的物件属性和行为,IDPRE 架构体系内嵌了脚本插件。内嵌脚本(Script)是一种应用程序提供的用于控制内部数据和功能的编程语言体系。iArtist 提供基于 EcmaScript(习惯称为 JavaScript)的脚本编程环境,作为处理复杂问题的工具,脚本编程环境对物件和素材的各种属性和功能进行了封装,用户可以在场景渲染、替换项修改、动画播出等过程中深入控制物件和素材的属性和行为。

可以在 iAritst 脚本编程环境使用的属性和函数,事件接口包括:

EcmaScript 系统的基本函数,包括时间、数学运算、字符处理等;

IDPRE 架构体系内的物件、素材的各种属性,包括位移、缩放、旋转、纹理、关键帧、动画、引出项等;

素材、物件、动画、动画轨及关键帧相关函数;

渲染、替换及动画事件接口函数。

4.9.2 脚本的使用方式

在 iArtist 中,如果想为素材或其中的某个物件添加脚本,可以从【特技】侧边栏的【其他特效】分类中将【脚本】图标拖动到【物件树】的素材或物件上,即可添加脚本。

可以通过素材或物件属性面板上的【脚本】选择框来启用和禁用脚本。

4.9.2.1 脚本编辑器

iArtist 提供了脚本编辑器用来编辑脚本内容。为方便用户使用脚本,该编辑器提供了下列功能:

编辑:输入、复制、粘贴、删除、快速选择。

语法高亮显示:关键字、数字、字符串、注释。

括号及其引号自动补全:{、[、(、’、”,[、(、’、”快速输入方法。

回车的缩进关系:{,普通缩进。

智能提示方法:物件的参数树、关键字、系统函数等。如果是物件,则添加物件函数;如果是素材,则添加素材特有函数;可扩展内置库函数(如:Math)。

提示框的显示和隐藏：显示，输入发生改变；隐藏，回车输入需要的代码；双击输入选择代码；按 Esc 键，失去输入焦点。

快速输入提示内容：上下箭头。

从物件参数树中输入内容。

编辑好脚本后，单击【编译脚本】按钮可以对脚本进行预编译处理，检查语法错误。只有检查通过的脚本才可以真正运行，若检查不通过，可以通过脚本编辑器提示的出错位置对脚本进行修改。

4.9.2.2　脚本内容

脚本由变量和函数组成。一般应该包括 4.9.1 节提到的渲染、替换、动画事件接口函数。这些接口函数的第一个参数一般是拥有该脚本的物件或素材，其他参数则为与事件相关的数据内容。

例如：

```
i = 0;
    function OnPerFrame(obj)
    {
        if(i == 0)
            obj. playClipAnim("入动画");
        i++;
        if(i>200)
            i = 0;
    }
```

上述脚本即可实现每间隔 200 帧播放一次"入动画"。

4.9.3　常见脚本及效果

物件位移

```
function OnPerFrame(object)
{
        obj = object. FindObject("文字 1");
        obj. position. rot. x = obj. position. rot. x + 1;
}
```

坠落的球体：

```
var fHeight = 80;
var fSpeed = 0;
var fAcceleration = 0. 1;
```

```
var bDown = true;
function OnPerFrame(Obj)
{
    if(bDown)
    {
        fSpeed += fAcceleration;
        fHeight -= fSpeed;
        if(fHeight <= 0)
        {
            bDown = false;
            fSpeed = 0.95 * fSpeed;
            if(fSpeed < fAcceleration)    //重复
            {
                fHeight = 80;
                bDown = true;
            }
        }
    }
    else
    {
        fSpeed -= fAcceleration;
        fHeight += fSpeed;
        if(fSpeed <= 0)
        {
            bDown = true;
        }
    }
    Obj.position.pos.y = fHeight - 50;
}
```

根据替换项内容改变文字颜色：

```
function ClipOnExportChanged(Obj,Export)
{
    var color = 0xffff0000;
    var aRed = 0.99;
    var aGreen = 0.01;
```

```
var v = parseFloat(Obj. Params. textParam. text);
if(v<0){
    color = 0xff00ff00;
    aRed = 0.01;
    aGreen = 0.99;
}
Obj. Params. face. faceColor = color;
Obj. updateValues();
}
```

一个动画播出时触发另外一个动画播出

```
function ClipOnAnimationStart(Obj,strAnimName)
{
if(strAnimName == 'start_another')
Obj. playAnimation('other_ani');
}
```

4.10　案　　例

本节通过一些具体案例,展示 iArtist 在不同场景下的应用。

4.10.1　图文版

图文版的效果图如下:

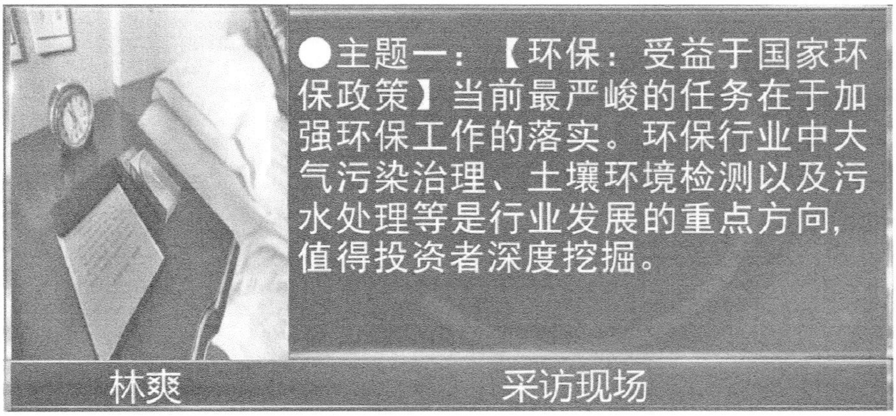

图文版效果图

步骤1：在物件树上添加矩形物件，重命名为"背景"，然后在矩形上添加平面纹理，选择所需要的背景作为纹理图片。

步骤1

步骤2：在物件树上添加矩形物件，重命名为"左窗"，然后在矩形上添加平面纹理，选择所需的纹理图片。调整图片的位置和大小，添加关键帧，使图片由下往上出现。

步骤2

步骤 3：在物件树上添加矩形物件，重命名为"左图"，然后在矩形上添加平面纹理，选择所需的纹理图片。调整图片的位置和大小，添加关键帧，使其动画效果与"左窗"同步。

步骤 3

步骤 4：以相同的方式在物件树上添加"右窗"和"右图"，并添加相应的关键帧动画。

步骤 4

步骤 5：在物件树上添加矩形物件，重命名为"红条 1"，然后在矩形上添加平面纹理，选择所需的纹理图片。调整图片的位置和大小，添加关键帧，使其从左到右出现。

步骤5

步骤6：在物件树上添加矩形物件，重命名为"红条2"，然后在矩形上添加平面纹理，选择与"红条1"相同的纹理图片。调整图片的位置和大小，使其与"红条1"重合，添加关键帧，使其从左到右出现，然后消失。

步骤6

步骤7：在物件树上添加矩形物件，重命名为"红条3"，然后在矩形上添加平面纹理，选择与"红条1"相同的纹理图片。调整图片的位置和大小，添加关键帧，使其从左到右出现。

步骤 7

步骤 8：在物件树上添加矩形物件，重命名为"黄条"，然后在矩形上添加平面纹理，选择所需的纹理图片。调整图片的位置和大小，使其位于"红条 3"的下方，呈现为黄色边框的效果，添加关键帧，调节其位置和透明度，使其从左到右出现。

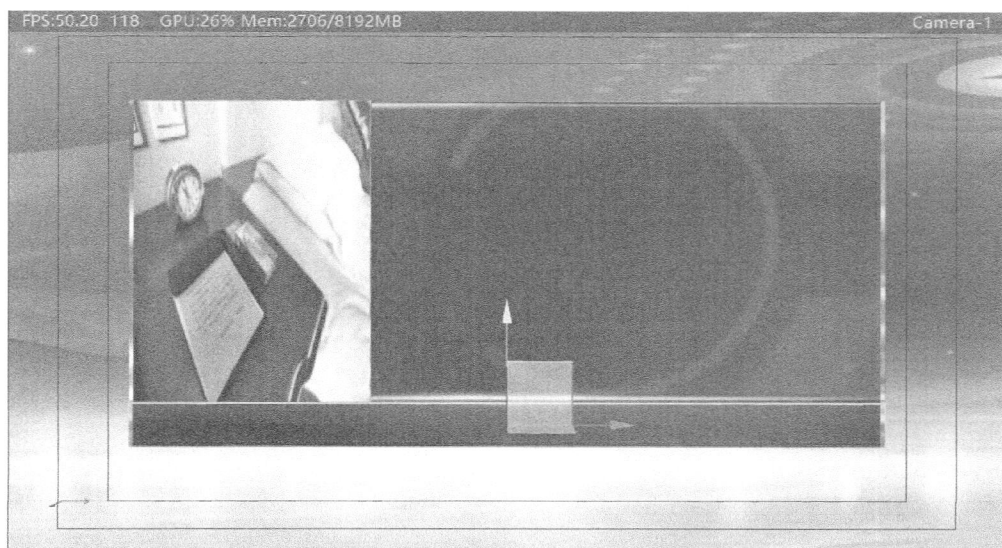

步骤 8

步骤 9：将以上所有物件编组，命名为"组 1"，调整组的大小和位置。

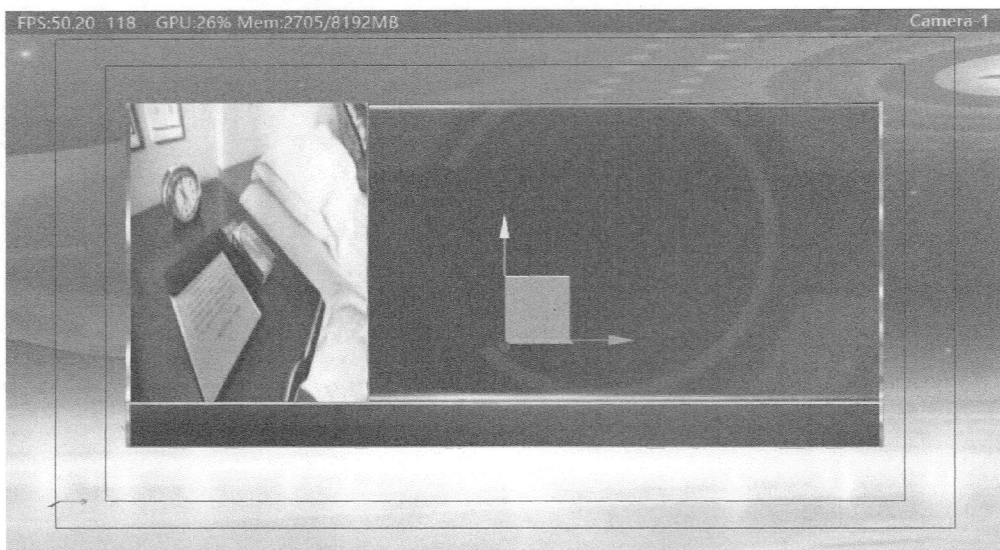

步骤 9

步骤 10：在物件树上添加矩形物件，重命名为"标题条黄边 1"，然后在矩形上添加平面纹理，选择所需的纹理图片。调整图片的位置和大小，使其成为位于"红条 3"的上方的细线，添加关键帧，调节其位置和透明度，使其从右到左出现，然后消失。

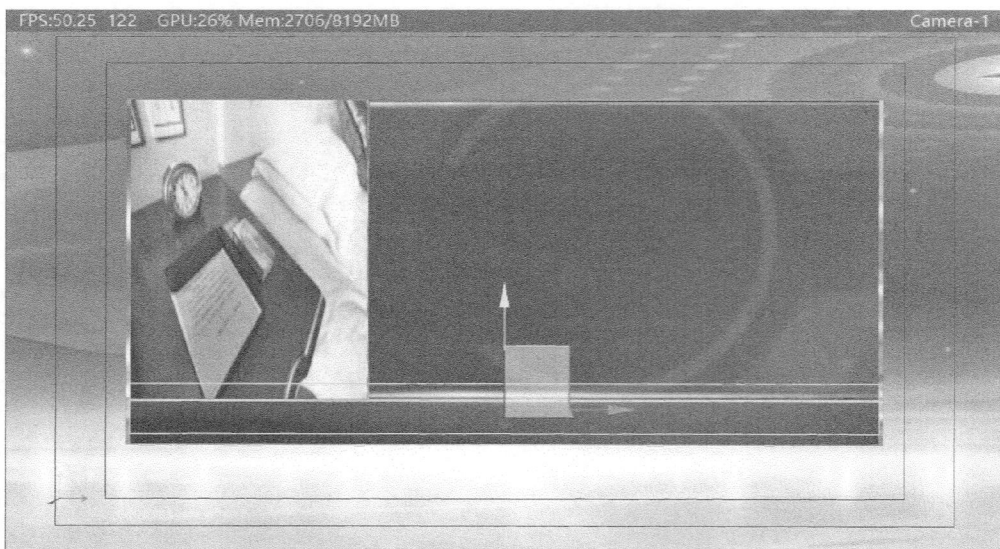

步骤 10

步骤 11：以类似的方式在物件树上继续添加矩形物件，分别重命名为"标题条黄边 2""标题条黄边 3""标题条黄边 4""标题条黄边 5"，然后在矩形上添加平面纹理，选择所需的纹理图片。调整图片的位置和大小，使其成为位于"红条 3"上方的不同细线，添加关键帧，调节其位置和透明度，使其呈现出不同的动画效果。将"标题条黄边 1"到"标题条黄边 5"编组，重命名为"黄线"。

步骤 11

步骤 12：在物件树上添加矩形物件，重命名为"动态高光"，然后在矩形上添加平面纹理，选择所需的纹理视频。调节视频的位置和大小，使其成为位于"红条 3"上方的动态纹理，添加关键帧，调整其位置、透明度、帧数，实现动态高光的效果。

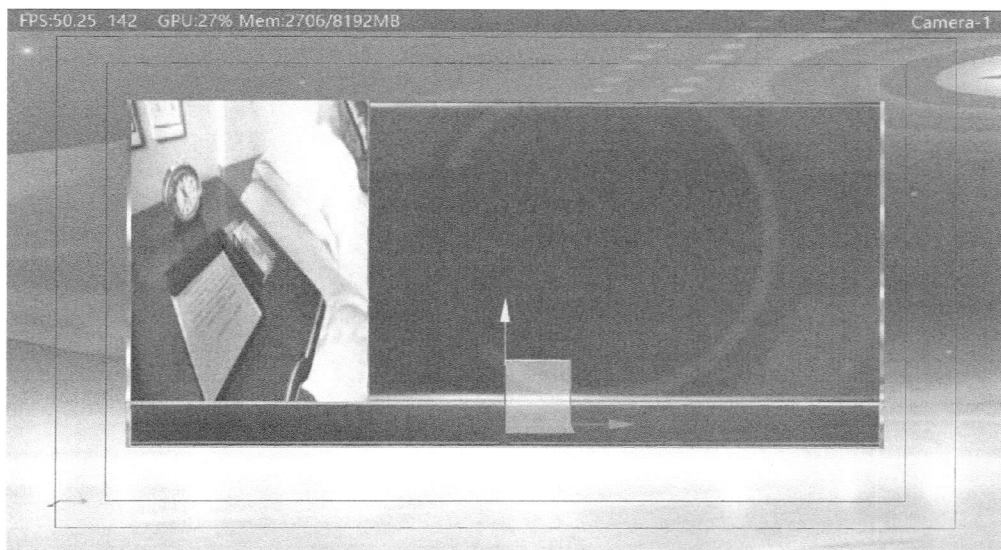

步骤 12

步骤 13：以类似的方式继续添加走丝光、标题底光、边框细光等动画效果。

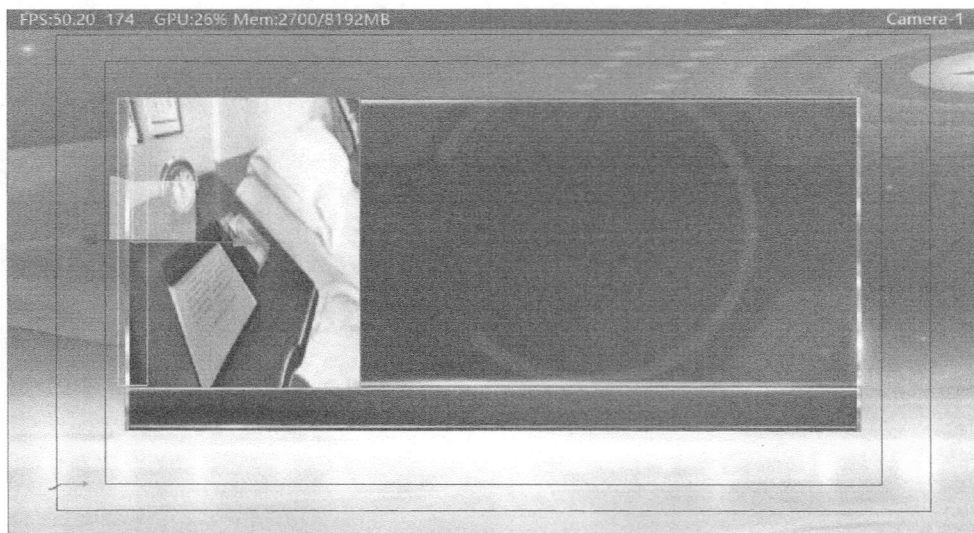

步骤 13

步骤 14：在物件树上添加文本框，调整字体和位置，添加关键帧，设置所需的动画效果，如从左到右滑动、从上至下飞入、淡入等。至此，图文版制作完毕。

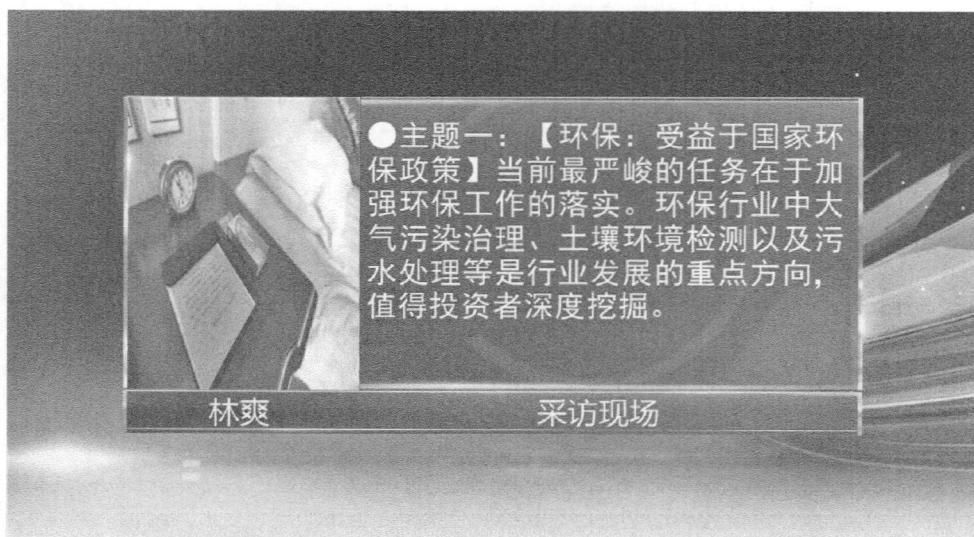

步骤 14

4.10.2 图文翻版

步骤 1：在物件树上添加立方体，调整其结构参数和材质属性，使其成为文字底板。

步骤 1

步骤 2：在物件树上添加文本框，分别输入城市名称、温度等信息，调整其位置和大小，使其位于底板之上。

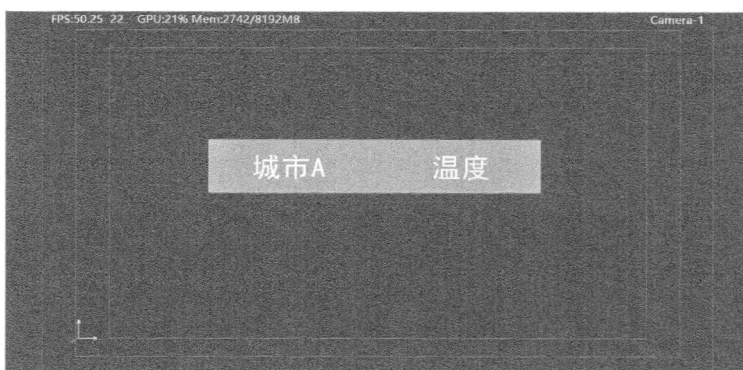

步骤 2

步骤 3：在物件树上添加矩形，调整其位置和大小，然后添加平面纹理，选择相应的天气图标作为纹理图片。

步骤 3

步骤4：将城市、温度和天气图标编组，重命名为"A"，然后和立方体编组，重命名为"组1"。

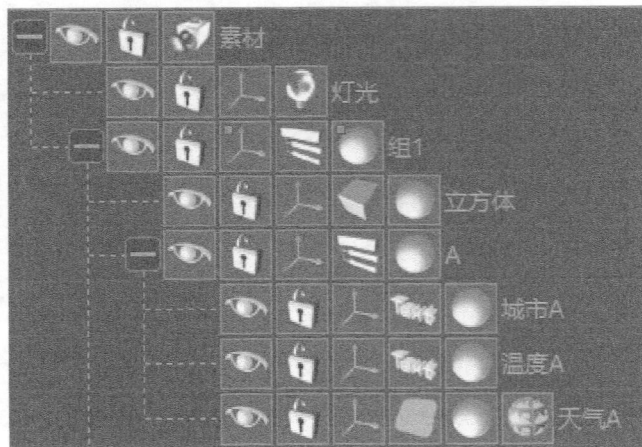

步骤4

步骤5：将组1绕X轴旋转180度，显示立方体的背面。在组1下添加和组A类似的文本框和图标，编组命名为"B"。

步骤5

步骤6：制作入动画。添加关键帧，使图文版从左至右出现。

步骤7：制作A—B翻版动画。添加关键帧，使图文版由A翻向B。

步骤8：制作B—A翻版动画。添加关键帧，使图文版由B翻向A。

步骤9：制作出动画。添加关键帧，使图文版淡出。

步骤10：选中组1，右键选择"克隆物件"，克隆数目为5，其他参数默认，单击确定。将克隆出的5个新组和组1共同编组，在组上添加排列特效，行数为6，列数为1，调整行偏移和组缩放，使其大小位置适中。

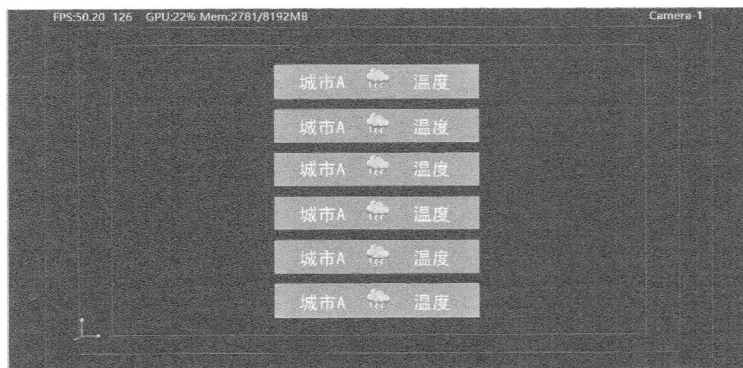

步骤 10

步骤 11：将相应的文字信息修改为实际天气信息。

步骤 12：选中"入动画"，在"组"上右击，选择"动画偏移"，设置偏移帧数，单击确定。

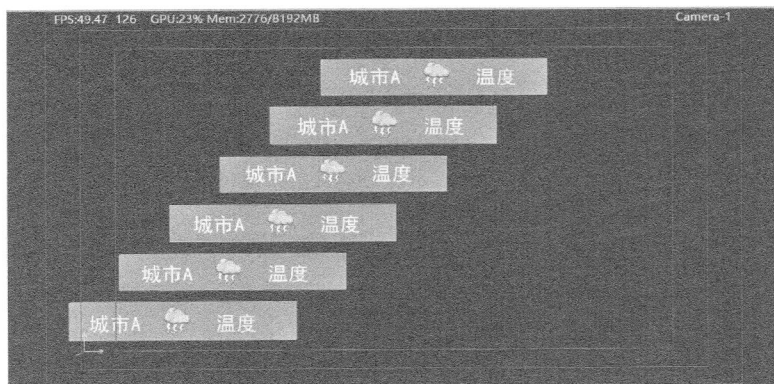

步骤 12

步骤 13：用同样的方式给翻版动画和出动画添加动画偏移。至此，翻版制作结束。

4.10.3　视频播放器

步骤 1：在物件树上添加一个矩形。

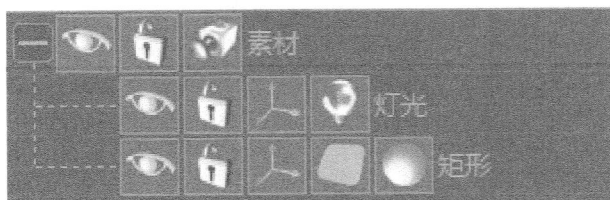

步骤 1

步骤 2：在矩形上面添加平面纹理，纹理类型选择视频文件，添加用于播放的视频。

步骤 2

步骤 3：单击工作窗下面菜单栏中的【纹理尺寸】，将视频调整为原始大小。

步骤 3

步骤 4：调整视频缩放和位置，将大小合适的视频放在所需位置。

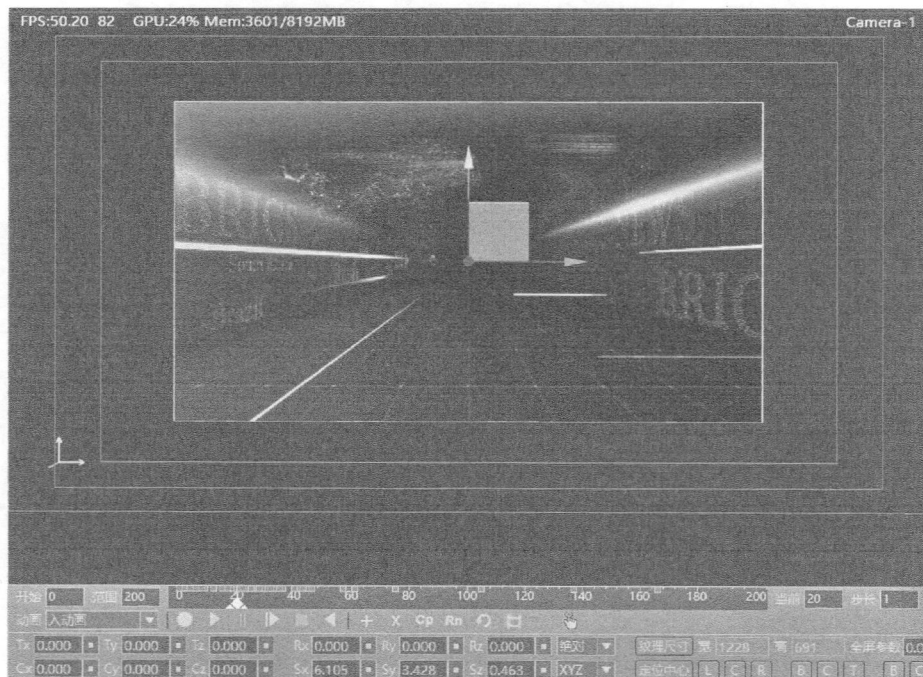

步骤 4

步骤 5：将添加了视频纹理的矩形重命名为视频。

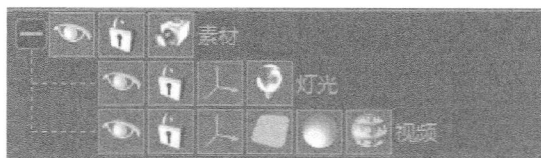

步骤 5

步骤 6：在节点编辑窗口中添加视频播放控制节点。

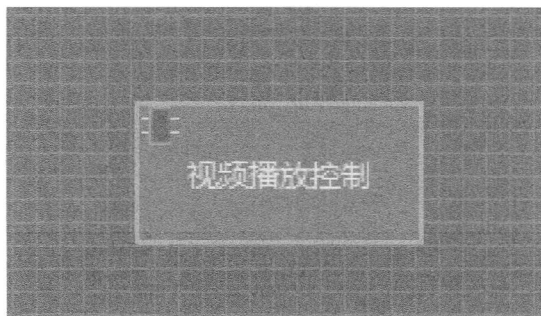

步骤 6

步骤 7：视频物件中填入待播放控制的视频名称，此处即为"视频"。

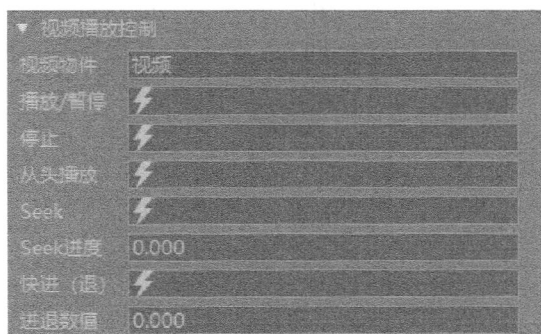

步骤 7

步骤 8：在视频物件上添加按钮触摸控制。

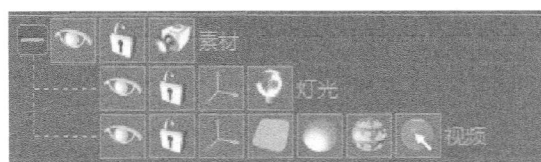

步骤 8

步骤 9：连接视频按钮节点的单击，实现通过单击控制视频的播放与暂停。

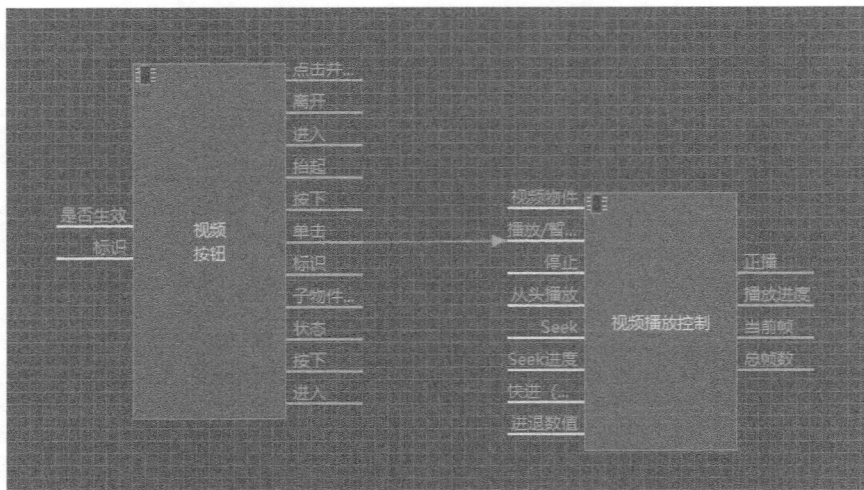
步骤 9

打开触控模拟，此时即可通过在视频上单击控制视频的播放/暂停。

步骤 10：在物件树上添加第二个矩形。

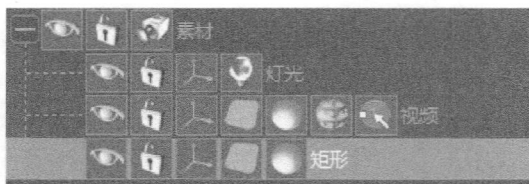
步骤 10

步骤 11：调整矩形的位置、宽度和高度，使其成为位于视频下方、与视频等宽的白条。

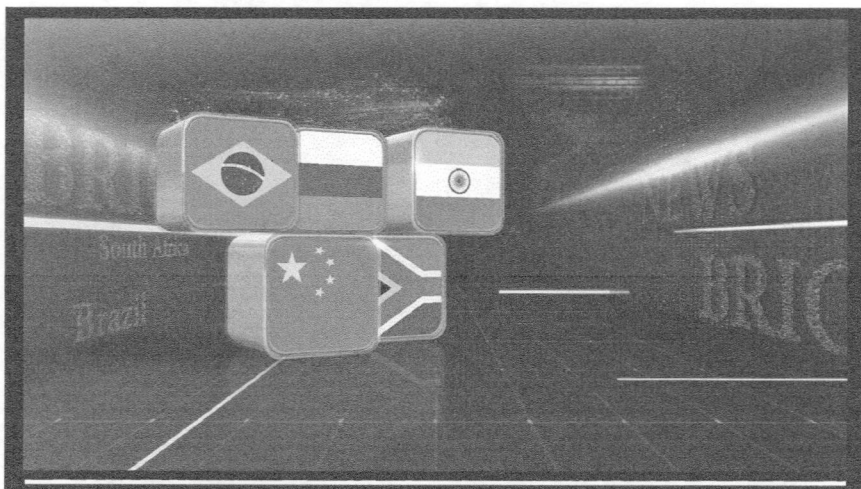
步骤 11

步骤 12：将矩形重命名为"滑条"。

步骤 13：在物件树上添加第三个矩形。

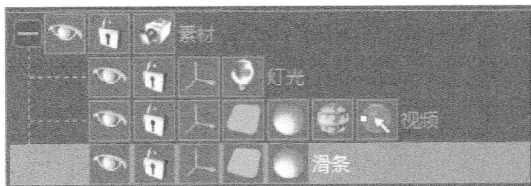

步骤 12

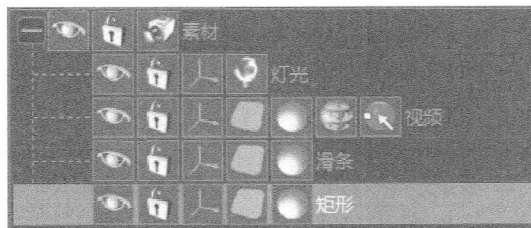

步骤 13

步骤 14：调整矩形的位置、宽度、高度和四角变化，使其成为位于滑条上方的滑块。

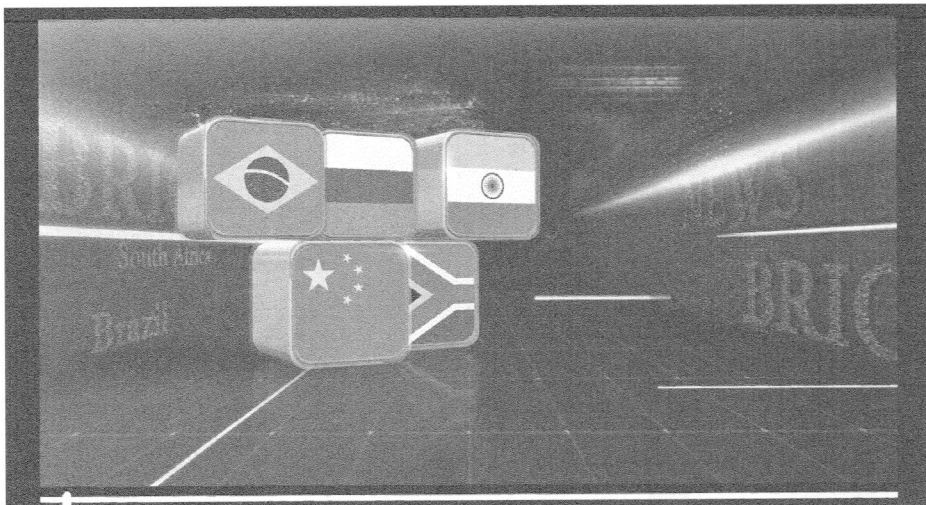

步骤 14

步骤 15：将矩形重命名为滑块。

步骤 16：在滑块上添加平移触摸控制。

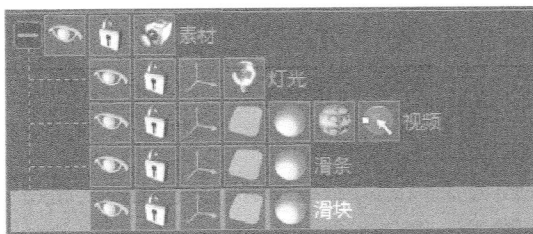

步骤 15

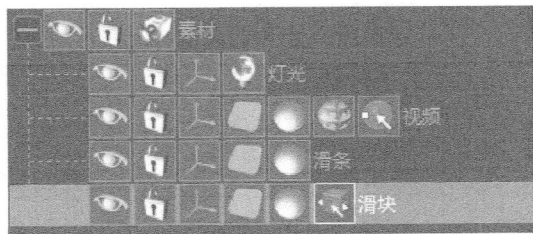

步骤 16

步骤17：调节平移的基本参数，将滑块的移动范围限制在滑条上。

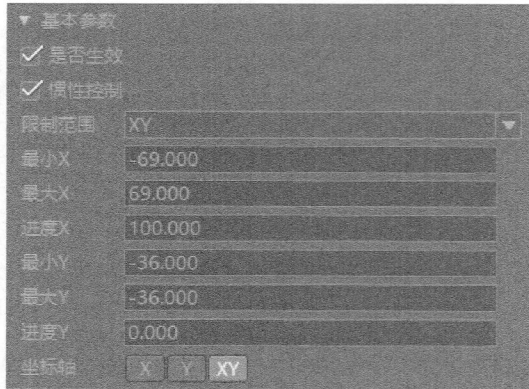

步骤17

步骤18：将视频播放控制的"播放进度"与滑块平移的"进度 X"连接，将滑块平移的"进度 X"与视频播放控制的"Seek 进度"连接。

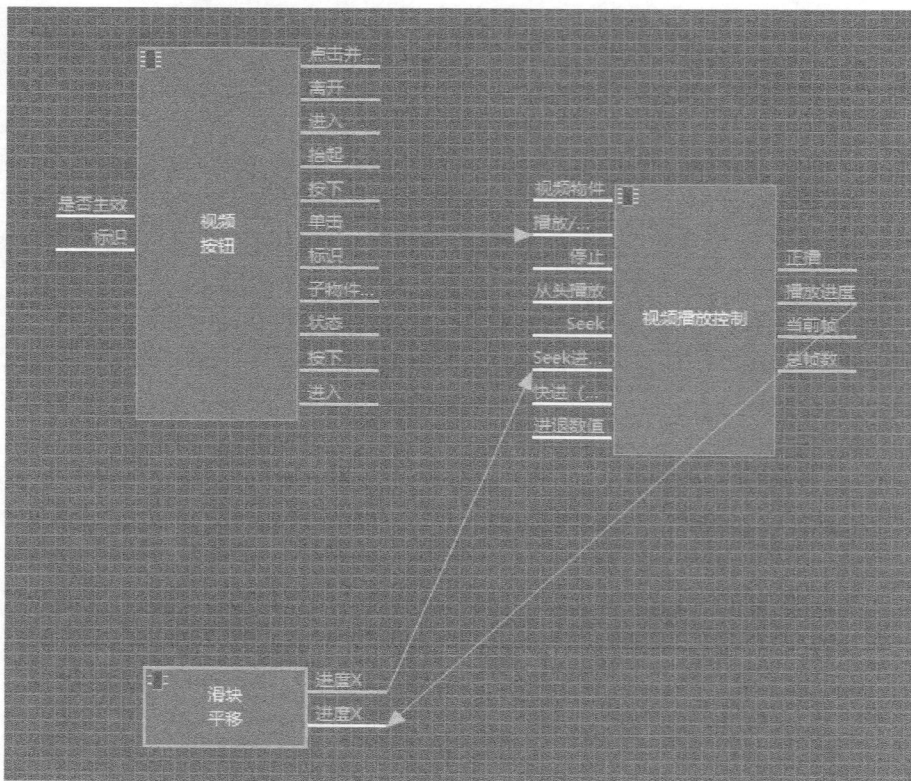

步骤18

步骤19：将视频播放控制的"播放/停止"与滑块平移的"按下"连接，将视频播放控制的

"Seek"与滑块平移的"抬起"连接。

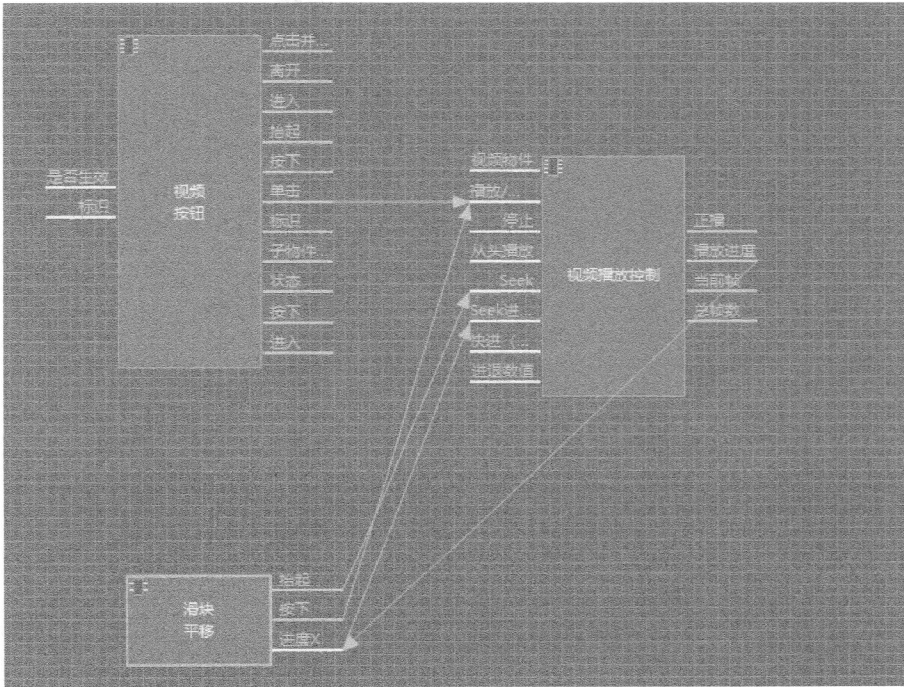

步骤 19

步骤 20：在节点编辑窗口中添加事件延时节点。

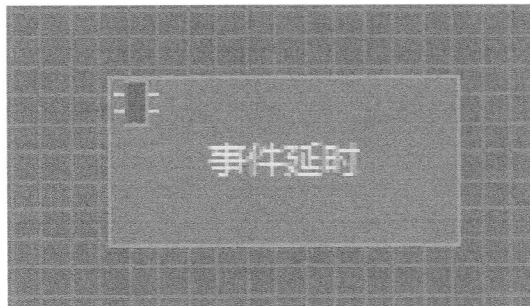

步骤 20

步骤 21：延时时间设为 0.001（秒）。

步骤 21

步骤22：将事件延时的"事件"与滑块平移的"抬起"连接，将视频播放控制的"播放/暂停"与事件延时的"延时结束"连接。

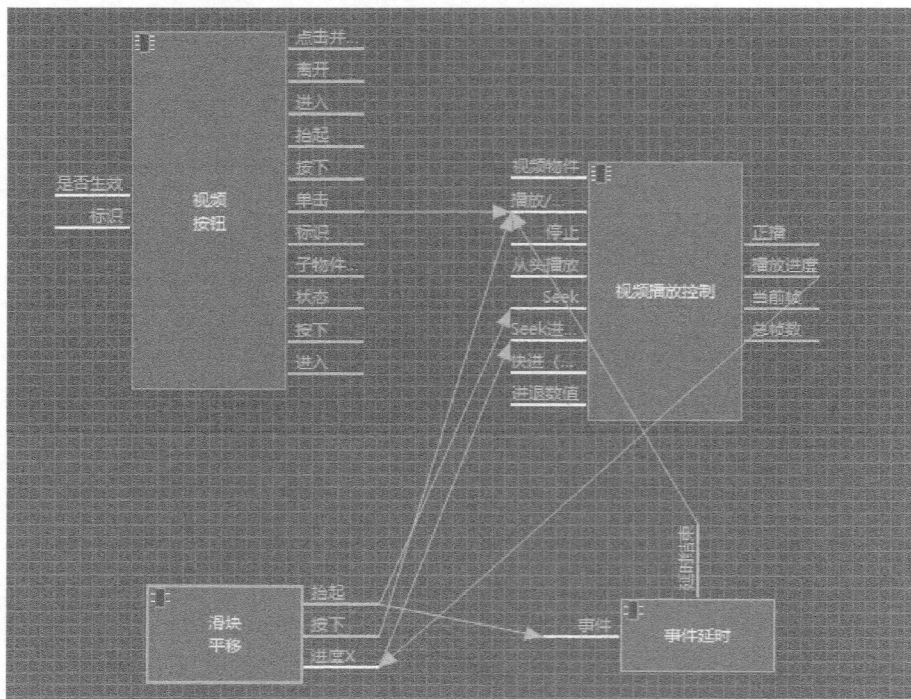

步骤22

步骤23：至此，视频播放器已制作完成，可以通过在视频上单击控制视频的"播放/暂停"，通过拖动视频下方的滑块调节视频播放的进度。

步骤23

4.10.4　朋友圈展示

朋友圈展示效果图

4.10.4.1　设置分辨率

（1）软件顶部选择自定义，打开系统设置。

（2）选择宽高比设置。

（3）选择自定义宽高比类型。

（4）将分辨率改为 1 080 * 1 920（手机尺寸）。

（5）修改好之后单击应用即可。

4.10.4.2　设置层背景

（1）在二维物件中找到矩形物件，鼠标左键拖动到物件树，或双击打开。

（2）将材质颜色改成白色。

（3）物件选择【层背景】，使其始终在最后面。

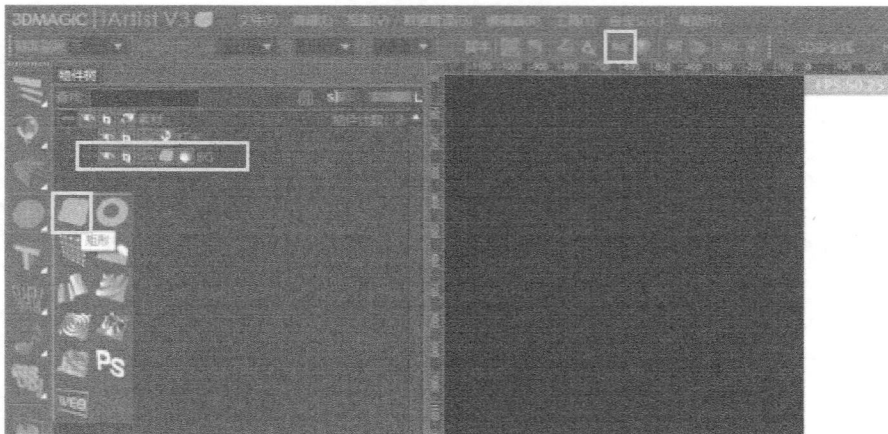

设置层背景

4.10.4.3　添加平面纹理

（1）在纹理中找到平面纹理，鼠标左键拖动到物件上。

（2）选择物件上的平面纹理。

（3）在平面纹理属性中单击【添加】按钮。

（4）找到自己需要的纹理图片，单击打开。

添加平面纹理

4.10.4.4　调整物件位置、编组

（1）选择自己要调整的物件。

（2）调整位置参数，将物件调整到需要的位置及大小。

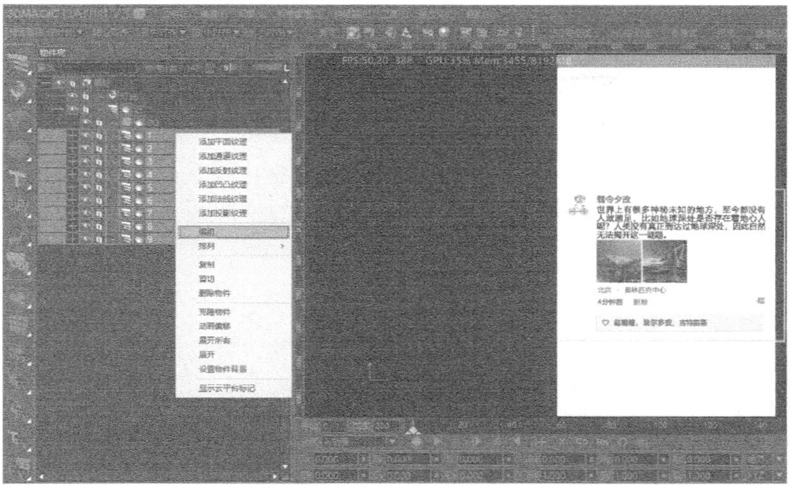

调整物件位置并编组

（3）添加调整完物件后，Shift 全选朋友圈物件。

（4）全选后，右键选择编组。编组快捷键为 Ctrl + G（注意：组的中心点位置需要在朋友圈图片位置上方接近的地方）。

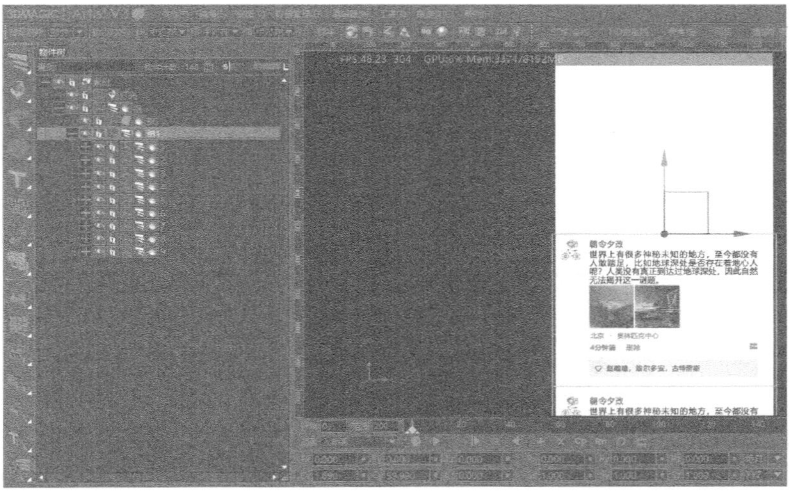

全选编组

4.10.4.5　复制组、矩形阵列

（1）从组 1 复制粘贴出多个组。（Ctrl + C，Ctrl + V）

（2）全选组，给选择的所有组进行编组。

（3）在排列中找到矩形阵列，鼠标左键拖动到需要阵列的组。

（4）调整阵列参数。

（行数：6；行偏移：48；列数：1）

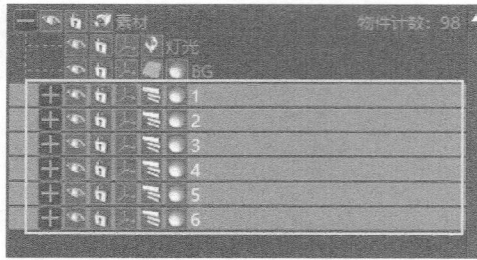

复制组

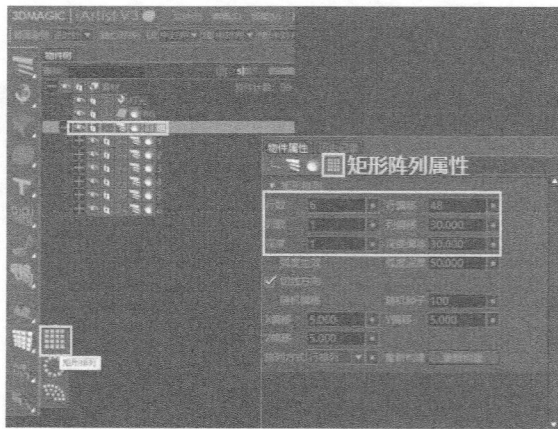

调整阵列参数

4.10.4.6　组位置调整

（1）调整组的 Y 轴位置为 - 123（参考位置，不固定。只是因为后面添加标题做方便）。

（2）在组内上方添加二维物件（矩形），添加平面纹理（步骤同上），然后调整 Y 轴位置，让其出现在第一组朋友圈上方，调整合适的位置跟大小。

添加矩形

4.10.4.7 添加封面

（1）添加调整完物件后，Shift 全选封面所有物件，然后进行编组。

（2）调整封面位置。

4.10.4.8 组动画、动画录制、手动 K 帧

（1）选择需要做动画的组。

（2）点开录制按钮（红色为开启状态）。

（3）调整（拖动）组 Y 轴位置，到自己想要的位置，松手自动添加关键帧。（手动加关键帧方法为：光标点在需要移动的坐标轴参数内，在输入法为英文输入的状态时，按键盘 K 键，进行 K 帧）

（4）拖动时间轴，到下一个时间点，拖动组 Y 轴位置，会自动补齐动画关键帧。（如下图）

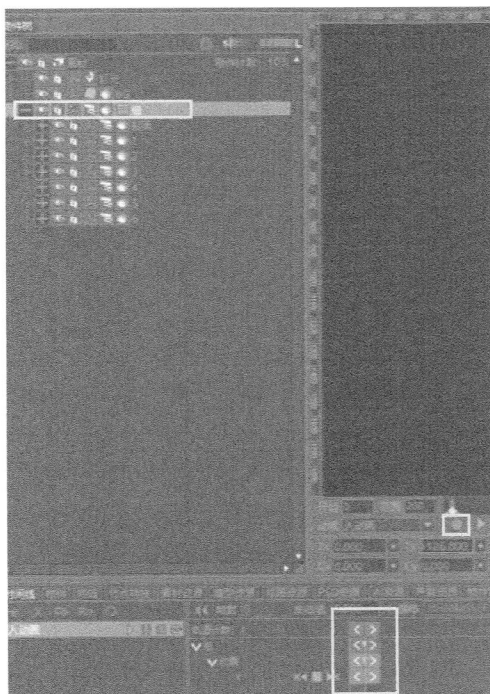

添加第一个关键帧

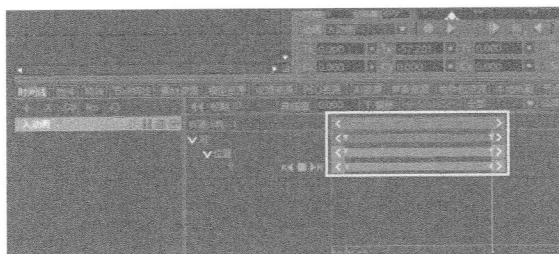

添加第二个关键帧

4.10.4.9　设置引出项

（1）单击引出项按钮，引出模板中所有需要替换的内容。

（2）单击引出项按钮，弹出此窗口。

（3）设置引出项名称（名称要起规范、能看懂、方便查找的名称，最好与物件名称相同）。

（4）单击确定，即设置成功。

（5）引出完成后有引出项的物件，右上角会有绿色标记。

设置引出项名称

4.10.4.10　引出项管理

（1）打开引出项管理，可查看、修改所有引出项。

（2）引出项列表，有全部引出项。

（3）在窗口底部修改引出项中修改的内容。

（4）修改完成后，单击替换按钮，即可。

引出项管理界面

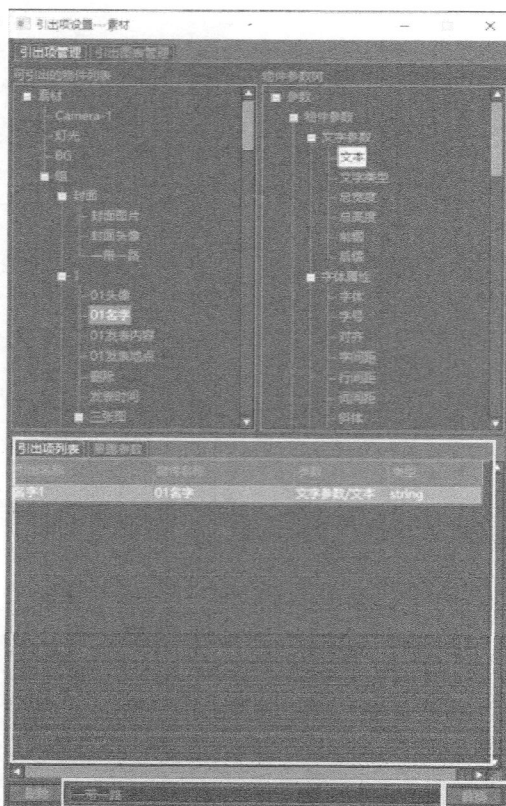

引出项设置界面

4.11　章 后 总 结

　　本章讲解了 iArtist 的一些进阶功能的使用,包括进阶视觉艺术效果制作、进阶质感效果制作、进阶动画效果制作、进阶虚拟现实制作、进阶数据/信息可视化制作、进阶数据连接、进阶交互制作、进阶输出配置、进阶脚本技巧等。通过具体案例对这些功能进行了综合运用。

　　进阶视觉艺术效果制作主要讲解了一些摄影相关的概念以及在 iArtist 中的实现方式,如灯光、景别、景深、动态镜头等。进阶质感效果制作围绕 iArtist 中的纹理、灯光、光影以及粒子等展开。进阶动画效果制作讲解了 iArtist 中动画制作的方式,通过关键帧、惯性动画、关联动画、循环动画等进行讲解,可以方便快捷地制作出更连贯顺畅的动画效果。进阶虚拟现实制作主要围绕虚拟演播,对虚拟场景的制作以及虚拟交互进行了制作与运用讲解。进阶数据/信息可视化制作围绕数据的可视化,讲解了 iArtist 的图文翻版、图表等功能在社交平台、气象、财经、个性化定制等领域的应用。进阶数据连接结合当下前沿的大数据概念,讲解了 iArtist 接入大数据的方法与如何把数据与设计模板结合起来。进阶交互制作围绕节点编辑,讲解了 iArtist 中节点编辑的功能和实时交互的制作流程。进阶输出配置讲解了 iArtist 在不同的硬件终端的输出配置设置。进阶脚本技巧讲解了 iArtist 中的脚本编辑使用功能,适用于有编程经验的用户以类似编程的方式实现节点编辑。

　　掌握这些进阶技巧的关键,在于反复练习多加使用。iArtist 提供了多样丰富的基础效果,我们还在不断实践,以制作出更加绚丽多彩的案例效果。广大的软件体验用户可以在此基础上摸索制作出更加高级复杂的效果。

第 5 章

iArtist 应用示例

课程概述

本章内容：

- 虚拟空间应用
- 数据可视化应用
- 交互可视化应用

本章学习时长约为 8 小时。

5.1　虚拟空间应用

5.1.1　虚拟演播

现阶段,随着科学技术的迅速发展,我国迈入信息化和网络化时代,虚拟数字技术在不同领域获得广泛应用。与此同时,电视节目演播制作技术迭代加速,虚拟演播室成为现实节目制作的重要演播场景。融媒体环境下,电视节目制播技术发展迅速,传播渠道和互动方式趋向多元,电视新闻主播面临全新的工作环境,需要适应新环境下带来的工作转变。如今,虚拟演播室已成为当下电视节目制作中应用广泛的虚拟影像制作技术。与以往需要布置实景的二维虚拟影像不同,虚拟演播室技术在创意上发挥空间更开阔,一定程度上降低了制作成本,减少了绿幕抠像失真问题的出现。相对于传统的绿幕演播室,虚拟演播室是将主持人置身于三维的虚拟空间中,对主持人的肢体展示和时间空间把握等都是挑战。

虚拟演播室节目制作过程中应用的数字化技术,在于将真实画面与虚拟画面分离开来,通过不同的处理方式,让整体呈现效果更加真实合理。制作虚拟演播室虚拟场景,首先要利用实时三维图形可视化创作工具 iArtist 创建虚拟场景中的物件,赋予物件不同的材质和效果,根据制播要求对物件进行合理的定位布局。为了提高虚拟场景的真实性,还需要对画面进行细节处理,比如场景中的光影一致性问题,这些在 iArtist 软件中都可以实现。

将节目内容用虚拟技术呈现出来,不仅要熟悉虚拟演播的技术原理,还要熟练掌握相关的操作应用,配合专业肢体语言和互动,才能完成虚拟场景下的内容表达,实现虚与实的完美结合。把握虚拟演播中的表达方式需要做到以下几点:一是紧扣主题精准播报。无论是传统演播还是虚拟演播,把握制播内容,精准解读和播报是最重要的,在对内容充分理解的基础上,丰富内容表达形式;二是设定对象营造互动。主持人配合导播找准自己的站位,包括眼神和朝向等。另外,主持人需要做到“心中有人”,面对摄像机时不是说给自己听,能够假定对象营造交流感,充分调动情绪和肢体动作,做到在真实场景和虚拟场景中的高度统一;三是培养互动中的肢体语言和动作。虚拟演播中,主持人需要配合图表数据、仿真动画等多种虚拟场景,主持人需要拥有丰富的肢体表达语言,让语言动作与虚拟场景合二为一。

虚拟演播的实质是将计算机制作的虚拟三维场景与电视摄像机拍摄的现场画面进行数字化实时合成,使真实场景与虚拟场景同步变化。例如,在《福文化》样片中,女主持人所在的演播场景就是用 iArtist 制作合成的,使用不同的物件和纹理等工具,通过改变它们之间的相对位置来营造空间感。同时,主持人在绿箱中进行播报,通过合适的站位与制作的虚拟场景合二为一。

《福文化》虚拟演播室

下面这位男主持所在的虚拟场景形成原理与上图一样，新闻标题条部分在 iArtist 通过设置"引出项"可以根据播报内容实时进行修改。

《福文化》虚拟演播室

虚拟演播中也可以设置多个机位，无论哪个机位都需要做到虚拟场景与真实场景的完美融合，主持人要跟导播沟通好各个机位的站位。

《福文化》虚拟演播室

5.1.2　VR 虚拟现实

我国已经步入互联网信息时代,VR 虚拟现实技术作为数字技术的典型代表,可以与电视节目进行有机融合,推进电视节目现代化发展。虚拟现实技术在电视节目制作中主要用于虚拟演播室的建立和应用,将多种背景模型与真实摄像内容衔接融合,让播报画面更加真实多元,使电视节目获得创新性发展,提高电视节目制作水平。

虚拟现实技术是一种能够体验虚拟世界的计算机仿真系统,简称 VR,它以计算机为基础,通过生成模拟环境,利用三维动态仿真系统呈现多元信息融合,让用户体验到虚拟现实的场景。这一技术特征主要体现为沉浸性、交互性、多感知、自主性和构想性,为用户营造一种身临其境之感,用户可以与人、场景等进行交流互动,充分调动用户的视觉、听觉等多种感知体验,与此同时,用户可以充分发挥创造力,从虚拟场景中的有效反馈获得感官满足。

VR 虚拟现实技术应用到电视节目制作中,能够实现电视节目主持人与观众之间的良好互动,观众可以利用 VR 技术感受新闻现场,对新闻事件进行自主判断。同时,观众还可以直接参与新闻播报,并对新闻视角具有一定程度的自主选择权,从而增强观众对新闻节目的感知和认同。电视节目制作中应用虚拟现实技术会给观众带来全新的体验,在内容制作过程中也需要把握以下几点:一是场景化。虚拟现实就是利用计算机技术将制作好的虚拟场景展示给观众,拉近电视节目与观众的距离,让观众仿佛身临现场。二是角色化。在节目制作过程中,观众也是必要的考虑因素。不同于传统节目中观众的观察者角色,在虚拟现实电视节目中,观众由中间人视角向第一人称视角转变,可以作为目击者甚至是参与者。观众获得的感受和体验是节目制作者必须考虑的问题。

值得注意的是,对可视化案例的展现也是 VR 虚拟现实技术在电视节目制作中比较重要的应用,比如某军事节目中对航母信息和效果的演示。通过这一生动形象的展示,拉近了观众与节目内容的距离,让用户对航母有了更为直观深入的认知和体验。

虚拟现实技术为电视节目制作提供了新的解决方案和表现形式,沉浸式互动打破了原有的传播边界,信息交流从单维度向多维度转变,这一变化能为电视艺术的发展注入新的活力。在电视节目制作过程中,需要充分考虑 VR 虚拟现实技术的技术特点和应用特点,对其传播特性和形态进行突破和创新,因此需要尽快建立起独特的电视节目创作体系,使之能与新技术完美融合。

5.1.3　AR 增强现实

AR 增强现实技术是指计算机通过一定的手段将虚拟信息叠加于现实世界上,对现实世界的景象做出一定的增强,强调真实与虚拟的无缝融合。它源于虚拟现实技术,但比虚拟现实技术更加深入。近年来,随着技术进步和传媒业的发展,增强现实技术在电视节目中的应用越来越多,主要有两种场景:一种是虚拟演播室,另一种是虚拟植入。

虚拟演播室中,除了主持人和部分道具是真实物体,其余场景均为虚拟生成。在传统抠像技术基础上,结合计算机图形技术和虚拟显示技术来实现,通过跟踪摄像机相关参数,让虚拟场景的透视关系与前景保持一致,改善了抠像技术中虚拟背景不能跟随摄像机运动的缺陷。在新技术的加持下,虚拟演播室摆脱了传统演播室实景制作、修改、更换等的局限,突破了时空的限制,能够实现可想即可得的效果,还可以根据创作需要增加图片视频等道具素材,不仅降低了制作成本,还丰富了制作效果,这种制作方式被越来越多的电视台所采用。

2017年"两会"期间,贵州广播电视台全媒体演播室,使用增强现实技术把枯燥的数字和概念视觉化,采用更加丰富生动的报道方式,全面及时地将两会内容呈现给观众。除此之外,绿箱也成为演播室的亮点,采用全景虚拟植入和在线包装等先进技术,实现主持人在虚拟场景中任意"穿梭"。贵州广播电视台演播室还配置了安全稳定的视频、音频和信号传输系统,并使用4K超高分辨率大屏和全自动摇臂机器人,使取景更加丰富多样。通过增强显示技术和实景演播室相结合的方式,深入解读"两会"大数据,实现一个平台多个端口优化制作播出流程。最后通过"中央厨房"实现信息的一次采集、多渠道分发。在电视"大屏"和手机"小屏"上整合播出。

贵州电视台全国"两会"报道

解读"两会"数据

虚拟植入是虚拟演播室技术的延伸,将用 iArtist 制作的虚拟三维场景与电视摄像机现场拍摄的活动图像进行数字化实时合成,在摄像机景别变化的同时能够保持虚景与实景的同步变化,从而实现两者的融合。从实现原理来看,虚拟植入与虚拟演播室的技术是相同的,都要运营实时渲染技术和跟踪技术,区别在于虚拟植入是在真实场景中植入虚拟模型,模型位于主持人和实景前面,从而实现虚实结合的效果,这种方式不需要进行抠像处理。例如,某军事节目中就经常采用虚拟植入的方式进行军事报道解读,观众体验更为直观。

由东南卫视与艾迪普联手打造的某军事节目新版 AR 演播室,采用 AR 技术和超大全景虚拟空间,可实现大比例军事模型的呈现,能够近乎真实的还原军事场景。在节目录制过程中,充分运用数字媒体虚拟演播合成系统,采用多种虚拟镜头分别设置和效果切换编排,甚至模拟摇臂摄像机运动。演播室中的多功能展示模块能够进行视频、文字、图片和嘉宾连线的快速切换。在色调上,融入光带、光束、动态元素等细节作为点缀。

5.2　数据可视化应用

5.2.1　大数据可视化应用

伴随着互联网、物联网与云计算的兴起,人类社会朝向数字化、信息化发展的趋势渐明,各种社交网站、电子移动设备、传感器等时时刻刻产生海量的数据。有别于传统的数据量,容量更大、结构更复杂的"大数据"虽然提升了数据读取和分析的难度,但同时也给人类带来了理解世界的新契机。移动互联网技术与信息获取手段的不断发展与成熟塑造出一个大规模的物理信息空间(Cyber-Physical System,CPS),用虚拟数据真实反映人类社会存在和运行的演化过程和底层逻辑。过滤冗杂数据汪洋中的噪声,重置提取并深入分析重要数据,成为大数据时代最为重要的挑战。人类从外界获取的信息约有 80% 以上来自视觉系统,因而一图胜千言,当大数据通过图表等可视化方式展示时,其意义更明确,也就拥有了更高的价值。

可视化是利用人眼感知能力和人脑智能,对数据进行交互的可视表达,以增强认知的一门学科。将难以直接显示或者不可显示的数据转变为可感知的图形、色彩、纹理等,以提高数据的识别效率并传递有用信息。通过 iArtist,能够快速将大数据转变为可视化产品,极大提升数据效率。

在实际的操作中,iArtist 的大数据可视化目前适用于许多行业,尤其是医疗行业。以某省 120 质量控制检测预警平台可视化应用为例,该应用以该省 120 全区一体化为基础,综合云计算和三维信息可视化技术,构建了一个全自动化且高效的 120 急救信息质控检测预警平台,实现院前急救数据自动可视化展现,建立关键指标自动智能化预警体系,与院前急救视频监控系统对接,为该省 120 急救质量控制与应急指挥,提供高效、简洁、直观的急救数据可视化服务平台。

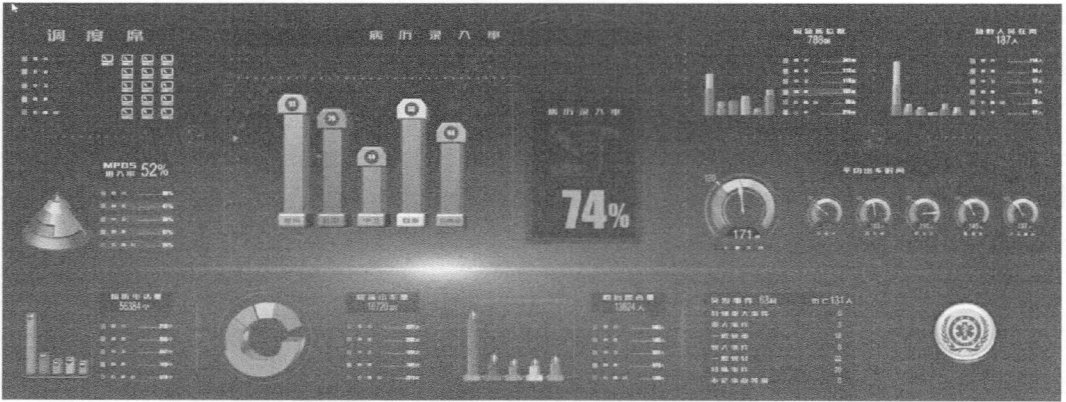

某省 120 质量控制检测预警平台病历录入率界面

整体平台架构如下图所示：

某省 120 质量控制检测预警平台可视化系统平台架构

基于此种架构，某省 120 质量控制检测预警平台致力于通过可视化功能满足以下需求：通过与急救指挥系统连接来实时读取调度席状态，然后通过可视化的方式展现从而实时反映调度席状态；利用系统的报警功能，设置触发值来自动报警，无人值守状态也可实现质量监管；通过自动判断车辆位置可以发现急救车辆是否发生异常集结。

利用 iArtist 可以完成的功能及工作流程如下表所示。

某省 120 质量控制检测预警平台可视化系统平台功能

名称	功能	形　式
关键指标自动循环展示系统	无人值守时，系统将设定好的指标循环显示在屏幕中，同时实时自动刷新数据。	得到循环的关键指标包括 MPDS 进入率、接听电话量、院前出车量、急救患者量、突发事件、病历录入率、平均出车时间、应急床位数、应急人员在岗数等。

（续表）

名称	功能	形　式
调度席检测系统	检测全省所有调度是否在线,通过连接数据后台保证数据的实时刷新和展示。	连接的调度席含全省所有的医疗数据调度接口
数据指标自动预警系统	为某一个数据指标设定预警值,当读取的实时数据超过预警值时,系统出现警报提示,提示用户进行人工干预。	具有自动预警功能的数值目前为 MPDS 进入率、病历录入率、平均出车时间、应急床位数等。
值班车辆检测预警系统	实时监测并显示区域内所有的急救车辆状态,当某一个区域的值班车辆少于预警值时,经由系统给出提示。	
GIS 系统	基于 GIS 地图显示急救车辆当前状态,通过可视化系统读取并在地图上显示车辆的实时位置。	根据急救车辆的状态在地图上将其实时显示为不同颜色的图标,任务中为红色图标,可调用为绿色图标,暂停调用为黑色图标。（状态随数据变更而变更。）
视频监控系统	通过可视化系统展示所有连接的监控画面。以采集的方式将监控画面采集到系统内,然后根据控制面板上的按钮进行监控画面的切换和展现。	
急救数据读取系统	为可视化系统的运行提供数据支持。	1. 历史数据,通过时间选择功能设置出需要读取的时间段,系统自动读取相应数据并发送给相应模块。 2. 实时数据,通过设置数据刷新间隔与对应的数据使用模块即可实时获取数据。

同时,当省内发生突发事件时,系统将自动从数据库读取此突发事件的终点数据和起点数据,显示急救的最优路线和车辆选择;而当有超过两辆急救车在 30 分钟内朝同一个目的地去时,系统将自动判断该事件为异常集结事件,并在中控台给出提示,减少医疗资源的浪费。

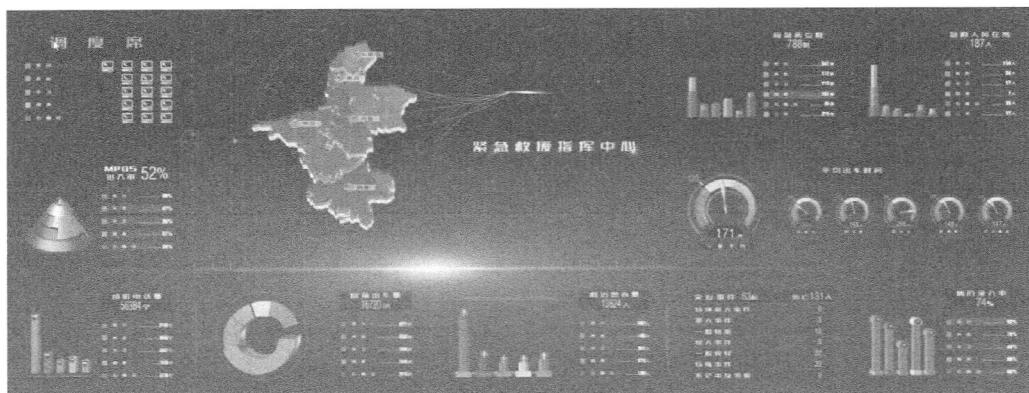

某省 120 紧急救援指挥中心界面

简而言之,由于大数据可视化技术包含传统的科学可视化和信息可视化,因此从分析大数据以挖取信息和洞悉知识作为目标的角度出发,信息可视化技术将在大数据可视化中扮演更为重要的角色。强大而灵活的可视化技术,可以增强医疗大数据的可读性,提升医疗数据的使用效率,减少医疗资源的浪费。在不远的将来,对医疗大数据进行进一步的理解和应用,对不同类型的医疗大数据进行可视化操作将有力促进医疗效率的提升。而其他类型大数据的可视化,也将逐步走向普及。

5.2.2　网络舆情可视化应用

舆情,本质上是关于某一特定议题的各种信息的集合。而随着网络技术的进步和网络空间的扩张,这些信息广泛存在于无限延伸的网络空间中,并出现动态的变化。

相比于现实舆情在发生发展中遭遇的时空限制,网络舆情可以短时间内得到大量的讨论,它的产生发展过程具有海量性和爆发性;它的表现形态既可以呈现为传统的数据形态,也可以成为视频、图片、地理信息等新型和非结构化的数据形态;同时,它处于高速的演进状态中,生命周期短暂,因而具有更深刻的复杂性——也正是基于以上几个特性,网络舆情的噪声明显更大。对于新闻从业者和研究者而言,仅关注舆情的某一部分或者某一条线索已经失去了价值,网络舆情最大的价值在于通过"提纯"来反映态度、模式或知识。

而面对这样的情况,传统的数据处理和分析手段已不足以高效处理网络舆情;无论是网络平台、社交媒体还是传统媒体,都需要通过新的手段来理清网络舆情。作为信息分析框架的可视化由此进入了媒体研究的视野。围绕网络舆情,将原始信息、数据表格、可视化结构和最终被用户接收到的视图有机连接起来的可视化流程,成为分析网络舆情的重要手段。而 iArtist,则成为实现整个可视化流程的重要工具。通过与后台数据库的连接,我们可以将不同的信息编码成不同形式的动态可视化图表,如下表所示。

信息可视化类型及意义

网络舆情信息类型	可视化形态	意　　义
关键词文本	词云	通过关键词的大小反映网络空间用户的聚焦点
层次信息	信息路径节点图	通过对单条信息的传播路径分析判断信息的来源与演变,并预测最终走向
关系网络	信息路径节点网	通过对数条信息交织成的传播路径网的呈现,展现出舆情中体现的态度和模式

可视化分析技术作为一种有效的数据表达方式,能妥善应对网络舆情的新特征,在海量的舆情中探索规律、态度和模式。而利用 iArtist 等工具进行可视化流程,则能进一步减少编程压力,让过程更简明,更清晰,也更适合新闻从业者。

5.2.3　天气预报可视化应用

本章前两节中,我们系统呈现了可视化在医疗大数据和网络舆情领域的应用。本节我们将更贴近生活,分享利用 iArtist 制作的天气预报可视化。

随着气象技术的发展和革新,气象数据的采集能力不断提高,采集数据更加丰富多样,采集周期持续缩短。因此,许多学者和科研工作者开始研究气象数据可视化,致力于给公众提供准确简明的气象信息,让公众能第一时间了解天气、读懂天气,科学合理安排生活与出行。

利用 GIS 技术结合天气数据进行可视化,为普通用户提供天气数据的交互式浏览和查询,是气象服务当下和未来发展的趋势。而基于 GIS 完成的天气信息三维可视化,具有许多原本天气预报所没有的特点:

(1)天气预报信息能够得到具象化的展示。天气预报中的天气信息将从传统的数据和文字中脱离出来,成为动态的、便于理解的 3D 模型,用户可以从中更直观地感受到天气信息。

市面上常见的移动终端天气预报示例图

(2)天气预报的地理信息更加准确。将 GIS 技术加入天气预报系统,让地理空间和位置信息更准确。

(3)天气预报更实时。传统天气预报离不开先预后报,只能展示出一个采集周期前的天气预测。而可视化的天气预报能够与采集时间接近同步,从而做出更准确的预判。

此外,利用 iArtist 将可视化前台与气象数据后台相连,辅以 GIS 技术,能完成的更多操作包括:

(1)对气象信息进行多样化的展示。目前市面上的气象预报网站及移动端多使用实时定位展示,在进行切换城市操作时往往流程复杂,展示的图标也是静态图或者折线图。而利用内置 GIS 系统完成的天气预报,切换城市只需单击城市所在方位;展示图标也可变成复杂多样的 3D 模型。

(2)交互性增强。用户完成需求的操作化繁为简,则用户与天气预报可视化的交互性将大大加强。简明且便于交互的天气预报,可提升用户的使用积极性,提升使用感。即便是应用于传统媒体的天气预报中,也可提升观感,刺激用户的积极性。

天气预报可视化是数据量偏小、应用较为成功且广泛的可视化。从天气预报可视化出

发,未来的可视化将进一步贴近生活,也进一步便利生活。而了解甚至主动参与可视化的流程,可以帮助我们实现更多科学设想,创造出更美好的学习与生活环境。

5.3　交互可视化应用

5.3.1　游戏复盘点评应用

好的游戏复盘点评可以说是广大游戏爱好者的心声,目前大多数的游戏视频都是通过录屏配上解说的方式制作的,这种方式的优点是便于制作,缺点是不够灵活,只能按照录屏内容和时间线观看。而基于 iArtist 制作的游戏解说,在录屏解说的基础上,可以在游戏地图上做标注,也可以将地图局部放大,从而提高了点评的针对性。同时,还可以通过交互功能,实现不同游戏场景和顺序的灵活切换,大大提高了游戏复盘点评的灵活性和自主性。

游戏复盘点评应用界面

如上图所示是基于 iArtist 制作的游戏点评界面,其播出端为基于 iTouch 的全面触摸屏。通过手指的单击,可以方便地切换不同游戏界面。而其中嵌入的标注、画笔、放大镜、橡皮擦等工具,更是极大地增加了游戏解说过程中的直观性。

5.3.2　医疗仿真教学应用

与 iArtist 配套的数字图形资产云平台 CG SaaS 提供了很多医学教学模型,同时支持病理模型在线分享和医疗影像设备数据导入自动三维重建,各类模版效果丰富,与制作、合成、交互等产品线全面打通,可以应用于各个医学专业。

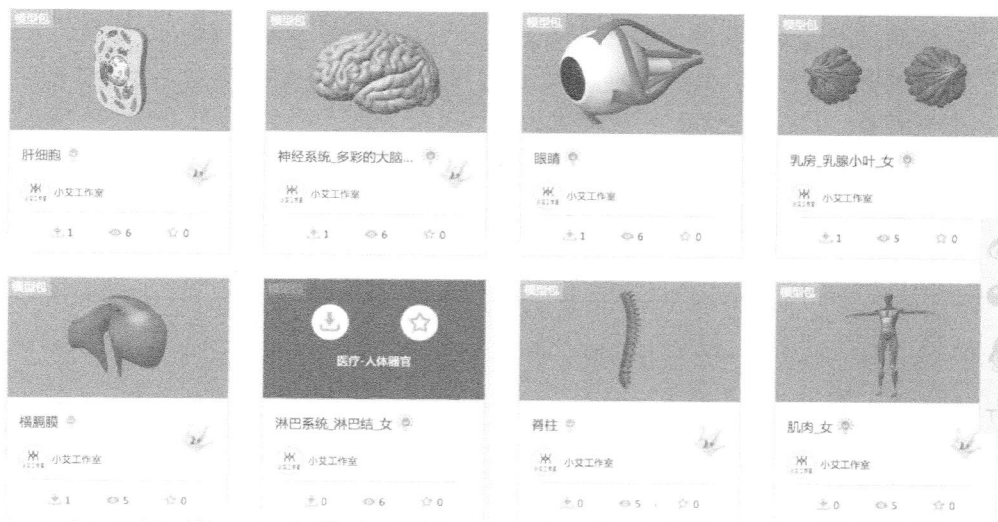

医学教学模型

其具体应用场景包括慕课网微课制作、基础医疗教学、虚拟仿真实验、数字医疗可视化、手术直播、应急指挥等。

在慕课网微课制作的过程中,基于虚拟现实技术可以实现丰富的医疗前、背景效果,从而使内容更直观,便于理解掌握。

在基础医疗教学领域,通过医疗模型可视化互动教学,可以使理论知识更形象生动。

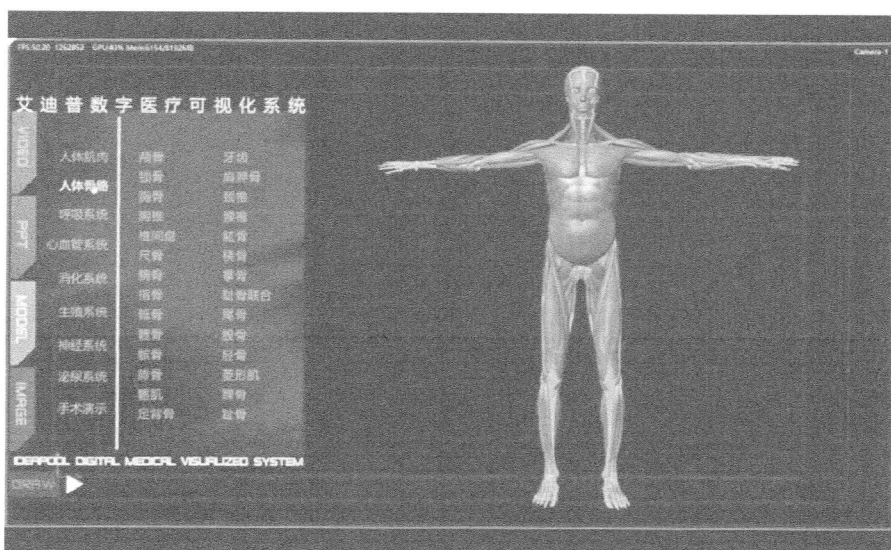

数字医疗可视化系统

在虚拟仿真实验中,结合图形图像技术将各种医疗现场通过虚拟仿真展现出来,可以使受众群体有如临现场的体验。

在数字医疗可视化领域,通过可视化技术,可以将医学里抽象的不容易模拟的人体模型、场景、用药过程用可视化模拟出来,从而大大提高医疗效率和准确率。

通过手术直播技术,可以实现异地手术直播,通过图文信息可视化对正在进行的手术内容进行有效补充,让受众更加准确地掌握内容。

在应急指挥过程中,诸如疾控、急救、医保、健康等都有指挥中心,这些指挥中心对地图、流量、人员、数据的即时性要求较高,可视化能够有效帮助指挥决策。

5.3.3　VR 直播应用

VR 是 Virtual Reality 的缩写,利用特定全景拍摄器或设备以及软件系统,可将现在常见的二维平面升级为 VR 全景直播模式。VR 直播的观看视角不再拘泥于固定的屏幕方框内,而是随着视角的变化而变化,给人带来一种全新的视觉体验,让视频内容有了一种全新的展现形式。

VR 直播和普通的视频直播最大的区别在于视觉体验上,所谓的屏幕将不复存在,而是以第一视角观看,观看范围不再由视频的制作者决定,而是由观众自己决定。VR 直播的视觉范围不再局限于单一角度,VR 全景视频不再有普通视频的死角,现场的景象和信息都是实时获取,观众会感觉像在现场一样。由于视角不再受局限,VR 直播获取的内容信息更加精准可靠,真实对称,很多谎言与虚假内容很容易被揭穿。

如果说 VR 电影或艺术作品的难度大、周期长、形态不成熟。那么 VR 直播无疑是现在的现行铺路者,不仅门槛低、受众广,还将原本就受人欢迎的直播变得更加立体、真实、可靠,宛如身临其境。

在旅游观光中,VR 直播可以成为有效的宣传工具,让游客体验身未达、景已至的沉浸真实感或震撼感,给游客以前所未有的旅游模式和交互体验,让宣传更具娱乐性和体验性,激发游客强烈的旅游欲望。同时游客在决定去之前,直接"穿越"到景区现场,也能更加准确地获取景区的真实环境信息,避免景不实、韵不足的尴尬,被"照骗"所欺骗。

在体育赛事/演唱会活动中,VR 直播可以弥补无法亲临现场的遗憾,将紧张的比赛氛围,精彩的活动现场实时搬至眼前,戴上 VR 眼镜随时随地同步体验。同时这也将为用户节约一大笔的交通费、住宿费、门票费等费用。

基于 iArtist 开发的 VR 直播曾运用于春节联欢晚会,可以呈现比现实舞台更丰富的艺术效果。戴上 VR 眼镜后,可以获得第一视角的沉浸感,如同在现场一般。iArtist 内置的全景渲染算法,可以方便快速地将普通视频渲染成 VR 视频,极大地降低 VR 视频的制作成本,使 VR 视频能更容易地进入寻常百姓家。

春晚 VR 直播